古典文獻研究輯刊

三三編

潘美月・杜潔祥 主編

第 26 冊

《純常子枝語》校證
（第一冊）

陳 開 林 著

國家圖書館出版品預行編目資料

《純常子枝語》校證（第一冊）／陳開林 著 -- 初版 -- 新北市：
花木蘭文化事業有限公司，2021〔民110〕
目 2+214 面；19×26 公分
（古典文獻研究輯刊 三三編；第 26 冊）
ISBN 978-986-518-642-5（精裝）
1. 純常子枝語 2. 雜文 3. 研究考訂
011.08   110012106

ISBN-978-986-518-642-5

9 789865 186425

古典文獻研究輯刊
三三編　第二六冊　　　　　　ISBN：978-986-518-642-5

《純常子枝語》校證（第一冊）

作　　者　陳開林
主　　編　潘美月、杜潔祥
總 編 輯　杜潔祥
副總編輯　楊嘉樂
編　　輯　許郁翎、張雅淋、潘玟靜　美術編輯　陳逸婷
出　　版　花木蘭文化事業有限公司
發 行 人　高小娟
聯絡地址　235 新北市中和區中安街七二號十三樓
　　　　　電話：02-2923-1455／傳真：02-2923-1452
網　　址　http://www.huamulan.tw 信箱 service@huamulans.com
印　　刷　普羅文化出版廣告事業
初　　版　2021 年 9 月
全書字數　1046345 字
定　　價　三三編 36 冊（精裝）台幣 90,000 元

《純常子枝語》校證
（第一冊）

陳開林　著

作者簡介

陳開林（1985～），湖北麻城人。2009 年畢業於重慶工商大學商務策劃學院，獲管理學學士學位（市場營銷專業商務策劃管理方向）。2012 年畢業於湖北大學文學院，獲文學碩士學位（中國古代文學先秦方向）。2015 年畢業於華中師範大學文學院，獲文學博士學位（中國古代文學元明清方向）。現為鹽城師範學院文學院講師。主要研究宋元明清文學、近代文學、中國古典文獻學、經學。出版專著《〈全元文〉補正》《劉毓崧文集校證》《〈周易玩辭困學記〉校證》，並在《圖書館雜誌》《文獻》《中國典籍與文化》《古典文獻研究》《圖書館理論與實踐》《中國詩學》等刊物發表論文 90 餘篇，另有「史源學考易」系列、清人別集系列數種待刊。

提　要

　　被沈曾植譽為「有清元儒，東洲先覺」的文廷式（1856～1904），係晚清著名政治家、學者、詞人。雖享壽不永，然擅天縱之才，治學堂廡廣大，著述宏富，「所論內外學術，儒佛玄理，東西教本，人才升降，政治強弱之故，演奇而歸平，積微以稽著，於古學無所阿，今學無所阿」（沈曾植《墓表》），成就極大。其一生精萃，尤在《純常子枝語》一書，「闡說經傳，論證九流，校訂文字，評品詩詞，記述朝章國故、士林交往、域外見聞，旁涉釋藏道笈、耶回之書、天步曆算之學，下及《疑龍》、《撼龍》之流，可謂沉沉夥頤」（錢仲聯序），極富學術價值，有待展開深入研究。

　　該書於作者生前未曾刊行，有數種稿本、抄本流傳於世。1943 年汪兆銘出資刊行稿本（四十冊，不分卷），釐為四十卷。但刻印過程中，存在不少問題。稿本、刻本雖屢經翻印，然整理本迄今尚未得見，實為憾事。本書以《續修四庫全書》第 1165 冊影印刻本為底本，以文海出版社影印 40 冊稿本為校本，一方面校勘文字異同，另一方面補充刻本脫漏的條目和天頭上豐富的眉批，使其內容趨於準確、完備。此外，尚做了如下一些工作：（一）運用史源學的方法，查考全書引文。僅言某人之說，盡力查考其出處。言明某書而不及篇目者，則補充篇目。言明篇目而不及卷次者，則補充卷次。並藉以明確引文之起止。（二）補充文氏未及完成之遺漏。（三）對文氏失察之處加以補正。（四）援引證據，補證文氏之說。（五）有與文氏之說意見相左者，則加以補充以存異。

目次

前　言

　　文廷式，字道希，一作道爔，一作道溪，號雲閣，一作芸閣，又號薌德，又號羅霄山人，晚號純常子。江西萍鄉縣歸聖鄉懷信里二圖花廟前人。清咸豐六年十一月二十六日（1856年）生於廣東潮州。光緒十五年（1889年）八月，考取內閣中書第一名。光緒十六年（1890年）四月，中式恩科貢士。後授職翰林院編修。旋充國史館協修、會典館纂修。光緒二十年（1894年）三月，升翰林院侍讀學士。中日甲午海戰，力主抗擊。奏劾李鴻章，諫阻和議。戊戌政變後，清廷密電訪拿，遂出走日本。光緒三十年（1904年）八月二十四日，卒於里第。（以上據錢仲聯《文廷式年譜》。）

　　沈曾植評價文廷式為「有清元儒，東州先覺」，雖不享壽，但著述頗豐，博涉四部之學。其中，以《純常子枝語》最為巨帙。

一

　　張仁蠡《純常子枝語跋》稱「先生他書為所知見者，都非巨帙，則其畢生精力咸萃是書」，則其分量可知。

　　關於《純常子枝語》一書之版本，何東萍先生《談〈純常子枝語〉之出版》（《萍鄉高等專科學校學報》2012年01期）、汪叔子先生《「適園藏稿」抄本〈純常子枝語選抄〉跋語》（《文廷式集》增訂本，第1400～1406頁）、《文廷式著書知見目錄》之《純常子枝語》（《文廷式集》增訂本，第1898～1901頁）言之頗詳。

　　何東萍先生文中有《〈純常子枝語〉常見版本一覽表》：

序號	題　名	卷數	載體形態	版　本	出版地	時　間	備　註
1	純常子枝語	40 卷	16 冊	刻本	南京	民國32 年	10 行 21 字小字雙行同黑口左右雙邊單魚尾，牌記題昭陽協洽皋月刊成
2	純常子枝語	24 卷	12 冊	刻本，朱印		民國年間	10 行 21 字小字雙行同紅口左右雙邊單魚尾
3	純常子枝語	40 卷	16 冊	刻本，後印	揚州廣陵古籍刻印處	1962	10 行 21 字小字雙行同黑口左右雙邊單魚尾，牌記題昭陽協洽皋月刊成，版藏南京圖書館，據民國34 年（1945）刻版重印
4	純常子枝語	不分卷	10 冊（3398 頁）22cm	著者手稿本影印本	臺北文海出版社有限公司	1970～1980 年代	清代稿本百種彙編
5	《文芸閣先生全集》中《純常子枝語》		影印本21cm	趙鐵寒編	臺北文海出版社	1975	近代中國史料叢刊續編，第十四輯
6	純常子枝語	40 卷	21 冊刻本，重修增刻		江蘇揚州廣陵古籍刻印處	1979	10 行 21 字小字雙行同黑口左右雙邊單魚尾，牌記題昭陽協洽皋月刊成，據民國32 年刻版重修增刻
7	純常子枝語	40 卷	影印本，一冊		揚州廣陵古籍刻印處	1990	621 頁 20cm
8	純常子枝語	40 卷	影印本785 頁26cm	顧廷龍主編	上海古籍出版社	2002	續修四庫全書子部・雜家類

　　這是最常見的稿本（40 冊）和刻本（40 卷）系統。除此之外，據汪叔子先生之研究，尚有其他一些抄本。其中，價值最大的有 61 冊本、43 冊本。此兩種按類分冊，《「適園藏稿」抄本〈純常子枝語選抄〉跋語》亦有表：

稿本名稱	「六十一冊本」	「四十三冊本」	「四十冊本」
撰著體例	已分類者 44 冊 另標冊者 17 冊	已分類者 43 冊	標冊者 40 冊
分類次序	1 經部 2 史部 3 子部 4 集部 5 教派 6 政治 7 輿地人種 8 術數 9 語言文字 10「雜記」（待分類）	1 經部 2 史部 3 子部 4 集部 5 政治 6 教派 7 語言文字 8 術數 9 輿地（人種附）	未分類
分類冊數	經部 4 冊 史部 5 冊 子部 4 冊 集部 3 冊 教派 10 冊 政治 7 冊 輿地人種 3 冊 術數 3 冊 語言文字 5 冊 待分類 17 冊	經部 5 冊 史部 5 冊 子部 4 冊 集部 3 冊 教派 10 冊 政治 6 冊 輿地（人種附）2 冊 術數 2 冊 語言文字 6 冊	未分類，以冊標記者共 40 冊。

　　而翻檢 40 冊稿本，多條文本的天頭上有歸類之標識，則 61 冊本、43 冊本更為精良。故汪叔子先生稱：「文氏歿前最後手定之《枝語》足本規模，於茲四十三冊者與六十一冊者，當可具見矣。」〔註1〕又進而指出：「是六十一冊本較之四十三冊本、四十冊本，不僅收錄內容陡然激增（多出 18 冊或 21 冊）；並且釐裁修訂，精益求精。」〔註2〕

二

　　《純常子枝語》的流通，最廣泛的刻本。就稿本而言，由於 61 冊本藏於國家圖書館，未見影印流佈，獲見非易。43 冊本乃據《純常子枝語》稿本目錄下作者之自記統計，存佚與否，尚不可知。相反，易於得見者則是 40 冊本。

〔註 1〕汪叔子編《文廷式集》第 1901 頁。
〔註 2〕汪叔子編《文廷式集》第 1402 頁。

因此，本書的整理，以《續修四庫全書》第 1165 冊影刻本為底本，以文海出版社影印 40 冊稿本為校本。

兩相比勘，可知刻本與稿本之間頗存差異。首先，稿本有些條目，不見於刻本。如卷三十二較稿本少「伍唐珪」條。

其次，有些條目，刻本省略一些文句。特別是稿本有些條目，時有增補，於天頭有大量補充文字，刻本有些插入了正文之中，但也遺漏了一些。

如卷五「古人卜筮之例」一條中，眉批有五條補充材料，分別為：

《明夷》之《萃》曰：「稷為堯使，西見王母。」

《大壯》之《隨》同。惟「夏」作「王」字。

《謙》之《巽》曰：「季姜踟躕，待孟城隅。終日至暮，不見齊侯。」《渙》之《遯》曰：「望孟城隅。」

《巽》之《既濟》作「裝入崑崙。」

《大壯》之《大有》曰：「襃後生蛇，經老皆微。追跌衰光，酒滅黃離。」

刻本僅選取前兩條補入文本中，而置後三條於不顧。

再次，稿本天頭上對很多條目有分類，刻本一概刪除。

因此，本書在整理過程中，除比勘文字異同外，將刻本遺漏之文字、刪除之眉批全部加以補充，以求其完整。

令人遺憾的是，61 冊本未得寓目，無從取作底本。他日有緣，或可冀得一觀，以為補充。

三

關於《純常子枝語》一書，錢仲聯《序》中曾有較全面的總結。錢氏稱：

余惟《枝語》全書，闡說經傳，論證九流，校訂文字，評品詩詞，記述朝章國故、士林交往、域外見聞，旁涉釋藏道笈、耶回之書、天步曆算之學，下及《疑龍》、《撼龍》之流，可謂沉沉夥頤。方之往古，蓋伯厚、亭林、辛楣諸家之亞；求之並世，較沈乙庵《海日樓箚叢》，雖精湛或遜，而廣博差同。

張仁黼《跋》也說：「以與洪景盧《五筆》、王深寧《紀聞》、顧寧人錢辛楣《日知》《養新》二錄相絜比，又如驂之靳矣。」洪邁《容齋隨筆》、王應麟

《困學紀聞》、顧炎武《日知錄》、錢大昕《十駕齋養新錄》、沈曾植《海日樓劄叢》均為蜚聲學林的子部經典，《純常子枝語》能夠與之相提並論，其學術價值之高可想而知。

其內容包羅萬象，正如錢氏所言，「可謂沉沉夥頤」。實則除此之外，尚有其他。比如書中據《永樂大典》輯佚，便是其一。

茲略舉數端，以揭櫫其價值。

首先，書中一些見解，其學術價值尚未被有效利用，有待發掘。

如卷八載：

> 李義山詩「三十三天常雨華」，注家未明三十三天之義。案：隋智者大師《維摩經疏》云：「昔迦葉佛滅後，有一女人發心修塔，復有三十二人發心助修。修塔功德為忉利天王，其助修者而作輔臣，君臣合之，名三十三天。」

朱鶴齡《李義山詩集注》、馮浩《玉谿生詩箋注》是李商隱詩注的精品。檢朱鶴齡注，稱：

> 道源注：「三十三天，欲天也。天主曰忉利，居須彌山頂。四方各八，獨帝釋切利居中。《楞嚴經》：『世尊座天雨百寶蓮花，青黃赤白，間雜紛糅。』」

馮浩注：

> 《菩薩本起經》：「太子思維累劫之事，上至三十三天，下至十六泥犂。」《起世經》：「須彌山上有三十三天宮殿，帝釋所居。」《法念經》：「若持不殺不盜，得生三十三天。」《妙法蓮華經》：「佛前有七寶塔，高至四天王宮，三十三天雨天曼陀羅華，供養寶塔。」

今人劉學鍇、余恕誠《李商隱詩歌集解》[註3]，則是李商隱詩注的集大成之作。然此處僅引道源注、馮注，並附按語：「句意謂置身佛寺高處，恍見三十三天雨花景象。」則諸家均未指明三十三天之本源。

又如卷四十載：

> 唐常建詩名極盛，唯各書皆不言何許人。今考其集，有《西山》詩，有《第三峰》詩，詩云：「西山第三頂。」有《張天師草堂》詩，蹤跡大抵在江南西道。又《江行》詩云：「鄉園碧雲外，兄弟溁江頭」，以溁江為家，殆吾鄉人也。其《仙谷遇毛女》詩，亦疑為吾鄉毛女

〔註3〕中華書局1988年版，第62頁。

峰作矣。又《宿王昌齡隱居》詩，「余亦謝時去，西山鸞鶴群」，西山亦洪之西山也。

對常建之生平行跡有所鉤稽。檢趙榮蔚教授《唐五代別集敘錄》，著錄常建《常建詩集》二卷，稱：

> 常建，盛唐詩人，生卒年里皆不詳。《唐才子傳》云其為「長安人」，未知何據。程亦軍《常建的籍貫和時代》一文，推斷常建的籍貫是「湖南醴陵」；張學忠《從唐詩考常建籍貫》則據唐詩及常建晚年活動及思想推定當是眉縣、周至、武功一帶人。玄宗開元十五年（727），與王昌齡同榜登科。天寶中，隱居於鄂渚，曾招王昌齡、張償同隱。代宗大曆中，授盱眙（今屬江蘇）尉，後人稱「常盱眙」，亦稱「常尉」。仕頗不如意，遂放浪琴酒，往來太白、紫閣諸峰，又曾遊兩湖。後不知所終。生平事蹟見《唐詩紀事》卷三一、《唐才子傳校箋》卷二。參見程亦軍《常建的籍貫和時代》（《文史》第二十三期）、張學忠《從唐詩考常建籍貫》（《陝西師範大學學報》1997年第2期）。〔註4〕

可見學界對常建籍貫已有專門研究，然對《純常子枝語》之鉤稽並未注意。

再如卷一收錄研讀《左傳正義》的劄記，頗有卓識。趙光賢先生《左傳編纂考》、王和先生《左傳探源》力主《左傳》不傳經，實則文氏之劄記中頗有舉例，從多角度論證《左傳》不傳《春秋》、及書法、凡例出於附會等。其他卷亦有言及者，如卷十六「《春秋・隱公九年》」條。

第二，書中保留了大量的史料，對於瞭解當時的人、事有著重要的文獻價值，值得進一步加以利用。

比如卷二記錄陳澧言論多則，文氏作為東塾入室弟子，親聆教誨，這些記載應該非常可靠。這對於深入瞭解陳澧的學術提供了難得的資料。

又如卷九載：

> 西華門內，咸安宮後，沿御溝之西，多宦寺所居。其間娼賭皆備，查禁城之大臣知之而莫敢誰何也。志伯愚侍郎值文職六班時，親見此事，為余言之。

此事恐不見於正史，但可藉以瞭解當時京城之情狀。

〔註4〕趙榮蔚《唐五代別集敘錄》，中國言實出版社2009年版，第101頁。

第三，書中的記載可與文氏其他著書互為補充。

文氏著述繁富，僅筆記一類就有數種，成書時間不一，以致部分文字重出。如卷二十五「《明史》：『武宗於佛經梵語無不通曉』」一條，又見《芸閣叢譚》〔註5〕；卷二十六「《陔餘叢考》卷三十八。云：本朝國語」一條，又見《知過軒隨筆》〔註6〕。

此外，有些條目則可相互應證、補充。如《知過軒日鈔》載：

> 陳蘭甫師云：「撰《琴律譜》時，惟蕤賓一律考之未得，因循數年，故既刻而中止焉。」〔註7〕

而《純常子枝語》卷二載：

> 師授予所作《琴律譜》，凡千餘言。余問譜何以未成，師云：「當時於蕤賓一律反覆考之，皆有不合，是以中止。」比聞此書有續成者，未知果當師意否耳。

可知「考之未得」的原因是因為「皆有不合，是以中止」。

又，《知過軒日鈔》載：

> 蘭甫師云：「王肅注經，既妄且悍。如《易·繫》『其惟聖人乎』，《經典釋文》云：『王肅本作愚人，後結始作聖人。』《釋文》稱『王肅本』，則他本皆不作『愚』，自是王肅妄改其意，以為兩句重複，嫌其贅也。不知《易·繫》自有此種文法，如『天下何思何慮』二語，亦一呼一應，肅又將何以改之？此等因其瑣屑，故不以入《讀書記》，然不可不知也。」〔註8〕

而《純常子枝語》卷二載：

> 師言王肅解經，專擅改字。如《易·乾》卦《文言》「其惟聖人乎！知進退存亡而不失其正者，其惟聖人乎」，王肅本於上「聖人」字作「愚人」，蓋為其句之復也。不獨於義未安。即《繫辭》之「天下何思何慮」，《論語》之「天何言哉」，皆上下呼應成文，與此相同。肅於文理亦未講也。

兩則亦可合觀。

〔註5〕汪叔子編《文廷式集》第1247頁。
〔註6〕汪叔子編《文廷式集》第1296頁。
〔註7〕汪叔子編《文廷式集》第1289頁。
〔註8〕汪叔子編《文廷式集》第1272頁。開林按：原標點有誤，今重為標點。

又，《純常子枝語》卷二「《高僧傳》卷六《釋道融傳》」一條載：

> 按：婆羅門教遠來中國，僅見於此，惜其書不傳。《隋書·經籍志》「小學」類有《婆羅門書》一卷，「曆數家」有《婆羅門算法》三卷、《婆羅門陰陽算曆》一卷、《婆羅門算經》三卷，「天文家」有《婆羅門天文經》二十一卷、婆羅門舍仙人所說。《婆羅門竭伽仙人天文說》三十卷、《婆羅門天文》一卷，「醫方」類有《婆羅門諸仙藥方》二十卷、《婆羅門藥方》五卷。又「五行家」有《竭伽仙人占夢書》一卷，亦婆羅門書也。

而《羅霄山人醉語》載：

> 鮮卑之語，通行於北朝，而今無存焉，然其名物稱謂，必有融入趙魏燕齊之土語者矣。婆羅門之曆算、藥方，著錄於《隋志》，而今無存焉，然其遺說、舊方，必有留於唐人算術、醫書者矣。有心人細為鈎考，猶可以稽十一於千百。暇當略疏數事，以發其端。〔註9〕

《純常子枝語》僅言《隋書·經籍志》著錄婆羅門教之書不傳，而《羅霄山人醉語》則為探佚鮮卑之語、婆羅門之曆算藥方提供了輯佚之途徑。

第四，根據書中之記載，還可以暸解文氏之著述構想。

文氏學識淵博，惜享壽不永，很多著述計劃未克完成。這在《純常子枝語》裏面可以找到一些線索。如：

> 余擬撰《三代會要》，薈經學之大成。師曰：「此志甚大。然吾嘗欲考春秋時各國人所讀何書，所習何學，迄今未就，況能網羅政教、甄綜三朝乎？」余遂知難而退。然尚思集眾材成一編，以為後王取法。姑志於此，以當息壤。（卷二）

> 余嘗欲取釋藏中用儒籍與儒門中雜禪學者，詳搜廣集，勒成一書，以著其變易之跡。惜人事紛冗，未暇為之。（卷四）

> 余嘗欲為群經撰《句例》一書，惜忽忽未暇也。（卷七）

> 嚴鐵橋編全上古至先唐文，以一人精力，成書七百餘卷，可謂勤矣。惟編輯既富，遺漏亦多。加以出土之金石、佚存之書籍，鐵橋所未見者，不知凡幾。余嘗欲輯而補之，尚可四五十卷，匆匆未有暇也。今姑就三代以前，略舉其遺漏者。（卷十）

〔註9〕汪叔子編《文廷式集》第1213頁。

余曾撰《雙聲譬況字考》詳言之。（卷十五）

余欲採三傳及經典中所記軍事仁義之屬，編為《三古戰例》，以補軍禮之闕，用王政者或有取焉。（卷二十一）

余嘗欲輯天下各國古今字樣為一書。（卷三十六）

所言諸書，是否成書，今未可知。但這些學術撰著構想，可以為全面瞭解文廷式的學術提供資料，也為今後的學術發展提供了研究視角。

第五，書中體現了文氏書生報國的情懷，飽含憂世之情。

文氏少懷大志，然不見知於時勢，抑鬱苦悶，以致英年早逝。但觀其諸書，內中頗見其憂世之情。如《聞塵偶記》載：

積百年之力，挫折天下之廉恥，彈數世之心，消磨天下之志氣，拱手以俟他人，勢所必至矣。國初禁立社、禁學會，又多明故閹黨之所定，如馮銓、劉正宗輩皆是也。人才不振，夫何責焉！〔註10〕

激憤之情，溢於言表。至於《純常子枝語》中，類似之語屢見不鮮。如：

按：此所述三節，頗當情事，故錄之。然英入經營野人山已久，友人黃君楙材〔註11〕曾遊歷其地，屢為余言其謀甚深。又帕米兒之在新疆，猶野人山之在滇境也。彼見俄人之得志，其肯晏然輕以讓我？哉疆場之事，恐自此不可問矣。（卷一「於晦若兵部式枚。來函」條）

余謂欲振中國之人才，必自廢科目始。三代以下與三代以上，立國之本固異。然其由本及末，使之無一事不異者，則科舉之學為之也。選舉行而世祿廢，科目行而選舉又廢，然其弊則皆歸於不得人才。謂漢魏之選舉不如周人之世祿，漢人不任受也。謂唐宋以來之科目不如漢魏之選舉，唐人亦不任受也。至於積弊之久，則或思多設科目，或思復用辟除，然皆思所以取，而不思所以教。夫人材必待其自成而後用，則無論選舉，無論科目，要之均是人耳。（卷二）

文氏雖仕途困頓，然留意邊疆、關心時政之心昭昭可鑒。

總之，《純常子枝語》內容廣博，難以遍述。此節僅舉其犖犖大者，稍加說明。

〔註10〕汪叔子編《文廷式集》第1110頁。

〔註11〕上海書店出版社《叢書集成續編》第168冊收錄黃楙材《得一齋雜著四種》，分《西輶日記》4卷、《遊歷芻言》1卷、《印度劄記》2卷、《西徼水道考》1卷。

然而令人遺憾的是，這樣一部極富學術價值的筆記，迄今尚無整理本出現，且相關研究也不多。對此，葛兆光先生曾感慨道〔註12〕：

> 特別是關於晚清佛學復興的歷史敘述，我注意到大多數著作都是圍繞著那幾個著名人物，可是，在晚清同樣著名的一些文化人如文廷式、沈曾植等都很少有敘述，其實文廷式對佛教書籍的廣泛閱讀，對佛教與西洋哲學與科學之間異同的洞見，沈曾植對佛教研究之深，對佛學研究近代轉向的意義，就很少被這些著作提起，可是，文、沈二氏在當時主流學術與文化界，無論地位還是影響，其實遠遠比現在歷史教科書中記載的要大，只是在後設的敘述中，他們漸漸被「近代史」邊緣化了，於是有了這種不應有的「遺忘」。

在注釋裏，葛先生進一步指出「如其日記裏對『獨逸哲學與佛學之比較』的十二則，就顯示其對佛學的精通。而從其《純常子枝語》中看到的，他對佛教知識的深入理解，與其閱讀各種東西洋書的廣博，就讓我感到驚奇」。葛先生僅是就書中涉及的佛學立論，而這僅是全書之一端。基於這樣的現狀，該書的價值尚有待作作深入的探究。

四

當然，在讚譽《純常子枝語》一書的成就時，我們也要看到，由於其係未定稿，故內中也有不足之處，尚需加以補充說明。職是之故，本書對全書出了標校之外，還做了箋證的工作，主要包括如下幾個方面：

（一）運用史源學的方法，查考全書引文。僅言某人之說，盡力查考其出處。言明某書而不及篇目者，則補充篇目。言明篇目而不及卷次者，則補充卷次。另外，通過史源之查考，可以明確引文之起止，分清孰為引文，孰為文氏按語。同時，還可驗證文氏標注出處是否正確。在此基礎上，還可見文氏引文之剪裁。

（二）補充文氏未及完成之遺漏。如卷六「劉金門侍郎」條，文氏注曰：「詩在《存悔齋集》，當撿錄。」然文氏並未錄此詩，故補錄之。

（三）對文氏失察之處加以補正。如卷二「《宋元學案》卷九十一於安默庵隱君僅寥寥數行」條稱：「其《與叔父書》云：『某自少聞汎翁先生道學之

〔註12〕葛兆光《關於近十年中國近代佛教研究著作的一個評論》（《西潮又東風：晚清民初思想、宗教與學術十講》附錄三，第251～252頁。）

裔，即心悅而誠服之，慨然有求道之志。」汎翁亦靜修別號歟？」文氏對此不肯定。今引安熙《默庵集》卷四《題劉靜修石鼎聯句圖詩後》、劉因《靜修先生文集》卷十九《李公勉復初名序》，加以證實此說。另，卷六「《留青日劄》云」條，經檢，此語並非出自《留青日劄》，當係文氏誤記。

（四）補證文氏之說。文氏對人、事評述頗為簡略，則引證其他材料加以闡明。如卷四「李貽德《左傳賈服注輯述》極精博」條，則節引《春秋左氏傳賈服注輯述》朱蘭序、劉恭冕序、劉毓崧序，予以證明。又如卷二十八：「《東塾讀書記》『朱子推重東坡』一條，王山史《砥齋題跋》已言之。東塾以為朱子晚年之論，則砥齋所未及也。」「『朱子推重東坡』一條」是何內容，「《砥齋題跋》已言之」又言何事，則需要引錄相關材料才能明瞭。

（五）有與文氏之說意見相左者，則加以補充以存異。如卷一載：「梅定九《曆學疑問》諸書，具有深意。江慎修未明其意而駁之，故措詞往往失當，宜錢辛楣先生之深致不滿也。」此處如不補充史料，則江永（字慎修）之駁、錢大昕（號辛楣）究為何事，不可得知。另外，持文氏此論者，不乏其人。同時，亦有反對者。如徐道彬先生《論江永與西學》一文（《史學集刊》2012年第1期）對此有詳細之考辨。

當然，文氏學富五車，《純常子枝語》包羅萬象，很多專門之學，非淺學如我者所能窺測。因此，整理過程中難免會有失誤，敬請高明賜教。

凡　例

一、本書之整理，以《續修四庫全書》第1165冊影印刻本為底本，以文海出
　　版社影印40冊稿本為校本。

二、書中避諱字，如「玄」作「玄」等，則逕改；如「玄」作「元」等，則改
　　回，並出校說明。

三、腳注所引文字，如文中有小字注文，今改與正文同字號，加〔〕以示區
　　分。

四、眉批因殘缺、未能識讀之字以□代替。

五、校證所引典籍，僅於首次標明著者朝代，後則從略。

六、卷十九「《悉曇字紀》」一條因字母較多，故不整理，直錄稿本、刻本之相
　　關書影，以存原貌。

卷一〔註1〕

于謹為三老，稱「木從繩則正，後從諫則聖」。〔註2〕本朝朱文正〔註3〕對世宗，稱「有言逆心，必求諸道。有言遜志，必求諸非道」。〔註4〕此皆梅賾《尚書》之精義，不可以其偽而廢之。

西洋用恒星〔註5〕年，故所重在節氣。中國用太陰年，故所重在朔望。此根本之不同者也。既重朔望，以二十九日三十日為一月，則平分二十四氣，

〔註1〕按：稿本（指文海出版社影稿本，下同）冊首題「純常子枝語」。（網上另有一電子版稿本，較文海出版社影稿本多每冊封面題簽，如「純常子枝語第×冊」。文海出版社影稿本第二十一冊，即刻本卷二十二，前亦有此封題，可見稿本原有，文海出版社影印時刪除了。為行文方便，此稿本以下簡稱稿本乙。）稿本乙封題「純常子枝語　第一冊」

〔註2〕語見《尚書·說命上》。
《北史》卷二十三《于謹傳》：
三年，以謹為三老，固辭，又不許。賜延年杖。武帝幸太學以食之。三老入門，皇帝迎拜屏間，三老答拜。有司設三老席於中楹，南向。太師、晉公護升階，設席施幾。三老升席，南面馮幾而坐，師道自居。大司寇、楚國公寧升階，正舄。皇帝升，立於斧扆之前，西面。有司進饌，皇帝跪設醬豆，親自袒割。三老食訖。皇帝又親跪授爵以酳。有司撤訖。皇帝北面立訪道。三老乃起立於席。皇帝曰：「猥當天下重任，自惟不才，不知政術之要，公其誨之。」三老答曰：「木從繩則正，君從諫則聖。自古明王聖主，皆虛心納諫，以知得失，天下乃安。惟陛下念之。」

〔註3〕按：清代諡文正，朱姓僅朱珪一人。朱珪生於雍正九年（1731），卒於嘉慶十一年（1806）。世宗乃雍正皇帝，在位時間為1723～1735年。故不可能有「朱文正對世宗」之事。

〔註4〕《尚書·太甲下》：「有言逆於汝心，必求諸道。有言遜於汝志，必求諸非道。」

〔註5〕稿本正文作「太陽」，旁注「恒星」。

以一十五日二十一刻八十四分奇為一節，亦所以便民事也。《授時曆》明知定氣，而仍以恒氣注曆者，蓋即此意。江慎修力主西學，以為古法未精，亦一偏之見而已。節氣差一二日，於民事無甚大礙。而約以十五日有奇，則婦人孺子皆知之。必用定氣，則非明天算家不能知，此一行及郭太史所以兼通天人也。若儀器著明節氣有定，如西洋各國，則自可用定氣注曆矣。宋周公謹《志雅堂雜鈔》〔註6〕云：「推節氣法，但隔十五日兩時辰零五刻推之即是。假如正月甲子日子時初刻立春，則數至己卯日寅時正一刻，即是雨水節。後皆傚此。」此恒氣注曆之便也。〔註7〕

　　《皇輿西域圖志》〔註8〕錄準部音樂噶爾達木特、布圖遜雅布達爾二曲，審音定字，以工尺四上等九音為其譜。今以中國絲竹之音諧之，雖繁促而哀婉可聽。惜當時纂修諸臣不用《後漢書》錄遠夷樂德歌詩之例，詳錄其辭而細注共下，亦足備靺鞨任之職掌也。〔註9〕

　　《樂記》：「獶雜子女。」鄭《注》：「獶，獼猴也。言舞者如獼猴戲也，亂男女之尊卑。獶或為優。」按：經言「雜子女」，不言亂尊卑，鄭似誤矣。「獶雜」猶言狃雜。《楚詞·招魂篇》：「士女雜坐，亂而不分」，是此類也。〔註10〕

　　《樂記正義》引《禮緯含文嘉》云：「三綱謂君為臣綱，父為子綱，夫為妻綱。六紀謂諸父有善，諸舅有義，族人有敘，昆弟有親，師長有尊，朋友有舊。」按：他書未有言六紀者。竊謂三綱六紀皆於喪服見之。師長朋友雖無服，而有心喪及哭寢之禮。所謂「師無當於五服，五服弗得不親」〔註11〕也。又《周禮》六行〔註12〕：孝、友、睦、婣、任、恤，與六紀亦大略相近。惟恤之義，鄭以為「振憂貧」〔註13〕者，此不關禮服之限，故《含文嘉》有師長而無道路也。〔註14〕

〔註6〕見宋·周密《志雅堂雜鈔》卷下《陰陽算術》。

〔註7〕眉批：「曆學、象。」

〔註8〕《清文獻通考》卷二百二十三《經籍考》著錄《欽定皇輿西域圖志》五十二卷，稱「乾隆二十一年大學士劉統勳等奉敕撰」。另附御製序。

〔註9〕眉批：「樂律。」

〔註10〕眉批：「經義。」

〔註11〕見《禮記·學記》。

〔註12〕《周禮·地官司徒第二·大司徒》：「以鄉三物教萬民而賓興之：一曰六德，知、仁、聖、義、忠、和；二曰六行，孝、友、睦、婣、任、恤；三曰六藝，禮、樂、射、御、書、數。」

〔註13〕鄭玄《注》：「善於父母為孝，善於兄弟為友，睦親於九族，姻親於外親，任信於友道，恤振憂貧者。」

〔註14〕眉批：「經義。」

《雜記下》曰：「恤由之喪，哀公使孺悲之孔子學士喪禮，士喪禮於是乎書。」鄭《注》云：「時人轉而僭上，士之喪禮已廢矣。孔子以教孺悲，國人乃復書而存之。」廷式案：《雜記》此文蓋可為《儀禮‧士喪禮第十二》之序錄也。賈公彥《疏》引「《喪大記》云：『君沐粱，大夫沐稷，士沐粱。』鄭云：『《士喪禮》沐稻，此云士沐粱，蓋天子之士也。』又大斂陳衣與《喪大記》不同，鄭亦云：『彼天子之士，此諸侯之士。』以此言之，此篇諸侯之士可知」。竊以為孺悲所學，故宜為諸侯之士矣。又鄭《注》：「《雜記》云今大夫喪服禮逸，與士異者，未得而備聞也。」鄭意亦以《儀禮》篇名特題士喪禮知之。王肅《聖證論》云〔註15〕：「喪禮自天子以下無等。」若然，則孺悲當時但學喪禮足矣。既特言士喪禮，非無等也。〔註16〕

《祭義》「眾之本教曰孝」一節，實《孝經》之大義。孔門之微言，其言仁義禮信皆由於孝，與有子言孝悌為人之本〔註17〕若合符契。宋儒言人性中只有仁義，曷嘗有孝悌〔註18〕，可謂不知本矣。惟以孝為經，斯百世不易之道，中國之與天地與立者在此。若但言仁義，則異端之學、夷狄之行亦未有自謂不仁不義者也。曾子曰〔註19〕：「夫孝，置之而塞乎天地，溥之而橫乎四海，施諸後世而無朝夕。」百世之下，其效倘可著乎？〔註20〕

元熊禾序〔註21〕董鼎《孝經大義》云：「晉武、魏文亦天資之美者，惜諸

〔註15〕見《禮記‧雜記上》賈公彥疏。

〔註16〕眉批：「經義。」

〔註17〕《論語‧學而第一》：「有子曰：『其為人也孝悌，而好犯上者，鮮矣；不好犯上，而好作亂者，未之有也。君子務本，本立而道生。孝悌也者，其為仁之本與！』」

〔註18〕宋‧黎靖德《朱子語類》卷二十《論語二‧學而篇上》：

問：「孝根原是從仁來。仁者，愛也。愛莫大於愛親，於是乎有孝之名。既曰孝，則又當知其所以孝。子之身得之於父母，父母全而生之，子全而歸之，故孝不特是承順養志為孝，又當保其所受之身體，全其所受之德性，無忝乎父母所生，始得。所以為人子止於孝。」曰：「凡論道理，須是論到極處。」以手指心曰：「本只是一個仁，愛念動出來便是孝。程子謂：『為仁以孝悌為本，論性則以仁為孝悌之本。』仁是性，孝悌是用。性中只有個仁義禮智，曷嘗有孝悌來。譬如一粒粟，生出為苗。仁是粟，孝悌是苗，便是仁為孝悌之本。又如木有根，有榦，有枝葉，親親是根，仁民是榦，愛物是枝葉，便是行仁以孝悌為本。」

〔註19〕見《禮記‧祭義》。

〔註20〕眉批：「經義。」

〔註21〕清‧陸心源《皕宋樓藏書志》卷十一、沈德壽《抱經樓藏書志》卷八著錄董鼎《孝經大義》明刊本三卷，均錄熊禾序。

臣無識，不能啟道而充大之悠悠。蓋壞此經之廢，蓋千五百餘年，人心秉彝，極天罔墜，豈無有能講而行之者？誠有以二帝三王之心為心，則必以二帝三王之教為教矣。仁，人心也，學所以求仁，而孝則行仁之本也。語曰：『如有王者，必世而後仁。』愚何幸，身親見之！」此段文字與原書無涉，序作於大德九年，熊君其有憂患乎？〔註22〕

印度語歧異最多，故其種人不相聯屬。余案：佛說中已有種種語。如《十誦律》卷二十六云：「佛以聖語說四諦法苦集盡道，二天王解得道，二天王不解，佛更為二天王以馱婆羅語說法。是二天王一解一不解，佛復作彌梨車語，摩舍兜舍那舍婆薩婆多羅毗比帝伊數安兜頭卻婆阿地婆陀。四天王盡解。」是佛有三種語。宋釋贊寧《高僧傳》卷三云：「聲明中一蘇漫多謂汎爾平語言辭也，二彥底多謂典正言辭也。佛說法多依蘇漫多，意住於義，不依於文。若彥底多，非諸類所能解故。」按：此即中國雅言、方言之別也。〔註23〕

《坊記》：「《詩》云：『先民有言，詢於芻蕘。』」鄭《注》：「先民謂上古之君也。芻蕘，下民之事也。言古之人君將有政教，必謀之於庶民乃施之。」此注深得經意。經以此證，上酌民言，故以先民屬君也。今西洋人所設下議院，乃正合古義。〔註24〕

和瑛《三州輯略》卷七云：「漢張騫碑在伊犁南山，文字剝蝕，餘二十字。文云：『進鴻鈞於七五，遠華西以八千。南接火藏，北抵大宛。』」按：四句不似漢人文字，疑本是唐碑，而土人誤指也。〔註25〕

《十六國春秋》云〔註26〕：「呂光自龜茲還，至宜禾，涼州刺史梁熙謀閉關拒之。高昌太守楊翰以高梧谷口險阻之要，宜先守之，而奪其水道。如以其遠不守，伊晉之關亦可拒也。光初聞翰謀，大懼，既而聞熙不聽，乃進。」《三州輯略》云：「高梧谷疑即上梧桐窩，險隘。若繞其東，則為下梧桐窩。

〔註22〕眉批：「經義。」
〔註23〕眉批：「方言。」
〔註24〕眉批：「經義。」
〔註25〕眉批：「金石。」
清·徐松《西域水道記》卷四《特穆爾圖淖爾所受水》：
淖爾南岸山中有舊碑。松公筠之初帥伊犁，遣協領德厶訪之。其人摹其可辨者數字，曰：「進鴻鈞扵七五，遠華西以八千。南接大藏，北抵大宛。」土人名之曰張騫碑，而搨本不可得見。德厶今八十餘，多遺忘，不能舉其地。余三度尋覓，終莫能得。
〔註26〕見北魏·崔鴻《十六國春秋》卷八十一《後涼錄一》。

其間有三間房、十三間房，乃風戈壁。」〔註27〕

　　劉郁《西使記》云：「今之所謂瀚海者，即古金山也。」據此，則杭愛實瀚海之對音，李若農侍郎之說〔註28〕蓋信。〔註29〕

　　孫蘭〔註30〕《輿地隅說》論議閎通，國初人之兼通西學者也。然其駁《通典》「唐地西過於漢」一條〔註31〕，全襲《文獻通考》〔註32〕，而迷其所出。

〔註27〕眉批：「地輿。」
〔註28〕清‧李文田《元秘史注》卷八：
　　《本紀》曰：「太陽罕至，自按臺營於沆海山。」今案：按臺即阿爾泰山之對音，今謂之杭愛山者也。《水道提綱》曰：「西北諸山皆以阿爾泰山為祖，支峯綿互。北漢東為杭愛，有色楞格鄂爾渾諸河。東南挺為肯特，為大興安，有黑龍江、克魯倫諸水。」杭愛即康合之對音也。然杭愛二字又即古來瀚海二字之對音。《漢書》稱瀚海，又稱大幕。《漢書注》謂瀚海為沙漠，唐人曰沙磧，又謂之莫賀延磧，又稱為大患鬼魅磧，五代稱沙陀。今謂之戈壁，無復瀚海之目。然唐代尚有瀚海都督府之設，即以沙磧為古瀚海。相沿名之，已成漢語。此一帶沙漠最高之山，漠北亦沿稱瀚海山。北語轉變，遂為沆海。今又以蒙古語翻譯，則為杭愛矣。《元史》沆海二字於漢語較近也。外蕃輿地，所在有之，如唐人稱賀蘭山，蕃語沿之，今為阿拉善矣。《漢書‧匈奴傳》「盧朐」，《遼史》沿之，名曰臚朐河，《元史》則變為龍居河，《西遊記》則又變為陸局河矣。凡諸山水，既成漢名，再轉蕃音，遂同蕃語。今略考尋史傳，鼇厥舊名，俾碩學通材相說以解。世多博雅，或無識焉。
〔註29〕眉批：「地輿。」
〔註30〕清‧臧庸《拜經日記》卷十一《圭田五十畝》：
　　江都焦孝廉循《北湖小志》卷三《孫柳庭傳》云：「孫蘭，字滋九，一名禦寇，自號柳庭。明季為諸生。尤精九章六書之學。著《輿地隅說》四卷。」
〔註31〕清‧孫蘭《柳庭輿地隅記》卷下：
　　杜氏《通典》言：「唐之土宇，南北如漢之盛，東不及而西則過之。《唐史》取其說，以序《地里志》。蓋開元、天寶時事也。」按：西河，漢休屠王地，武帝始置郡。自東漢以來，民物阜盛。竇融、張軌乘時保有。融值光武中興，遂歸版圖，而張軌、呂光、禿髮沮渠累據其土。蓋地勢險僻，可以自保其一隅，貨財殷富，可以無求於中國。唐天寶以後，河西、隴右沒於吐蕃。至宋為元昊所據，倔強搆逆，則文物彝常之地盡化為龍荒殘破之區。蓋西北之地闢於漢而荒於唐，安在唐之西過於漢也？
〔註32〕元‧馬端臨《文獻通考》卷三百二十二《輿地考八‧古雍州》：
　　按：杜氏《通典》言：「唐之土宇，南北如漢之盛時，東不及而西則過之。《唐史》取其說，以序《地理志》。此蓋開元、天寶時事也。」然愚嘗考之，河西在漢，本匈奴休屠王所居，武帝始取其地，置郡縣。自東漢以來，民物富庶，與中州不殊。竇融、張軌乘時多難，保有其地。融值光武中興，亟歸版圖，而軌遂割據累世。其後，又有呂光、禿髮沮渠之徒，迭據其土，小者稱王，大者僭號。蓋其地勢險僻，可以自保於一隅，貨賄殷富，可以無求於中土，故五涼相繼，雖夷夏不同，而其所以為國者，經制文物，俱能仿傚中華，與

—19—

又謂「天地既成，火氣上行，聚而為日；火聚水生，吸而為月，散而為星」，則以日月星皆出於地猶，未知造化之大者也。

《輿地隅說》又云〔註33〕：「地之初闢，必先洪水，此何所據？曰：今之疑跡可據也。華山之腰多螺蚌殼，石子岡下石子如卵，此必潮水摩蕩而成。〔註34〕」案：此說極有所見。凡山之高下，皆開闢以來波浪之勢推宕而漸成者也。西人談地學者亦頗有此說。〔註35〕

《周禮·大司徒》，鄭《注》云：「土地之圖，若今司空郡國輿地圖。」賈《疏》云：「輿者，車輿，其前牙曲。地形不可正方，故云輿地圖。」廷式案：輿即車也。稱曰輿地，蓋已知地軸轉動之理矣。

《禹貢》：冀州有鳥夷，青州有隅夷、萊夷，徐州有淮夷，揚州有島夷。偽《傳》以萊夷為地名，淮夷為水名，均謬。梁州有和夷，《釋文》云〔註36〕：「鄭云和讀曰洹。」雍州有三苗，蓋戎狄錯處中國，自古已然。疑諸夷本各州土人，文物未開，為文物先開之種人所征服，至是漸歸化導。故或云「底績」，或云「丕敘」也。皮服卉服，則教之冠裳。作牧，則教之耕牧。「隅〔註37〕夷既略」，

五胡角立。中州人士之避難流徙者，多往依之，蓋其風土可樂如此。唐天寶以後，河西、隴右沒於吐蕃。大中雖復河、湟，而名存實亡。流傳五代以及於宋，而河、隴為西夏所據，元昊倔強構逆，兵勢甚銳，竭天下之力不能少挫其鋒，然至絕其歲賜互市，則不免衣皮食酪，幾不能以為國，是以亟亟屈服。蓋河西之地，自唐中葉以後，一淪異域，頓化為龍荒沙漠之區，無復昔之殷富繁華矣。唐自安、史之亂，西北土地皆不能如舊，然北方如盧龍、滄景雖世為強藩所據，自擅其兵賦，而奉正朔、請旌節，猶唐之臣也。風聲氣習、文物禮樂，猶承平之舊也。獨西陲淪於吐蕃，遂有夷夏之分，致使數百年中華衣冠之地，復變為左衽，不能自拔；雖驍悍如元昊，所有土地，過於五涼，然不過與諸蕃部落雜處於旱海不毛之地，兵革之犀利，財貨之殷富，俱不能如曩時。是以北事遼，南事宋，僅足以自存。然則涼州之地，自夷變為夏，始於漢，而殷富者數百年。自夏復變為夷，始於唐，而儉荒者複數百年。謂唐之土地，西過於漢者，非要終之論也。

〔註33〕見清·孫蘭《柳庭輿地隅記》卷上。

〔註34〕宋·沈括《夢溪筆談》卷二十四：
予奉使河北，邊太行而北，山崖之間，往往銜螺蚌殼及石子如鳥卵者，橫互石壁如帶。此乃昔之海濱，今東距海已近千里。所謂大陸者，皆濁泥所湮耳。堯殛鯀於羽山，舊說在東海中，今乃在平陸。凡大河、漳水、濾沱、涿水、桑乾之類，悉是濁流。今關陝以西，水行地中，不減百餘尺。其泥歲東流，皆為大陸之土，此理必然。

〔註35〕眉批：「輿地。」

〔註36〕唐·陸德明《經典釋文》卷三《尚書音義上》。

〔註37〕「隅」，《禹貢》作「嵎」。

略從田，蓋經略其地，使為田里。猶「冀州既載」，鄭《注》謂「書於策以告帝」也。惟「淮夷蠙珠暨魚」，乃志其物產耳。

《輿地隅說》云〔註38〕：「三代之勢，至成周為獨盛。冀州之境，至周時則已荒。南方如江淮以南，亦未見其開闢也。曰成周之地最狹，豈獨南方哉？以地里考之，吳、越、楚、蜀、閩皆為蠻，淮南為群舒，秦有戎，河北、真定、中山乃鮮、虞、鼓國，河東之境有赤狄、甲氏、留籲、鐸辰、潞國。洛陽為王城，而有揚拒、泉皋、蠻氏、陸渾、伊洛之戎。京東有萊、牟、介、莒。所謂中國者，不過晉、魏、齊、魯、宋、鄭、陳、許，才當天下五分之一。」按：此言成周之地最狹，是也。至蠻戎雖錯處中國，未嘗不服屬朝廷，特其種族稍異，非必皆自據其地，不相臣也。牧誓用兵，「及庸蜀羌髳微盧彭濮人」〔註39〕。巴蜀、江淮、西羌皆在行間，安見其不開闢哉？　又按：襄公十四年《左傳》云：「諸戎是四嶽之裔胄」，然則種族亦不異矣。〔註40〕

王隱《晉書》曰：「河南郭象著文，稱嵇紹父死在非罪，曾無耿介，貪位死闇主，義不足多。曾以問郗公曰：『王裒之父亦非罪死。裒猶原誤「尤」。辭徵，紹不辭，用誰為多少？』郗公曰：『王勝於嵇。』或曰：『魏晉所殺，子皆仕宦，何以無非也？』答曰：『殛鯀興禹，禹不辭興者，以鯀犯罪也。若以時君所殺為當耶，則同於禹；以不當耶，則同於嵇。』」《太平御覽》四百四十五。按：論嵇侍中事，當以此為定，不必從新《晉書》。〔註41〕

晉人論人，亦每從刻。袁子袁準。《正書》曰：「孔子稱蘧伯玉，『國無道，可卷而懷也』。今李膺居濁世之中，皭然與世殊途，此西山餓夫之疇耳。卒死於非罪，惡得為雅人？」《太平御覽》四百四十七。夫西山餓夫，聖門所許，能與

〔註38〕見清・孫蘭《柳庭輿地隅記》卷中。

按：孫氏此語，實本洪邁之說。《容齋隨筆》卷五《周世中國地》：

成周之世，中國之地最狹，以今地里考之，吳、越、楚、蜀、閩皆為蠻；淮南為群舒；秦為戎。河北真定、中山之境，乃鮮虞、肥、鼓國。河東之境，有赤狄、甲氏、留籲、鐸辰、潞國。洛陽為王城，而有揚拒、泉皋、蠻氏、陸渾、伊雒之戎。京東有萊、牟、介、莒，皆夷也。杞都雍丘，今汴之屬邑，亦用夷禮。邾近於魯，亦曰夷。其中國者，獨晉、衛、齊、魯、宋、鄭、陳、許而已，通不過數十州，蓋於天下特五分之一耳。

〔註39〕見《尚書・牧誓》。
〔註40〕眉批：「以上均輿地。」
〔註41〕眉批：「論史事。」

之疇，尚不得為雅人乎？《抱朴子‧正郭篇》至詆林宗為「口稱靜退」，亦非篤論也。〔註42〕

　　春秋隱三年，《左氏傳》「鄭伯之車僨於濟」。《正義》曰：「《禹貢》：『導沈水東流為濟，入於河，溢為滎。』《釋例》曰：『濟自滎陽卷縣東經陳留至濟陰，北經高平，東經濟北，東北經濟南，至樂安博昌縣入海。』按：檢水流之道，今古或殊。杜既考校元由，據當時所見，載於《釋例》，今一皆依杜。雖與《水經》乖異，亦不復根尋也。」案：杜所據泰始郡國圖。今考《水經注》〔註43〕：「濟水又東徑滎陽縣北。又東逕滎澤北。京相璠曰：『滎澤在滎陽縣東南，與濟隧合。濟隧上承河水於卷縣北河，南逕卷縣故城東，又南逕衡雍城西。』《春秋左傳》襄公十一年，諸侯伐鄭，『西濟於濟隧』。杜預闕其地，而曰水名也。京相璠曰：『鄭地也。言濟水滎澤中北流，至衡雍西，與出河之濟會，南去新鄭百里，斯蓋滎播、河、濟，往復逕通矣。』出河之濟，即陰溝之上源也，濟隧絕焉。」余謂此《傳》「鄭伯之車僨於濟」亦當在此濟隧矣。又北濟自滎澤，東逕滎陽卷縣之武修亭南，又東過平邱縣南，又東過濟陽縣北郡；南濟又東過冤朐縣南，又東過定陶縣南。漢宣帝甘露二年，更濟陰為定陶國。又東至乘氏縣西，分為二。其一水東南流，其一水從縣東北流，入巨野澤。《晉書‧地理志》：巨野屬高平國。又東北過壽張縣西界安民亭南，汶水從東北來注之，又北過須昌縣西，又北過穀城縣西，又北過臨邑縣東，又東北過盧縣北，穀城、臨邑、盧縣，俱屬濟北國。又東北過臺縣北，又東北過管縣南，又東過梁鄒縣，酈云：「王莽之濟南亭。京相璠曰：『濟南梁鄒有袁水。』」今案《晉志》，濟南郡統縣五：平壽、下密、膠東、即墨、祝阿，無梁鄒，蓋誤奪。《志》云：「《太康地理志》無此郡名，未之詳。」宜有所遺漏矣。又東北過利縣西，又東北過甲下邑，入於河，又東北入海。酈《注》引郭景純曰：「濟自滎陽至樂安博昌入海。今河竭，濟水仍流不絕。」其敘述與杜氏《釋例》若合符節，不知《正義》所謂「乖異」者何在也。胡朏明《禹貢錐指》云〔註44〕：「以今輿地言之，自東平會汶以下，東阿、平陰、高苑、博興、樂安諸縣界中皆《禹貢》濟水入海之所經也。」案：《水經》惟言入河為誤，酈亭《注》已駁正矣。〔註45〕

〔註42〕眉批：「論史事。」
〔註43〕見北魏‧酈道元《水經注》卷七《濟水》。
〔註44〕見清‧胡渭《禹貢錐指》卷十五。
〔註45〕眉批：「輿地。」

　　《晉書‧五行志下》：「建興四年，新蔡縣吏任僑妻產二女，腹與心相合，自胸以上，臍以下，各分辛卯。」余在江西，有贛州某姓民家，二子年九歲，臍邊有骨，兩人相合，此飲則彼醉，彼食則此飽，而氣性不同，恒互相毆擊。沿路索貲觀看。余適在西山塋地，未得目驗，頗疑為採生折割〔註46〕之類。後陳幼銘按察為言，曾召入湖北臬署親驗，果生成也。此與《晉書》所載大略相似。〔註47〕

　　焦弱侯《筆乘續》卷三云〔註48〕：「佛典引《韓詩外傳》，有孔子曰『老筐為雀，老蒲為葦』二語。又引《韓詩外傳》，曰：『死者為鬼。鬼者，歸也。精氣歸於天，肉歸於土，血歸於水，脈歸於澤，聲歸於雷，動作歸於風，眼歸於日月，骨歸於木，筋歸於山，齒歸於石，膈歸於露，毛歸於草，呼吸之氣復歸於人。』今本俱無之。」案：弱侯所謂佛典，未知何書〔註49〕。唐釋道世《法苑珠林》卷六引《韓詩外傳》「鬼，歸也」云云〔註50〕，與此第二條同。注云出《御覽》〔註51〕，則北齊《修文殿御覽》所引也。惟「膈歸於露，毛

〔註46〕明‧雷夢麟《讀律瑣言》卷十九《刑律‧採生折割人》：
　　　　凡採生折割人者，凌遲處死，財產斷付死者之家。妻子及同居家口，雖不知情，並流二千里安置。為從者斬。若已行而未曾傷人者，亦斬。妻子流二千里。為從者杖一百，流三千里。里長知而不舉者，杖一百，不知者不坐。告者官給賞銀二十兩。
　　　　瑣言曰：採生折割人，謂以妖術採生人而折割其肢體耳目等項，以奉祀邪神而求福免禍者。若無妖術，不供邪祀，則依支解之律。同居家口不在緣坐，里長不坐知而不舉之罪。若已行而未曾傷人，於人雖無所損，其為首之人亦斬，妻子流二千里。非有妖術，不供邪祀，安可坐此重典？
〔註47〕眉批：「怪異。」
〔註48〕見明‧焦竑《焦氏筆乘》續集卷三《韓詩外傳》。
〔註49〕唐‧釋道世《法苑珠林》卷四十三《變化篇第二十五‧厭欲部》：
　　　　《韓詩外傳》曰：「孔子曰：『老筐為雀，老蒲為葦。』」
　　　　文廷式稱「弱侯所謂佛典，未知何書」，實出於此。
　　　　另外，南朝梁‧蕭統《六臣注文選》卷五十九沈休文《齊故安陸昭王碑文》：善曰：「《韓詩外傳》：『孔子曰：水之精為玉，老蒲為葦，願無怪之。』」濟曰：「《韓詩外傳》云：『老蒲為葦也。』」
〔註50〕唐‧釋道世《法苑珠林》卷十六《道篇第四之四‧鬼神部之餘》：
　　　　《韓詩外傳》曰：「死為鬼。鬼者，歸也。精氣歸於天，肉歸於土，血歸於水，脈歸於澤，聲歸於雷，動作歸於風，眼歸於日月，骨歸於木，筋歸於山，齒歸於石，膏歸於露，露歸於草，呼吸之氣復歸於人。」
〔註51〕眉批：「諸子。」
　　　　宋‧李昉《太平御覽》卷第八百八十三《鬼神部三》：
　　　　《韓詩外傳》曰：「人死曰鬼。鬼者，歸也。精氣歸於天，肉歸於土，血歸於

歸於草」，《珠林》作「膏歸於露，露歸於草」。〔註52〕

　　春秋隱八年，《經》：「宿男卒。」杜預《注》曰：「諸例或發於始事，或發於後者，因宜有所異同。亦或邱明所得記注，本末不能皆備故。」按：本末不備，何得為例？《左氏》不傳《春秋》，諸例皆後人竄入。征南雖有《左》癖〔註53〕，不能圓其說也。〔註54〕

　　九年，《經》：「三月癸酉，大雨，震電。」《傳》：「大雨霖以震。」此已不辭。又曰：「凡雨，自三日以上為霖。」既曰三日，《經》何以但書癸酉乎？若謂書始雨日，則不雨者，《經》何以不書始不雨？月而必書，自某月至於某月乎？要之，《左傳》書法凡例，實無當《經》意。而杜《注》直謂「《經》無『霖』字，《經》誤」，尤為謬妄

　　桓元年，《傳》：「冬，鄭伯拜盟。」杜《注》：「鄭伯若自來，則《經》不書。若遣使，則當言鄭人，不得稱鄭伯。疑謬誤。」案：《正義》謂「《經》所不書，自有闕文之例」。《左氏》所載，不必一一與《經》比附也。杜必繩之以例，以《經》不書而云《傳》誤，非是。

　　三年，《經》：「有年。」《正義》引「《釋例》曰：『劉、賈、許因有年、大有年〔註55〕之經，有鸛鵒來巢〔註56〕，書所無之《傳》，以為《經》諸言有，

水，脈歸於澤，聲歸於雷，動作歸於風，眼歸於日月，骨歸於木，筋歸於山，齒歸於石，膏歸於露，髮歸於草，呼吸之氣歸復於人。」

明‧董斯張《吹景集》卷十二《世所傳韓詩汲冢國策諸書非全書》：

焦弱侯引《韓詩外傳》「老筐為萑，老蒲為葦」及「精氣歸於天，肉歸於土」二則。按：弱侯據佛典所引。今「精氣」云云載《御覽》。焦云「膈歸於露，毛歸於草」，《御覽》「膈」作「膏」，「毛」作「髮」，《御覽》似勝。

〔註52〕元‧李冶《敬齋古今黈》卷六：

西方之書，與中國之書往往更相假藉以為誇。《韓詩外傳》曰：「人死曰鬼。鬼者，歸也。精氣歸於天，肉歸於土，血歸於水，脈歸於澤，聲歸於雷，動作歸於風，眼歸於日月，骨歸於木，筋歸於山，齒歸於石，膏歸於露，發歸於草，呼吸之氣復歸於人。」《圓覺經》四大之說，大槩與此同之。但《韓傳》所謂歸者一十有三，而《圓覺》之所謂歸者止四而已。顧韓說之繁重，實不若《圓覺》之約且足也。然不知《韓傳》竊彼書耶？抑彼書之竊《韓傳》耶？韓嬰在《圓覺》前，不應掠取浮屠語，吾意譯潤者盜嬰語耳。

〔註53〕《世說新語‧術解第二十》，劉孝標《注》：「《語林》曰：『武子性愛馬，亦甚別之。故杜預道王武子有馬癖，和長輿有錢癖。武帝問杜預：卿有何癖？對曰：臣有《左傳》癖。』」

〔註54〕眉批：「經義。」

〔註55〕《春秋》宣公十六年：「冬，大有年。」

〔註56〕《春秋》昭公二十五年：「有鸛鵒來巢。」

皆不宜有之辭也。」據《經》螽、蟊不書有，《傳》發於魯之無鸜鵒，不以有字為例也。《經》書十有一年、十有一月，不可謂不宜有此年，不宜有此月也。螽、蟊俱是非常之災，亦不可謂其宜有也」。案：此以「十有一年」、「十有一月」之「有」字與「有鸜鵒來巢」之「有」字為例，幾於不通文義矣。且《經》所書，如「日有食之」、「有星孛於大辰」之類，何以置之不引乎？《正義》先申賈說，後引《釋例》，蓋亦不以杜為然。

五年，《傳》：「正月，甲戌，己丑，陳侯鮑卒，再赴也。……公疾病而亂作，國人分散，故再赴。」案：國人分散，則當不赴，何得再赴？甚非事實。《公羊》以為「君子疑焉」。於義為長。

十年，《經》：「齊侯、衛侯、鄭伯來戰於郎。」《傳》曰：「齊、衛、鄭來戰於郎，我有辭也。初，北戎病齊，諸侯救之，鄭公子忽有功焉。齊人餼諸侯，使魯次之。魯以周班後鄭。鄭人怒，請師於齊。齊人以衛師助之，故不稱侵伐。」按：六年《傳》已詳載其事〔註57〕，此復從「北戎病齊」追記。左氏文法未有復疊，似此者明是後人竄入，不能自掩其跡也。又按：六年《傳》云「故有郎之師」，則此處無傳甚明。

十有二年，《經》：「丙戌，公會鄭伯，盟於武父。丙戌，衛侯晉卒。」按：此日月例之至顯者，而杜以為「因史成文」。無義例，則《春秋》可以不作矣。《正義》曰：「魯史記注多違舊章，致使日與不日無復定準。及其「其」字疑衍。仲尼書經，不以日月褒貶，或略或詳，非此所急。」信如此說，則孔子亦無定準矣。何其誣也！何邵公注《公羊》云〔註58〕：「不蒙上日者，《春秋》獨晉書立記卒耳。當蒙上日，與不嫌異於纂例，故復出日明同。」深得經旨。

十有七年，《經》：「葬蔡桓侯。」三《傳》經文同。《釋例》稱「劉、賈、許曰無臣子之辭」〔註59〕，則各本皆同。而杜《注》云：「稱侯，蓋謬誤」，可謂勇於疑經。劉原父《春秋權衡》云〔註60〕：「己所不曉，因以為謬。苟非不知而作，何以及此？」

〔註57〕《左傳·桓公六年》：「北戎伐齊，齊侯使乞師於鄭。鄭大子忽帥師救齊。六月，大敗戎師，獲其二帥大良、少良，甲首三百，以獻於齊。於是諸侯之大夫戍齊，齊人饋之餼，使魯為其班，後鄭。鄭忽以其有功也，怒，故有郎之師。」
〔註58〕見《春秋公羊傳注疏·桓公十二年》。
〔註59〕見晉·杜預《春秋釋例》卷一《弔贈葬例第五》。
〔註60〕見宋·劉敞《春秋權衡》卷二《桓公》。

莊二年，《經》：「公子慶父帥師伐於餘丘。」《疏》：「《公羊》、《穀梁》皆以為邾之別邑，《左氏》無傳，正以《春秋》之旨，未有伐人之邑不繫國者，此無所繫，故知是國。《釋例》注闕，不知其處。」按：桓七年，「焚咸丘」。《公羊傳》曰：「邾婁之邑。」杜《注》云：「魯地。」此等皆無所據，苟以異於二《傳》而已。

莊元年至五年，《傳》甚簡，惟楚武王荊尸一條略詳，然不與經相比附。疑此外皆後人依託為之。七年《傳》亦然。

七年，《經》：「恒星不見。」杜《注》云：「蓋時無雲，日光不以昏沒。」案：此不惟不知曆象。若入夜日光不沒，則從古未有之異，《經》何但書「恒星不見」乎？杜之逞臆妄說如此。

十年，《正義》曰：「孔子修《春秋》，變周之文，從殷之質。」案：此《公羊》大義〔註61〕，沖遠以說《左傳》，失之。

二十有二年，《經》：「夏五月。」《正義》曰：「《釋例》曰：『《經》四時有不具者，邱明無文，皆闕謬也。』」杜之信《傳》疑《經》如此。

二十有四年，《經》：「曹羈出奔陳。」杜《注》：「羈蓋曹世子也。」《正義》曰：「此事《左氏》、《穀梁》並無傳。《公羊》以曹羈為曹大夫。杜以此《經》書『曹羈出奔陳，赤歸於曹』，與『鄭忽出奔衛，突歸於鄭』，故附彼為之說。蓋為疑辭。」按：此杜之自為傳也，《正義》深得其旨。「赤歸於曹」，《注》云：「蓋為戎所納。」《正義》曰：「賈逵以為羈是曹君，赤是戎之外孫，故戎侵曹，逐羈而立赤，亦以意言之，無所據也。」案：杜用賈說，惟以羈為世子為異。然賈君生東漢，所見容有異籍。征南之說，則真以意言之耳。

「郭公」，《注》云：「無《傳》，蓋《經》闕誤也。自曹羈以下，《公羊》、《穀梁》之說既不了，又不可通之於《左氏》，故不採用。」按：此等經文，偽增《左氏》者所不能為《傳》，故從蓋闕。而杜輒指為《經》誤，可謂妄謬。

二十有六年，《經》五條皆無《傳》，《傳》三條皆不附於《經》。《注》曰：「此年《經》、《傳》各自言其事者，或《經》是直文，或策書雖存而簡牘散落，不究其本末，故《傳》不復申解，但言《傳》事而已。」《正義》曰：「上二十年亦《傳》不解《經》。」案：此皆《左氏》不傳《春秋》之證。杜說亦

〔註61〕「春秋變周之文，從殷之質」，見漢・何休《春秋公羊經傳解詁》隱公七年、隱公十一年、桓公十一年。

自不了。二十九年《傳》惟「樊皮叛王」一句書事，餘皆發凡，亦非《左傳》之體。三十一年《傳》亦惟發一凡而已。

閔元年，《傳》：「初，畢萬筮仕於晉。辛廖占之，曰：『吉。』」《注》：「辛廖，晉大夫。」《正義》曰：「劉炫云：『若在晉國而筮，何得云筮仕於晉？又辛甲、辛有並是周人，何故辛廖獨為晉大夫？』」此規過之最精確者。《正義》又曰：「炫用服氏之說」，知服義固多勝杜也。

二年，《經》：「狄入衛。」《傳》：「遂滅衛。」《注》云：「齊桓為之告諸侯，言狄已去，言衛之存，故但以『入』為文。」按：此等皆鄉壁虛造之說。

僖元年，《經》：「夫人氏之喪至自齊。」《注》：「不稱姜，闕文。」《正義》曰：「姜氏者，夫人之姓，二字共為一義，不得去姜存氏，去氏存姜。《公羊》、《穀梁》見其文闕，妄為之說耳。」按：此等注疏，皆足以病《左氏》。凡褒貶異文，並云《經》闕，迷罔後學，莫甚於此矣。

又《傳》：「諱國惡，禮也。」《注》云：「當時臣子率意而諱〔註62〕，無深淺常準。聖賢有時而聽之。」按：如杜氏之意，直以《春秋》經文為無常準而已。

五年，《傳》：「晉侯使以殺太子申生之故來告。」按：四年《傳》記晉事，結云：「重耳奔蒲，夷吾奔屈。」是年《傳》云：「初，晉侯使士蔿為二公子築蒲與屈」，明是上下銜接之辭，增益者強《傳》釋《經》，橫加「來告」一語，讀者審察文理，決知非《左氏》之本有也。

又《傳》：「故書曰：『晉人執虞公。』罪虞，且言易也。」按：此文亦與上文不接，明增益也。

十有一年，《傳》之釋《經》者，惟「晉侯使以丕鄭之亂來告」一語。此與五年《傳》「以殺太子申生之故來告」同，皆強附策書之例。

僖十五年，《傳》：「此一役也，秦可以霸。」《注》：「言還惠公，使諸侯威服，復可當一事之功。」《正義》曰：「服虔云：『一役者，謂韓戰之役。』知不然者，呂甥勸秦伯納晉侯。若納晉君，可以更當一役之功。欲深勸秦伯，故杜別為其說。劉炫以服義規之，雖於理亦通，未為殊絕。」案：如服義，謂韓戰則頌其戰勝，何與於納晉君？如杜義，還晉君則此時未還，何得指為一役？蓋呂甥假稱君子之言，云「秦必歸君，貳而執之」者，指韓之戰；「服而捨之」者，指歸晉君。「此一役也」句，兼實事虛情而言，服、杜義皆未備。

二十年，《傳》：「凡啟塞從時。」《注》：「門戶道橋謂之啟，城郭牆壍謂之塞，皆官民之開閉，不可一日而闕，故特隨壞時而修〔註63〕之。今修飾城門，非開閉之急，故以土功之制譏之。」案：《經》、《傳》皆言「新作」，而《注》以為「修飾」，失其義矣。《正義》曰：「不知啟塞之言意何所謂？服虔云：『闔扇，所以開；鍵閉，所以塞。』《月令》：『仲春，修闔扇。孟冬，修鍵閉。』『從時』，從此時也。《傳》既云作門不時，更發從時之例，則啟塞之事，當是城門之類，安得以為闔扇、鍵閉細小之物乎？若是仲春、孟冬，《傳》何以不言春、冬，而直云「從時」？知從何時，豈邱明作《傳》不了，待《月令》而後明哉？杜之言亦無明證。」案：服據《月令》為說，是明證也。增《傳》者在《月令》後，故依用其義，然與上書「不時」之「時」字實不相貫。杜說亦不可通，蓋發凡書法，又出兩手也。

二十四年，《傳》：「王正月，秦伯納之。不書，不告入也。及河，子犯以璧授公子。」按：此敘事之文。「秦伯納之」、「及河」文義緊接，中忽夾入書法，直不復成文理。且「及河」之時，文公猶未為晉君，何以遽記其「不告入」乎？此等增益之處，痕跡顯然，無庸更曲為之說。

又《傳》：「使殺懷公於高粱。不書，亦不告也。」按：是年《經》書「晉侯夷吾卒」，而《傳》記「殺懷公」，明是《經》、《傳》歧異，不得但以「不告」二字了之。

二十六年，《傳》：「夔子不祀祝融與鬻熊。」杜《注》：「鬻熊，祝融十二世孫。」《正義》曰：「司馬遷不能紀其世。杜言十二世，未知出何書。故劉炫規杜云：『計其間出有一千二百年，略而言之，則百年為一世，計父子為一〔註64〕世，何以得近千二百年乎？』」按：杜所說，或出當時譜牒，然不足據，光伯規之是也。〔註65〕《疏》又以為「或兄弟伯叔相及」，則枝詞耳。

又《傳》：「凡師能左右之曰『以』。」 按：此與上下文不貫，增益之跡顯然。

〔註63〕「修」，杜《注》作「治」。

〔註64〕「一」，《正義》作「十二」。

〔註65〕清‧雷學淇《介菴經說》卷七《春秋經傳‧熊摯》：
「夔子不祀祝融與鬻熊，楚人讓之，對曰：『我先王熊摯有疾，鬼神弗赦，而自竄於夔。吾是以失楚，又何祀焉？』」杜注云：「鬻熊，祝融之十二世孫。夔，楚之別封。熊摯，楚嫡子，有疾不得嗣位，故別封為夔子。」劉炫規杜云：「祝融至鬻熊，其間出有一千二百年。略而言之，則百年為一世，計父子十二世，何以得近千二百年乎？」劉說甚是。

二十八年，《傳》：「距躍三百，曲踊三百。」《注》：「百，猶勵也。」《正義》曰：「以傷病之人，而再言『三百』，不可為六百跳也。杜言『百猶勵』，亦不知勵何所謂。」按：此《注》誠不可解，故《正義》亦為疑辭。《釋文》：「勵音邁」，惜不著其說。

三十年，《傳》：「饗有昌歜、白、黑、形鹽。」《注》：「昌歜，昌蒲菹。」《正義》曰：「徧檢書傳，昌蒲之草無此別名，未知其所由也。」按：《正義》上文引《周禮·醢人》「昌本」，已得其說，似不必更求別名。惟下文「薦五味」實對「昌歜」言，疑昌歜兼有甘酸辛苦鹹五味，以昌本為主，而多物和調之，故名曰昌歜。《說文》曰：「歜，盛氣怒也」，故歜有盛義。顧亭林《日知錄》據《玉篇》作「歡」〔註66〕。「歡」字亦未知所出。

三十二年，杜《注》：「兩山相嶔。」《正義》曰：「《公羊傳》曰：『殽之嶔巖。』杜或取《公羊》之意。但嶔巖是山之貌，而云『相嶔』，文亦不順，未能審杜意也。」按：此疏譏杜文義不順，孔氏所僅見。杜意實以「兩山相嵌，故可以避風雨」耳。《釋文》：「嶔，本或作嵐。」「嵐」字尤不可解。

三十三年，《傳》：「秦師輕而無禮。」《注》：「謂過天子門，不卷甲束兵。」《正義》曰：「或出《司馬兵法》。其書既亡，未見其本。」按：據此則今所傳五篇，蓋出後人掇拾。

文元年《傳》「閏三月，非禮也」一節，《正義》曰：「杜為《長曆》，置閏疏數無復定準。又云：杜唯勘《經》、《傳》上下日月以為《長曆》，若日月同者，則數年不置閏月。若日月不同，須置閏乃同者，則未滿二十二月頻置閏。」按：此深譏杜氏之不諳曆法也。《正義》屢用《三統曆》，實較杜氏為優。

二年《傳》：「卿不書，為穆公故，尊秦也，謂之崇德。」按：《春秋》必無尊秦之例。增《傳》者於晉文則曰「明德」，於秦穆則曰「崇德」，皆暗襲《公羊》、《穀梁》褒賢之意而易其辭。

文五年《傳》：「華而不實，怨之所聚也。」《注》：「言過其行。」按：此以言行釋華實，至精而確。

八年《傳》：「書曰『公子遂』，珍之也。」按：「珍之」已不可解。且《傳》但言「遂會伊、雒之戎」，何以即見其可珍？《注》又以「戎將伐魯」說之，皆所謂妄造事實也。

〔註66〕見清·顧炎武《日知錄》卷四《昌歡》。

九年《傳》：「卿不書，緩也，以懲不恪。」《注》：「公子遂獨不在貶者，諸魯事褒貶皆從魯史，不同之他國，此《春秋》大意。他皆放此。」《正義》曰：「褒貶皆從魯史，以其體例已舉，不假改正故。」按：如《注疏》說，則孔子於《春秋》，直未嘗修也。魯事既不假改正，外事又並從赴告，則所謂筆削者安在乎？《春秋》一經，至元凱乃始晦之。而孔沖遠乃謂「孔子受誣久矣，賴元凱方始雪之」〔註67〕。甚矣，其惑也！

文十有一年《傳》：「襄仲聘於宋，且言司城蕩意諸而復之。」《注》：「八年意諸來奔。歸不書，史失之。」《正義》曰：「服虔云：『反不書者，施而不德。』衛冀隆亦同服義，難杜云：『《經》所不書，《傳》即發文。此既無《傳》，何知史失？』」按：魯史失之，《左氏》於何得之？杜氏直謂《經》不書為失耳，妄謬之甚。

又《傳》：「鄋瞞由是遂亡。」《正義》曰：「如此《傳》文，長狄有種，種類相生，當有支胤，唯獲數人，云其種遂絕，深可疑之。命守封隅之山，賜之以漆為姓，則是世為國主，縣歷四代，安得更無支屬？唯有四人，且君為民心，方以類聚，不應獨立三丈之君，使牧八尺之民。又三丈之人，誰為匹配？豈有三丈之妻為之生產乎？人情度之，深可惑也。《國語》仲尼之談，《左傳》邱明所說，通賢大聖立此格言，不可論其是非，實疑之久矣。《公羊》、《穀梁》並云：長狄兄弟三人，一之齊，一之魯，一之晉。何以書記異？猶如《史記》所云『秦時大人見於臨洮』。」按：此《正義》不信《傳》說，而從《公》、《穀》也。然殺一長狄而書曰敗，亦斷非《經》意。此等當闕疑耳。

十有三年，《經》：「大室屋壞。」《釋文》：「大音泰。《注》及《傳》同。」《正義》曰：「《公羊》作『世室』。《左傳》不辨此是何公之廟，而《經》謂之『大室』，言此室是室之最大者。」按：此《疏》不知太與世通，尚有可說。至讀「大」為如字，則近陋矣。

十三年，《傳》：「其處者為劉氏。」《正義》曰：「討尋上下，其文不類，深疑此句或非本旨，蓋以為漢室初興，捐棄古學，《左氏》不顯於世，先儒無以自申，劉氏從秦徙〔註68〕魏，其源本出劉累，插注此辭，將以媚於世。」按：《左氏》凡有增益，皆欲附於傳《經》，以行其書，與他書妄竄者不同。讀者雖能分晰其非，要當取其護持《左傳》之盛心也。

〔註67〕見《春秋左傳正義》卷一《春秋序》孔《疏》。
〔註68〕「徙」，《正義》作「從」。

十四年，《傳》：「頃王崩，周公閱與王孫蘇爭政」，與下文「周公將與王孫蘇訟於晉」緊接。「故不赴」云云，皆後世羼入。

十五年，《傳》：「惠叔猶毀以為請。」《注》：「敖卒至今期年。」《正義》曰：「劉炫云：『敖去年九月卒，至今年夏，不得稱期年。』今知非者，杜據日月之久，欲盛言其遠。但首尾二年，亦得為期年之義。」案：三年之喪為首尾三年，是通義也。未聞首尾二年可稱期年。若然，則十二月遭喪者，至正月便可為期年乎？《正義》之言，失之彌遠。

十六年，《傳》：「先君蚡冒所以服陘隰也。」《注》：「陘隰，地名。」《正義》曰：「言服陘隰，則陘隰本是他國，蚡冒始服之。《釋例》：『陘隰與僖四年『次於陘』為一地。潁川召陵縣南有陘亭。』楚自武王始居江漢之間，則蚡冒之時，未至中土，不應已能越申、息，服潁川之地，疑非也。」按：此條顯非杜《注》，全書所無，蓋劉炫之辭，未能刪定者也。

十有七年，《經》：「齊侯伐我西鄙。」《注》：「西當為北，蓋《經》誤。」按：《左氏》紀事，不必盡與《經》合，杜則以《傳》改《經》而已。

宣元年，《經》：「遂以夫人婦姜至自齊。」《注》：「不書氏，史闕文。」按：文四年，「逆婦姜於齊」，《注》何以不言闕文？是自相矛盾。《正義》曰：「去氏稱姜則不成文義。夫人之稱姜氏，猶遂之稱公子。舍遂之族而去子稱公，可乎？」此竟不知文義。凡《經》之大義，褒貶顯見者，杜預皆以闕文略文說之。經術之蠹，未有如此者也。

四年，《傳》：「凡弒君：稱君，君無道也。」《正義》引《釋例》〔註69〕，

〔註69〕《正義》曰：

《晉語》云：「趙宣子曰『大者天地，其次君臣』」，則君臣之交，猶父子也，君無可弒之理。而云「弒君：稱君，君無道」者，弒君之人固為大罪，欲見君之無道，罪亦合弒，所以懲創將來之君，兩見其義，非赦弒君之人，以弒之為無罪也。《釋例》曰：「天生民而樹之君，使司牧之，群物所以繫命。故戴之如天，親之如父母，仰之如日月，事之如神明。其或受雪霜之嚴，雷電之威，則奉身歸命，有死無貳。故《傳》曰：『君，天也，天可逃乎？』此人臣所執之常也。然本無父子自然之恩，末無家人習玩之愛，高下之隔縣殊，壅塞之否萬端，是以居上者，降心以察下，表誠以感之，然後能相親也。若亢高自肆，群下絕望，情義圯隔，是謂路人，非君臣也。人心苟離，則位號雖有，無以自固。故傳例曰：『凡弒君：稱君，君無道；稱臣，臣之罪。』稱君者唯書君名，而稱國、稱人以弒，言眾之所共絕也。稱臣者，謂書弒者之名，以垂來世，終為不義，而不可赦也。然君雖不君，臣不可以不臣，故宋昭之惡，罪及國人，晉荀林父討宋曰：『何故弒君？』猶立文公而還。深

說尚有未盡。按：杜氏黨篡之跡，焦里堂論之已詳〔註70〕。《釋例》中妄謬之

見貶削。懷諸賊亂以為心者，固不容於誅也。若鄭之歸生、齊之陳乞、楚之
公子比，雖本無其心，《春秋》之義，亦同大罪。是以君子慎所以立也。諸
侯不受先君之命而篡立，得與諸侯會者，則以成君書之，齊商人、蔡侯班之
屬是也。若未得接於諸侯，則不稱爵。楚公子棄疾殺公子比，蔡人殺陳佗、
齊人殺無知、衛人殺州吁、公子瑕之屬是也。諸侯篡立，雖會諸侯為正，
此列國之制也。至於國內，策名委質，即君臣之分已定，故殺不成君者，亦
與成君同義。《傳》曰：『會於平州，以定公位。』又云：『若有罪，則君列
諸會矣。』此以會為斷也。《經》書『趙盾弒君』，而《傳》云『靈公不君』，
又以明於例此弒宜稱君。弒非趙盾而經不變文者，以示良史之意，深責執
政之臣。《傳》特見仲尼曰『越竟乃免』，明盾亦應受罪也。『醫不三世，不
服其藥』，古之慎戒也。人子之孝，當盡心嘗禱而已，藥物之齊，非所習也。
許止身為國嗣，國非無醫，而輕果進藥，故罪同於弒。二者雖原其本心，而
《春秋》不赦，蓋為教之遠防也。楚靈無道於民，於例當稱國以弒，公子比
首兵自立，楚眾散歸，而靈王縊死，故以比為弒王也。比既得國，國人驚亂，
棄疾從而扇之，比懼自殺，皆棄疾之由。故書公子棄疾殺公子比也。《左氏》
義例止此而已，其餘小異，皆從赴也。劉、賈、許、潁以為君惡及國朝，則
稱國以弒君；惡及國人，則稱人以弒。案：《傳》鄭靈、宋昭，《經》文異而
例同，故重發以同之。子弒其父，又嫌異於他臣，亦重明其不異。既不碎別
國之與人，而《傳》云：「莒紀公多行無禮於國，大子僕因國人以弒之。」
《經》但稱國不稱人，知國之與人，雖言別而事一也。」杜言小異。從赴者，
宋之蒙澤，楚之乾谿，俱是國內，而弒捷不書蒙澤。齊商人、衛州吁俱是公
子，而州吁不稱公子，諸如此類，所有不同，皆從赴也。此弒君之例，有君
罪、臣罪之異。而諸侯出奔，皆不書逐君之人以罪臣者，以君之見弒，未必
皆為無道，故立臣罪之文，以見君有無罪死者。國君而被臣逐，悉是不能固
位，其罪皆在於君。故杜諸侯出奔，例云諸侯奔者，皆迫逐而苟免，非自出
也。仲尼之經更沒逐者主名，以自奔為文者，責其不能自安自固，所犯非徒
所逐之臣也。蔡侯、宋雖無罪，據其失位出奔，亦其咎也。是說逐君無罪臣
之文意也。

〔註70〕清‧焦循《雕菰集》卷十六《左氏春秋傳杜氏集解序》：
余幼年讀《春秋》，好《左氏傳》，久而疑焉。及閱杜預《集解》，暨所為《釋
例》，疑茲甚矣。孔子因邪說暴行而懼，因懼而作《春秋》，《春秋》成而亂
臣賊子懼。《春秋》者，所以誅亂賊也。而《左氏》則云：「稱君，君無道；
稱臣，臣之罪。」杜預者，且揚其辭而暢衍之，與孟子之說大悖。《春秋》
之義遂不明。已而閱《〈三國‧魏志‧杜畿傳〉注》，乃知預為司馬懿女婿。
《晉書》預本傳云：「祖畿，魏尚書僕射。父恕，幽州刺史。其父與宣帝不
相能，遂以幽死，故預久不得調。文帝嗣立，預尚帝妹高陸公主，起家拜尚
書郎。四年，轉參相府軍事。」預以父得罪於懿，廢棄不用，蓋熱中久矣。
昭有篡弒之心，收羅才士，遂以妹妻預，而使參府事。預出意外，於是忘父
怨，而竭忠於司馬氏。既目見成濟之事，將有以為昭飾，且有以為懿、師飾，
即用以為己飾。此《左氏春秋集解》所以作也。夫懿、昭、師，亂臣賊子也；
賈充、成濟，鄭莊之祝聃、祭足，而趙盾之趙穿也；王凌、毋邱儉、李豐、

辭尤甚，余嘗條列而論之，以為孔子成《春秋》而亂臣賊子懼，杜預注《左傳》而亂臣賊子喜，陳蘭甫師以為知言〔註71〕。

五年，《經》：「公如齊。夏，公至自齊。」案：服以不書奔喪為諱過，杜以書至為示過。服義為長。服說見《釋例》〔註72〕。

六年，《傳》：「《周書》曰：『殪戎殷。』」《注》云：「義取周武王以兵伐殷，盡殪之。」《正義》曰：「如杜所注，戎訓為兵，謂以兵伐殷而殪盡也。殪字宜在下，以《周書》本文，故其字在上。」案：杜《注》文義不通，《正義》蓋深非之。

八年，《經》：「辛巳，有事於大廟，仲遂卒於垂。」《注》：「不言公子，因上行還閒無異事，省文，從可知也。」《正義》曰：「衛氏難杜云：『其閒有『辛巳，有事於大廟』，何得為閒無異事？』」按：衛冀隆之說是也。冀隆蓋用服義，則服氏此條當用《公羊》為說。

王經，則仇牧、孔父嘉之倫也。昭弒高貴鄉公而歸罪於成濟，已儼然託於大義而思免於「反不討賊」之識。師逐君，昭弒君，均假太后之詔以稱君罪，則師曠所謂「其君實甚」、史墨所謂「君臣無常位」者，本有以啟之。預假其說而暢衍之，所以報司馬氏之恩而解懟、師、昭之惡，夫又何疑！顧射王中肩，即抽戈犯蹕也，而預以為「鄭志在苟免，王討之非」，顯謂高貴討昭之非，而昭實之「志在苟免」。孔父嘉之「義形於色」，仇牧之「不畏彊禦」，而預皆鍛鍊深文，以為無善可褒，此李豐之忠而可斥為奸，王經之節而可指為貳，居然相例矣。師、昭而後，若裕，若道成，若衍，若霸先，若歡、洋，若泰，若堅、廣，他如石虎、冉閔、符堅，相習成風，而《左氏傳杜氏集解》適為之便，故其說大行於晉、宋、齊、梁、陳之世。唐高祖之於隋，亦踵魏晉餘習，故用預說作《正義》，而賈、服諸家由是而廢。吾於《左氏》之說，信其為六國時人為田齊、三晉等飾也。《左氏》為田齊、三晉等飾，與杜預為司馬氏飾，前後一轍，而孔子作《春秋》之義乖矣。四明萬氏充宗作《學春秋隨筆》，斥左氏之頗；吳中惠氏半農作《春秋說》，正杜氏之失；無錫顧氏棟高作《春秋大事表》，特糾杜氏之誤。而預撰《集傳》之隱衷，則未有摘其奸而發其伏者。賈、服舊注，惜不能全見，而近世儒者補《左氏》注，亦徒詳覈乎訓詁名物而已。余深怪夫預之忘父怨而事仇，悖聖經以欺世，摘其說之大紕繆者，稍疏出之，質諸深於《春秋》者，俾天下後世共知預為司馬氏之私人，杜恕之不肖子，而我孔子作《春秋》之蟊賊也。嘉慶丁丑冬十二月除夕。

〔註71〕陳澧之言未詳。然《東塾讀書記》卷十《春秋三傳》：「澧謂杜預於忠臣賊臣，尚敢顛倒是非，以詔司馬氏，而況說典禮乎？」可為參證。

〔註72〕晉·杜預《春秋釋例》卷一《弔贈葬例第五》：「宣十年，『公如齊』，劉、賈、許曰不書奔喪，諱過也。」

又按：衛冀隆為服氏之學，見《後魏書‧賈思伯傳》，則服義之未備者，宜採及衛氏之說。《正義》引冀隆說凡若干條，李次白《賈服注輯述》遺之，非也。

十二年，《傳》：「參之肉將在晉軍，可得食乎？」蓋言己必死戰。

十有五年，《經》：「晉師滅赤狄潞氏。」《注》：「潞，赤狄之別種。」《正義》曰：「謂之赤、白，其義未聞。蓋其俗尚赤衣、白衣也。」竊謂此直謂其肌膚之赤、白耳。《正義》又曰：「夷狄祖其雄豪者，則稱豪名為種者，中國之始封也。」竊謂狄稱氏者，猶遼、金之部族多以地名，非必盡氏以雄豪之祖也。

十五年，《傳》：「國君含垢，天之道也。」按：此即《老子》「受國之垢，是為天下主」之意。道家之旨也。

〔註73〕十六年，《傳》：「宋將鉏、樂懼。」《注》：「樂懼，戴公六世孫。將鉏，樂氏族。」《正義》曰：「樂懼是戴公六世孫，《世本》有文。將鉏為樂氏族，不知所出。杜《譜》於樂氏之下，樂鉏、將鉏為一人。《傳》無樂鉏之文，不知其故何也。」按：此《疏》不信《注》。然杜必有所本，疑許、潁二家之舊注也。襄二十三年，《正義》曰：「《世族譜》，欒鲂為欒氏族，以欒樂為雜人，不知杜意何故也。」此《疏》亦不信杜《譜》。

又，《傳》：「郤至曰：『傷國君有刑。』」按：此春秋時列國戰陳之大法，必非郤至權詞。杜《注》、孔《疏》皆不言其義，失之。

又，郤至「與單襄公語」。《正義》曰：「《周語》詳而此略，先賢或以為《國語》非邱明所作，為其或有與傳不同故也。」按：古人著書，廣集異聞，各依原本，不得以小有不同，斷為出自兩人。

襄二年，《經》：「六月庚辰。」《注》云：「庚辰，七月九日。書六月，《經》誤。」《正義》曰：「《長歷》云：『書於六月，《經》誤。』言元本書之誤，非字誤也。」按：杜不知天算，而動云《經》誤，其立言不遜如此。襄九年《注》亦云《經》誤。

襄五年，《傳》：「書曰：『楚殺其大夫公子壬夫。』貪也。君子謂楚共王於是不刑。」按：此處文義不貫，蓋書法與所載「君子曰」出兩手故也。

七年，《傳》：「孟獻子曰：『夫郊，祀后稷以祈農事也。』」按：獻子此言，

〔註73〕依前後例，此處當補「成」字。

正合《孝經》也。《孝經》云：「以配天宗〔註74〕」，本許周生說。即《禮記》所謂「祈穀於天宗」〔註75〕也。獻子乃禮家，《雜記》、《中庸》皆引其說。所言必得其實。何邵公病之，過矣。

又，《傳》：「謂從者也。」按：「從」讀如縱。

八年，《傳》：「孫擊孫惡。」《注》：「二孫，子狐之子。」《正義》曰：「賈逵云：『然未必有文可據，相傳為此說也。』」按：杜用賈義如此等，亦迷其所出，必使後人不信《注》矣。

九年，《經》：「宋災。」《注》：「天火曰災。來告，故書。」《正義》引《公羊傳》云云，又曰：「《公羊》此言，不可通於《左氏》，故杜明為此注以異之。」按：此杜《注》之大意，其多立新說者，但求異於《公》、《穀》而已，於經意不相顧也。增傳者之書法、凡例，亦此意也。

九年，《傳》：「商主大火。」《正義》曰：「《周語》云：『歲在鶉火，我有周之分野。』是有分野之說也。天有十二次，地有九州。以此九州，當彼十二次，《周禮》雖云『皆有分星』，不知其分，誰分之也。何以所分能當天地？星紀在於東北，吳、越實在東南。魯、衛東方諸侯，遙屬戌亥之次。又三家分晉，方始有趙，而韓、魏無分，趙獨有之。《漢書·地理志》分群國以配諸次，其地分或多或少，鶉首極多，鶉火甚狹。徙以相傳為說，其源不可得而聞之。於其分野，或有妖祥，而為占者多得其效。蓋古之聖哲有以度知，非後人所能測也。」按：此與《〈詩·正月之交〉正義》皆極精之說。《疏》中六朝人舊義至多，此類是也。

又，《傳》：「閏月戊寅。」《注》云：「疑『閏月』當為『門五日』。『五』字上與『門』合為『閏』，則後學者自然轉『日』為『月』。」 按：杜《注》不甚破字。此注所疑，似巧而拙。衛冀隆難之〔註76〕，是也。

〔註74〕「宗」字疑衍。《孝經》：「昔者，周公郊祀后稷以配天，宗祀文王於明堂以配上帝。」

〔註75〕《禮記·月令》：「是月也，天子乃以元日祈穀於上帝。」

〔註76〕《正義》曰：

杜以《長歷》推之，此年無閏，故知此「閏」字當為「門五」，又「月」當為「日」也。晉人分四軍為三番，以二番為待楚之備，一番以攻鄭之門。一番一門，以癸亥初攻，每門五日，積十五日，欲以苦鄭而來楚也。楚不敢來，鄭猶不服。至明日戊寅，濟於陰阪，復侵鄭外邑，而後歸也。鄭都洧水之旁，故知陰阪，洧津也。衛氏難云：「案昭二十年朔旦冬至，其年云『閏月，戊辰，殺宣姜』，又二十二年云『閏月，取前城』，並不應有閏。而傳稱閏，是史之

又，《傳》：「冠於成公之廟。」《注》：「從衛所處。」《正義》曰：「服虔以成公是衛之曾祖，即云『祧謂曾祖之廟』也。杜意〔註77〕『從衛所處』，意在排舊說也。」按：杜好立新說，此《疏》深知其意。

十年，《傳》：「吳子壽夢。」《正義》曰：「服虔云『壽夢，發聲。吳蠻夷言，多發聲，數語共成一言。壽夢，一言也。《經》言乘，《傳》言壽夢，欲使學者知之也。』」按：當時蠻夷文字，蓋亦以音併合而得之。服子慎通於譯語，是以能言其故。

十一年，《傳》：「七姓十二國之祖。」《正義》引「劉炫難服虔」。　按：十二國當以邾、小邾為一。服、杜說並不可從。十九年《正義》亦引劉難服。

又，「十二月戊寅，會於蕭魚。」《注》：「《經》書秋，史失之。」《正義》曰：「《傳》言日月分明，是《經》謬。」　按：杜、孔信《傳》疑《經》如此。

十四年，《傳》：「尹公佗曰：『子為師，我則遠矣。』」《正義》曰：「孟子云云，姓名略同，行義正反。孟子辨士之說，或當假為之辭。」按：孟子言鄭人侵衛〔註78〕，此《傳》孫子逐公，傳聞各異，固宜兩存。《正義》輒詆孟子為假辭，亦立言太易矣。

十六年，《傳》：「莒犂比公。」《注》：「犂比，莒子號。」《釋文》：「犂，徐，力私反。比音毗。《注》同。」案：犂比疊韻，疑本諡比。犂比發聲，猶壽夢二字為一言也。漢時猶以比為諡，可證。三十一年，杜《注》：「犂北，密州之號。」又云：「買朱鉏，密州之字。」尤覺支離。

十九年，《傳》：「書曰：『鄭殺其大夫專也。』」　按：此句與上下文隔閡，明是後人增入。二十年，《傳》云：「書曰：『蔡殺其大夫公子燮』，言不與民同欲也。」尤不近情，增《傳》者乃病《傳》矣。

錯失，不必皆在應閏之限。杜豈得云『此年不得有閏』，而改為『門五日』也？若然，閏月殺宣姜，閏月取前城，皆為『門五日』乎？」

〔註77〕「意」，《正義》作「言」。

〔註78〕《孟子‧離婁下》：

鄭人使子濯孺子侵衛，衛使庾公之斯追之。子濯孺子曰：「今日我疾作，不可以執弓，吾死矣夫！」問其僕曰：「追我者誰也？」其僕曰：「庾公之斯也。」曰：「吾生矣。」其僕曰：「庾公之斯，衛之善射者也，夫子曰『吾生』，何謂也？」曰：「庾公之斯學射於尹公之他，尹公之他學射於我。夫尹公之他，端人也，其取友必端矣。」庾公之斯至，曰：「夫子何為不執弓？」曰：「今日我疾作，不可以執弓。」曰：「小人學射於尹公之他，尹公之他學射於夫子。我不忍以夫子之道，反害夫子。雖然，今日之事，君事也，我不敢廢。」抽矢叩輪，去其金、發乘矢而後反。

二十年，《經》：「陳侯之弟黃出奔楚。」《注》：「稱弟，明無罪。」《正義》曰：「賈逵以為稱名，罪其偪。杜言此以排賈氏也。」　按：但稱陳侯之弟，於文為不辭。書名恐非罪之。杜說是。

二十一年，《傳》：「《詩》曰：『優哉游哉，聊以卒歲。』」　案：此當是逸詩。杜《注》以《小雅》釋之。《釋文》、《正義》皆知其誤，而不能糾正。

二十二年，《傳》：「晏平仲曰：『忠信篤敬，上下同之，天之道也。』」按：此與《論語》子張問行章義合，知晏子之學亦儒家也。

二十三年，《傳》：「知悼子少。」《注》：「年十七。」《正義》曰：「計悼子年十六，不得為十七。是故沈氏云：『後人傳寫誤。』劉炫以此規杜，非也。」　按：既有誤寫，何得以光伯為非？《正義》強詞，蓋多此類。

二十四年，《正義》曰：「炫於處秦為劉，謂非邱明之筆。據此知文十三年《正義》本劉疏也。豕韋、唐、杜不信元愷之言，己之遠祖，數自譏訐，或聞此意，必將見嗤。但傳言於人，懼誤後學，意之所見，不敢有隱，唯賢者裁之。」　按：此光伯舊《疏》，詞意顯然。《正義》錄於《疏》末，意亦是劉而非杜也。

二十五年，《傳》：「會於夷儀之歲。」《釋文》曰：「此傳本為後年修成，當續前卷二十五年之傳後。簡編爛脫，後人傳寫，因以在此耳。」杜《注》云：「當繼前年之末，而特跳此者，傳寫失之。」《正義》曰：「邱明作《傳》，使文勢相接。為後年之事，而年前發端者多矣。文十年《傳》云：『厥貉之會，麇子逃歸。』十一年云：『楚子伐麇。』宣十一年《傳》云：『厲之役，鄭伯逃歸。』十二年云：『楚子圍鄭。』此皆傳在前卷之末，豫為後卷之始。此事與彼相類，不宜獨載卷首。」　按：後人割《傳》附《經》，又加以增入竄改，故文義往往不相聯屬矣。然據此《注》及《釋文》、《正義》，知此《傳》原在下卷之首，列二十六年《經》文之前，不知何時移入此卷末也。

二十六年，《傳》：「寺人惠牆伊戾。」《正義》曰：「服虔云：『惠、伊皆發聲。實為牆戾。』」　案：服蓋以此寺人為狄人。

二十有七年，《經》：「秋七月辛巳，豹及諸侯之大夫盟於宋。」《注》云：「以違命貶之。《釋例》論之備矣。」　按：此條杜義最謬，《釋例》尤非。余別有訂《釋例》之作，此不具列。

《傳》云：「仲尼使舉是禮也，以為多文辭。」《正義》曰：「此文甚略，本意難知。」又曰：「服虔云：『以其多文辭，故特舉而用之。後世謂之孔氏聘

辭，以孔氏有其辭，故傳不覆載也。」所言孔氏聘辭，不知事何所出。」按：服氏，東京大儒，所言必有所本。或當時緯書尚存其辭，至西晉乃不見也。

二十九年，《傳》：「祇見疏也。」《正義》：「服虔本作『祇見疏』。晉、宋杜本皆作『多』。」據此則今本從服《誼》也。

又，《傳》：「不尚取之。」《正義》：「云云〔註79〕。服虔之說，未必非也。」按：此條申服難杜，正合《傳》意。

又，《傳》：「險而易行。」杜《注》：「『險』當為『儉』字之誤也。」按：此杜用康成改字句法。《集解》所僅見。然險與易對，《傳》字正不誤也。

三十年，《傳》：「師曠曰：『魯叔仲惠伯會郤成子於承匡之歲也。』」《正義》曰：「劉炫云：『《傳》之敘事，自可以魯為主。若載人語，則當如其本言。此師曠晉人，自道晉事，當云『郤成子會魯叔仲惠伯』。」案：《傳》文誠如光伯所譏。然轉可為左史親見魯史之證也。

昭元年，《傳》：「循而行之。」案：「循」當作「修」。言修信以行也。二字形近，古書往往相亂。

又，《傳》：「美先盡矣，則相生疾。」案：此《傳》論生生之理極精。劉炫乃云〔註80〕：「晉文姬出而霸諸侯，同姓未必皆不殖。」是舉其異以廢其常，非達識之論也。

二年，《傳》：「子叔子知禮哉！」案：《公羊傳》「子沈子」、「子女子」之稱本此。

三年，《傳》：「讒鼎之銘。」《正義》曰：「服虔云：『疾讒之鼎。』一云：讒，地名。禹鑄九鼎於甘讒之地，故曰讒鼎。」按：後一說當是許氏、潁氏之說，必有所本。

五年，《傳》：「毀中軍於施氏。」《正義》：「劉炫以為施者捨也。」按：施者，弛也。弛與毀義同。

〔註79〕《正義》曰：

服虔云：「不尚，尚也。尚當取女叔侯殺之。」下叔侯云「先君而有知也，毋寧夫人，而焉用老臣？」服虔云：「毋寧，寧也。寧自取夫人，將焉用老臣乎？」杜以其言大悖，無復君臣之禮，故改之。以為夫人云「不尚取之」者，先君不高尚此叔侯之取曠也。「毋寧夫人」，謂先君當怪夫人之所為也。劉炫以「夫人慍而出辭，則其言當悖。直言『不尚』，此事所譏，大輕淺，非是慍之意」。昭八年，穿封戍云「若此君之及此」追恨不殺靈王，其意乃悖於此。蓋古者不諱之言。

〔註80〕見《正義》。

又，《傳》：「何不可之有？」《正義》曰：「啟疆發首言可，此云『何不可之有』，言其可也。服虔云：『何不可之有，言不可也。』如是，大不識文勢。」按：服虔之說，解啟疆之意，正言之也。《正義》以為「不識文勢」，非是。

六年，《傳》：「《詩》曰：『儀式刑文王之典〔註81〕，日靖四方。』」《正義》曰：「服虔云：『儀，善。式，用。刑，法。靖，謀也。言善用法文王之德，日日謀安四方。』此解於文便於杜也。」按：此直謂服優於杜，《正義》所罕見。下節「儀刑文王」，《正義》云：「服虔云：『言文王善用其法，故能為萬國所信也。』亦便於杜。」

七年，《經》：「王正月，暨齊平。」《正義》曰：「賈逵、何休以為魯與齊平。許惠卿以為燕與齊平。據經言之，賈君為得。杜則從許說也，故兩載其說，意從賈解。」 按：此《疏》持論平允，然是信《穀梁》而疑《左氏》也。

又，《傳》：「用物精多。」《注》：「物，權勢。」《正義》曰：「物非權勢之名，言有權勢則物備。」按：此《注》不通，《正義》曲為之說。

八年，《經》：「搜於紅。」《注》：「不言大者，《經》文闕也。」《正義》引「《釋例》曰：『《春秋》不可錯綜《經》文，此之類也』」。按：杜此等說，直謂《經》無義例耳。

九年，《傳》：「巴、濮、楚、鄧，吾南土也。肅慎、燕、亳，吾北土也。」《正義》引《土地名》釋之。按：《春秋土地名》多足補杜氏之闕，惜《正義》不甚引之。余嘗從《水經注》、《後漢郡國志》錄其說，多可信也。

十一年，《傳》：「唯蔡於感。」按：猶言唯蔡焉憾也。

十二年，《傳》：「易不可以占險。」按：此亦讀易為「平易」之「易」，與「險」對文，故言不可占也。

十三年，《傳》：「則如違之，則如與之。」 按：如猶言不如也。定五年，《傳》：「不能如辭」，《正義》曰：「敢為不敢，如為不如。古人之語。」然也。

十四年，《傳》：「猶義也夫。」按：猶義即由義也。此《傳》於叔向無貶詞。《注》謂「以直傷義」，非是。

十五年，《傳》：「福祚之不登。」按：不登，登也。

〔註81〕引詩見《詩·周頌·我將》。「典」，《左傳》作「德。」

十七年，《傳》：「仲尼聞之。」《注》云：「仲尼年二十八。」《正義》曰：「沈文何云：『襄三十一年，《注》云：仲尼年十歲。計至此，年二十七。今云二十八，誤。』」按：杜前不從二《傳》，此又自相違反。沈氏糾之，是也。

十八年，《傳》：「閔子馬曰：『周其亂乎！至原氏其亡乎！』」《正義》曰：「周室其將亂乎！夫其國內之人，必多有是不說學之說也。國內多有此言，而後流傳及其在位之大人。大人，謂公卿大夫也。大人於是又為言曰：其實可以無學，無學不為害也。以為無害而遂不學，則苟且而可也。一國之人，皆懷苟且，不識上下之序，不知尊卑之義，於是在下者陵侮其上，在上者替廢其位，上下失分，能無亂乎？」按：此段《傳》意極精，而《正義》又足以發明之。然周以文、武、成、康之烈，不數百年而國已有不說學之論。甚矣，風俗之美，難成而易毀，蓋如是矣！

二十二年，《傳》：「晉籍談、荀躒帥九州之戎。」《注》：「九州戎，陸渾戎。」按：下文「前城人敗陸渾於社」，《傳》必晰言陸渾，知九州之戎非盡陸渾氏也。杜《注》誤。哀四年《傳》：「士蔑乃致九州之戎。」《注》亦以為「在晉陰地、陸渾者」。

二十有三年，《經》：「獲陳夏齧。」《注》：「夏齧，徵舒玄孫。」《正義》：「案《世本》，齧是徵舒曾孫。杜云玄孫，未詳。」按：此《疏》亦糾《注》失。

二十四年，《傳》：「陽不克莫。」《注》：「陽氣莫然不動。」按：「莫然不動」而云「陽不克莫」，於文為不辭。莫當讀為昧，言陽不能克陰昧之氣也。

二十有六年，《經》：「冬十月，天王入於成周。尹氏、召伯、毛伯以王子朝奔楚。」《傳》：「十一月，召伯盈逐王子朝。王子朝及召氏之族、毛伯得、尹氏固、南宮囂奉周之典籍以奔楚。召伯逆王於尸。」按：此《經》、《傳》異詞，不能強合者也。杜《注》則云：「《傳》言王入在子朝奔後。《經》在前者，子朝來告晚。」又云：「書奔在王入下者，王入乃告諸侯。」然則《春秋》果信子朝告乎？信王告乎？此條劉光伯已譏之〔註82〕。又云：「召伯當言召氏，《經》誤也。」若然，則《經》不書南宮囂，亦脫誤邪？總之，杜《注》信《傳》疑《經》，又改《經》從《傳》，實《春秋》之盟賊耳。

又，《傳》：「規求無度。」按：《正義》當作「玩求」。

〔註82〕《正義》：「劉炫云：『杜上《注》云子朝來告晚，何為此《注》又云王入乃告諸侯？』」

二十九年，《傳》：「以更豕韋之後。」《注》：「以劉累代彭姓之豕韋。纍之後世復承其國為豕韋氏。」《正義》曰：「舊無此解，杜自為證。」按：此明杜之妄造故實也。

三十年，《傳》：「且徵過也。」《正義》曰：「《釋例》曰：『天生季氏，以貳魯侯。季氏未有篡奪之惡，公雖失志，亦無抽筋倒懸之急，聽用隸豎僥倖之私，既不能強，又不能弱，所以身死於外，見貶於《春秋》也。』」按：此不過借比高貴鄉公之於司馬昭耳。必待抽筋倒懸而後戮其臣，尚有濟乎？杜預黨篡之心，至此招然若揭矣。

三十一年，《傳》：「言不能內外也。」按：三十年《傳》「言非公且徵過也」，三十二年《傳》「言不能內外，又不能用其人也」，皆不成文義。且何必連年別釋，明是後人增益。

又，《傳》：「我受其无咎」，猶言我保其无咎也。《注》云：「言我為子受无咎之任」，文義轉迂。

定元年，《經》：「戊辰，公即位。」《注》云：「記事之宜，無義例。」按：杜不以日月為例，而此又巧設其詞，以為記事之宜。然以其言求之，則《春秋》不得記事之宜者多矣。

四年，《經》：「吳入郢。」《注》：「吳不稱子，史略文。」按：《正義》引鄭伐許、晉伐鮮虞為例，皆不密。合二《傳》以為貶吳〔註83〕，是也。杜凡言史略、史闕者，皆直謂《春秋》無義例耳。

五年，《經》：「於越入吳。」《注》：「於，發聲也。」 按：此《注》義優於《公羊》〔註84〕，然當是服氏說，杜用之也。

七年。 是年合《經》、《傳》，《正義》僅四條，太簡率。

九年，《傳》：「陽虎親富不親仁。」 按：孟子引陽虎之言〔註85〕，當時蓋已傳之。故鮑文子之言如是。

〔註83〕《正義》曰：
「弗地曰『入』，襄十三年《傳》例也。上文戰稱「吳子」，此言吳「入」楚，不稱「子」，猶成三年鄭伐許，昭十二年晉伐鮮虞，史略文，無義例。《公羊》、《穀梁》以為，吳於戰稱子，為其憂中國，故進而稱爵。及其入郢，君舍於君室，大夫舍於大夫室，反為夷狄之行，故貶而稱「吳」。《左氏》無此義，故杜異而顯之。

〔註84〕《公羊傳》：「『於越入吳。』於越者何？越者何？於越者，未能以其名通也。越者，能以其名通也。」

〔註85〕《孟子‧滕文公上》：「陽虎曰：『為富不仁矣，為仁不富矣。』」

十有一年，《經》：「叔還如鄭涖明〔註86〕。」《注》：「還，叔詣曾孫。」《正義》曰：「《世族譜》、《世本》：還為叔弓曾孫。杜云『叔詣曾孫』，傳寫誤耳。」案：此《疏》亦糾《注》失。

十一年，《傳》凡二事，皆似後人增入。定、哀之間，與左氏耳目相接，而記事轉疏漏，不可解也。

哀元年，《傳》：「夫屯晝夜九日。」《注》：「夫猶兵也。」案：「夫猶兵」，《傳》何不曰兵屯？此當如孟子「夫布」、「夫里」之「夫」，謂役夫耳。劉炫之說是也。又《傳》：「吳王夫差敗越於夫椒」，兩「夫」字皆發聲也。

又，《正義》引《孫武兵書》云〔註87〕：「軍井未達，將不言渴。軍竈未炊，將不言飢。」 按：今《孫子十三篇》無此文。

二年，《傳》：「鄭勝亂從。」按：《左傳》「從」字多訓為順。亂從猶亂順也。《注》謂「從於亂」，非。

六年，《傳》：「惟彼陶唐」云云。《正義》曰：「賈、服、孫、杜皆以為《逸書》，解為夏桀之時。唯王肅云太康時也。案：王肅注《尚書》，其言多是孔《傳》，疑肅見古文，匿之而不言也。」按：此可為王肅之徒偽造《古文尚書》及孔《傳》之證。其有肅義與偽《傳》不同者，乃皆小小詁訓，正作偽者欲泯其跡耳。

七年，《傳》：「知必危，何故不言。」 案：此亦孟孫責諸大夫語也。服說勝杜。

八年，《經》：「宋公入曹。」《傳》：「遂滅曹。」 按：此亦《經》、《傳》異同，不可強合者也。《注》以為「滅非本志，故以入告」，非是。

九年，《經》：「秋，宋公伐鄭。」《傳》：「宋公伐鄭。」 按：《傳》於「宋公伐鄭」四字之外，不贅一辭，此《經》為有《傳》，為無《傳》乎？明《經》、《傳》本各自為書，《傳》非釋《經》也。《傳》文「秋」字在下，與《經》亦有異同。

十年，《經》：「齊侯陽生卒。」《傳》：「齊人弒悼公，赴於師。」是時，「公會吳子、郯子、邾子伐齊，師於鄎」，則「赴於師」即赴於公，更無疑義。此《經》、《傳》之顯然不同者也。《注》以為「以疾赴，故不書弒」，非是。

〔註86〕「明」，《左傳》作「盟」。
〔註87〕《三略》卷上：「《軍讖》曰：『軍井未達，將不言渴。軍幕未辦，將不言倦。軍竈未炊，將不言飢。』」

十二年，《傳》：「若可尋也，亦可寒也。」《注》：「尋，重也。寒，歇也。」
《正義》曰：「《少牢・有司徹》云：『乃尋尸俎。』鄭玄云：『尋』，溫也。引
此」云云。按：「尋」即「燖」字。《正義》說勝於杜。

二十一年，《傳》：「唯其儒書，以為二國憂。」按：春秋之末，已譏儒術，
是時去孔子卒五年耳。

　　壬辰十二月十八日起，至癸巳正月十四日止，讀《左傳正義》
　一過。歲事崢嶸，疾病縈繞，如馬上觀花，非有心得也。偶有所見，
　錄於右方。諸家論譔，未遑撿閱，存之家塾，以示兒輩，不足供大
　雅之一噱耳。

沈欽韓《春秋左氏傳補注》云〔註88〕：「《左氏》之學，一厄於范升、何

〔註88〕清・沈欽韓《幼學堂詩文稿》文稿卷六《春秋左氏傳補注序》：
左氏之學，儒林傳、經典序錄言之詳矣。二千餘年，黃童白叟知呻吟而抄括
之。然其學若明若滅，若存若佚。若亡國之社，其神不靈；若枯樹之杗，雖
春不榮。塊然於天壤，終無人窺其撰述之旨。得一二微言妙義，曉然為輔翼
乎周公、孔子而千世一範者，則俗學顯排之，邪說陰敗之，鄙夫小生中其毒
厭，不啻傳尸鬼病。嗚呼，可憫也已！為左氏厄者有四焉。始也一經一傳，
閟而不宣。學士端居匡坐，懷不能已，竊自耳剽口傳，以遣時日。遂有公羊、
穀梁、騶、夾氏之異。為一王之法制，為學官之祭酒，始願豈及此哉！然漢
之賤儒，喜其書短而易習，義淺而易推，則群居黠竄，溥致雜術，以盬世主，
以脅後生。胡母、尹生之徒，生享美祿，沒有榮名，群不逞者，戟腕咶舌而
起矣。假左氏得行，其好醜譬諸二八妙姝與夫盲母狗也，彼復何所容其喙？
「青青子衿」不將操瓢而行乞哉！誠不能不出死力以排之，至范升、何休而
猖獗極矣，其厄一也。然其書雖不立於學官，通材大師猶遞相傳習其訓故。
雖未由發聖師之蘊奧，但守章句、數名物，待明智者自得之，固無傷乎左氏
之書也。有杜預者，起紈綺之家，習篡殺之俗，無王肅之才學而慕其鑿空，
乃絕智決防以肆其猖狂無藉之說。是其於左氏，如蟹之敗漆、蠅之污白，其
義埋沒於鳴沙礁石中，而杜預之妖焰，為難為狗，且蓬蓬於垣次矣。其厄二
也。江左輕浮，學尚王、杜；中原敦龐，師仍鄭、服。三百年中，崔靈恩、
衛冀隆諸人，猶能鬬其口而奪之氣。孔穎達者，賣國之詔子也。楛然無所得
於漢學，蚍蜉之智，奉偽孔氏與杜預而甘且吉焉，排擊鄭、服，不遺餘力。
於是服氏之學始歇終亡，而杜預之義赫然杲日之中天。其厄三也。自後博士
倚席不講，人心益懥惡。纔辨章頭，便欲挃人之短，揚己之長。啖助、趙匡、
陸質、劉敞之流，哆然弄筆，弱弓萬箭，競以左氏為質的。經世大典，夷於
附枝綴肬，甚者以為蠱心喪志。學者搖手不敢窺，反不如杜預、顏籀之涕唾，
猶時時吮咽。南宋習尚亦何可言？幸而不亡，蓋宏辭從槀應官之文，刉其膏
馥耳。元、明來，此制一廢，而士大夫真目不識丁矣。其大厄四也。禮者，
奠天下之磐石也。禮廢，則天子無以治萬邦，諸侯無以治四境，卿大夫無以
治一家。時則下陵上，裔亂華，亡國破家，殺身如償券。孔子傷之，欲返諸

休，再厄於杜預，三厄於唐之義疏。」其言誠允。儀徵劉氏撰《左氏正義》〔註89〕，已閱數世，惜未成也。〔註90〕

杜元凱之黨篡，焦里堂論之。〔註91〕其忘親之仇，趙東潛論之〔註92〕。

禮而無其位，故因《春秋》以見意，以為修整於既往，其召福祥也如彼；勃亂於當今，則嬰毒禍也如此。左氏親受指歸，故於禮之源流得失，反覆致詳焉。周公、孔子治道之窮通，萃於一書。若其勸懲之旨，則婉而多風矣。時以為君子，則君子之；時以為善，則善之。冀此心默喻於千載，謹守遜言之戒，以全《春秋》付託之重。然其以禮愛護君父，不已深切著明哉！奈何杜預以罔利之徒，憖不知禮文者，蹴然為之解，儼然行於世，害人心，滅天理，為左氏之巨蠹。後生曾不之察，騰杜預之義而播左氏之疵，左氏寧受焉？亦見其矗中薄植一魏晉之妄人，莫覺莫悟，何有於古學哉！區區之衷，久懷憤懣，遂補注十二卷，發明婉約之旨，臚陳典章之要，象緯堪輿之細碎，亦附見焉。《注疏》之謬，逐條糾駁，各見於卷。則左氏之沉冤稍白，杜預之醜狀悉彰。其么膚蠧類，橫犧左氏，殆不足辨，不悉著。夫百家傳聞，眾言清亂，與公羊、穀梁、司馬遷事辭之悖謬，別為考異，不列茲編。噫嘻！昔者賈逵之訟左，不盡括左氏之長；劉炫之規杜，又不足僕杜預之短。是以芳烈不揚休，赤臭未末殺。小子何人，敢與茲事？將前哲之所啟牖乎？今險恨刻薄之人，有竊鑽何休之餘竅，以註誤梧子，何不仁之甚也！蓋聖世之賊民而已矣。道光元年辛巳季夏敘。

又，文稿卷七《答董琴南書》：

欽韓歸家，不敢怠荒，慨然念《左傳》之書，一厄於《公羊》橫行之日，再厄於杜預孤行之後，其微旨奧義，蒙於糞土菑穢之中，而莫能澡雪。劉敞之徒，猖狂妄論，由於杜預之痕病，而為左氏之詬病。孔穎達等素無學術，因人成事，《五經正義》稍有倫理者，皆南北諸儒之舊。觀其固陋之習，最信偽孔《傳》、杜預，於鄭氏敢斥曰不通不近人情，於服氏曰尚不能離經辨句，何須著述大典？尊崇杜預，謂禮經為不足信。狂惑叫號，而鄭之他經、服之《左傳》由此廢亡。名曰表章經學，實乃剝喪斯文，可勝恨哉！不揣淺陋，為《補注》十二卷。凡杜預之叛經誣傳，糾摘紕繆，皆劉炫、衛冀隆所未及。其典章名物訓故，皆補其敗闕。蓋用心十餘年，而今始有成書。若公穀之誣妄、周漢諸子之異同，別為考異十卷。窮而自力於學，斯亦取徵於足下者乎！

〔註89〕儀徵劉氏書名《春秋左氏傳舊注疏證》，歷劉文淇、劉毓崧、劉壽曾三代，未完，至襄公五年。

〔註90〕眉批：「以上□條□經」，漫漶不清。

〔註91〕參前「宣四年」注。

〔註92〕清·趙一清《東潛文稿》卷下《杜預論》：

昔人以有藥一丸救君救父設難，眾議紛紜。曹子桓諮於邴根矩，邴勃然曰：「父也。豈不以有父子，然後有君臣？輕重之權衡，人倫之極則，不可得而踰也。」吾於魏晉之際，觀夫處其親之變者，有三人焉：曰王裒，曰嵇紹，曰杜預。裒父儀以「東關之敗，責在元帥」，遂逢子上之怒，見法市曹。偉元執節，終身坐不西向，手不捉筆，騰戀墳壟，絕婚朝士。至今誦其事，未嘗不哀其志。嵇叔夜神情高抗，有邁俗之節，為昭所忌，就戮馬市。紹乃出應

余又案《水經・江水〉注》云〔註93〕:「杜元凱之攻江陵也,城上人以瓠繫狗頸示之。元凱病癭故也。及城陷,殺城中老小,血流沾足。論者以此薄之。」即其用兵,亦非慈祥之將,有愧曹彬多矣〔註94〕!〔註95〕

顯親王《澄觀堂筆記》〔註96〕云:「《方冊續藏》中有明鍾始聲《辟邪論》

山公啟事,卒死蕩陰。君子以為延祖雖缺於孝,而實盛於忠。斯二子者,世之人習睹熟聞。或出或處,優劣判然。若夫杜預,勳名顯於晉室,《傳注》傳於後代,曾莫有起而議之者,而不知其父恕之以非理終也。《魏書・恕傳》云:「少無名譽,在朝不結交援,專心向公」。又云:「倜儻任意,思不防患,不得當世之知」。後與程喜嫌隙,深文劾奏,以父畿勤事水死免為庶人,究不審所坐何罪。得禍若是之深也。及讀《晉書・預本傳》云:「父恕與宣帝不相能,遂以幽死。」然後知務伯之冤由於司馬,而陳承祚為之諱爾。蓋務伯不忍見舜禹為壇再禪之儀、山陽故事班寵有加之典,見惡權臣。貞慈亮節,比諸陳元伯、傅蘭石之徒,有不可同年而語者。乃元凱忽而父之仇,徇婦家之黨,為之效命疆場,削平吳會。迨至喋血江陵,沈碑峴首。不念《蓼莪》之詩,並乏侍中之血。有道之士,純乎天德而不馳騖功名,其必有以自處矣。或云諸葛靚事類王裒,一時頓有兩完人云。

〔註93〕見《水經注》卷三十四。
　　另,唐・余知古《渚宮舊事》卷四《漢氏魏氏》:
　　杜元凱為晉荊州刺史,治襄陽。平吳之役,預自攻江陵城。城上人以葫蘆繫狗頭抱示之,元凱病癭故也。元凱大怒。及江陵破,殺城中老小,血流霑足。後元凱死,其人莫不稱快。〔《襄陽耆舊傳》云:「元凱性剛狠,為百姓不敬。」〕
〔註94〕《宋史》卷二百五十八《曹彬傳》:
　　二年冬,伐蜀,詔以劉光毅為歸州行營前軍副部署,彬為都監。峽中郡縣悉下,諸將咸欲屠城以逞其欲,彬獨申令戢下,所至悅服。上聞,降詔褒之。兩川平,全斌等晝夜宴飲,不恤軍士,部下漁奪無已,蜀人苦之。彬屢請旋師,全斌等不從。俄而全師雄等構亂,擁眾十萬,彬復與光毅破之於新繁,卒平蜀亂。時諸將多取子女玉帛,彬橐中唯圖書、衣衾而已。及還,上盡得其狀,以全斌等屬吏。謂彬清介廉謹,授宣徽南院使、義成軍節度使。彬入見,辭曰:「征西將士俱得罪,臣獨受賞,恐無以示勸。」上曰:「卿有茂功,又不矜伐,設有微累,仁瞻等豈惜言哉?懲勸國之常典,可無讓。」
〔註95〕眉批:「論史。」
〔註96〕此書未見,俟訪。
　　李振聚《論〈閱清樓書目〉作者為清顯親王衍璜》稱:
　　《澄觀堂隨筆四集》四卷,《續集》一卷,《後集》一卷。文廷式《純常子枝語》引其一條云:「『方冊續藏中有明鍾始聲《辟邪論》,專攻天主教說』。按:此在楊光先《不得已》之前」。主要是辯駁唐法琳《破邪論》、復禮《十門辯惑論》、宋釋志磐《佛祖統紀》、明釋祩宏《雲棲法彙》、明釋智虛《周易禪解》、明釋景隆《尚直、尚理編》、清釋弘贊《六道集》《解感編》等書中「牽強附會、妄誕不經」之言,錄出原文,逐條批駁。《澄觀堂隨筆序》云:「余今年四五月間,續作《楞嚴經疏解辯證》既成,刊印散佈後,又有所言者,復錄

〔註97〕，專攻天主教說。」按：此在楊光先《不得已》〔註98〕之前。〔註99〕

　　梅定九《曆學疑問》諸書，具有深意。江慎修未明其意而駁之，故措詞往往失當，宜錢辛楣先生之深致不滿也。〔註100〕

數則。再者，邇年以來，翻閱方冊《續藏》此土著述。見唐沙門法琳所著《破邪論》、復禮所撰《十門辨惑論》中，多有牽強附會、妄誕不經之言，余曾辯駁其非，錄於本文之上。又覽蓮池大師《雲棲法彙》，其中所論，有泥於偏見，似是而非者。甚至以固執不通之言，非毀先聖。又其甚者，出乖謬無理之語，將古今舉世之人，無論貴賤，肆口罵詈，即古之大聖人，亦在罵詈中。余皆一一指斥批駁。今將《破邪論》、《雲棲法彙》等書中所有謬論，錄其原文，及余指斥批駁之語，令繕寫成帙，余詳細批駁。前所批駁中，尚有言之未盡者，從而增補之；語有未備者，從而潤色者。」

注釋稱「《復旦大學圖書館古籍簡目初稿》第5冊子部201頁載有《澄觀堂隨筆》《金剛經正誤》不分卷，題清顯親王撰，清乾隆刻本，六冊」。

〔註97〕周駬方編校《明末清初天主教史文獻叢編》收錄鍾始聲等撰《辟邪集》，亦收楊光先《不得已》。

〔註98〕楊光先《不得已》有陳占山校注本，見《安徽古籍叢書》。《〈不得已〉小引》云：

世間事有不可已而已者，計利計害之鄙夫也；有可已而不已者，暴虎馮河之勇夫也。暴虎馮河，固為聖人之所不與，而計利計害，亦非君子之所樂為。顧其事之何如爾。事當其正，雖九死其如飴。事或匪正，即萬鍾所不屑。斯可已不可已之辨，而鄙勇二者之失，皆可置之不問矣。唯於不可已之事而不計利害生死，堅其不可已之志以行之，跡雖似乎徒搏徒涉，而心終為先聖後聖之所亮，此不可已之大中至正當不可已者也。世道之不替，賴士大夫以維之。士大夫者，主持世道者也，正三綱，守四維，主持世道者之事。士大夫既不主持世道，反從而波靡之，導萬國為正法邪教之苗裔，而滅我亙古以來之君親師，其事至不可已也。舉世學人，不敢一加糾政，邪教之力如此重哉！三光晦，五倫絕矣。將盡天下之人，胥淪於無父無君也。是尚可以已乎！此而可已，孰不可已？斯光先之所以不得已也。較子輿氏之辯，其心傷，其情迫，何利害之足計，搏涉之云徒哉！故題其書曰《不得已》。

〔註99〕眉批：「宗教。」

〔註100〕眉批：「曆學。」

按：錢大昕《與戴東原書》（《潛研堂文集》卷三十三，第536～538頁）：

前遇足下於曉嵐所，足下盛稱婺源江氏推步之學，不在宣城下，僕惟足下之言是信，恨不即得其書讀之。頃下榻味經先生邸，始得盡觀所謂《翼梅》者。其論歲實，論定氣，大率祖歐羅巴之說而引而伸之。其意頗不滿於宣城，而吾益以知宣城之識之高。何也？宣城能用西學，江氏則為西人所用而已。及觀其冬至權度，益啞然失笑。夫歲實之古強而今弱也，漢以前四分而有餘，漢以後四分而不足，而自乾象以至授時，歲實大率由漸而減，此皆當時實測，非由臆斷，故以古法下推，則必後天，由於歲實強也；以今法上考，亦必後天，由於歲實弱也。楊光輔、郭守敬輩知其然，故為百年加減一分之率以消息之，雖過此以往，未之或知，而以之考古，則所失者鮮，是其說未始不善

於晦若兵部式枚。來函，錄云：「南道員姚文棟說云：雲南邊境西路以永昌一府及騰越、龍陵兩廳為門戶，南路以順寧、普洱兩府及緬寧、威遠、思

也。西人之術，止實測於今，不復遠稽於古，然其所謂平歲實者，亦復累有更易，則固非以為永遠可守之歲實也。江氏乃創為本無消長之說，極詆楊、郭，以附會西人。然史冊所書景長之日，班班可考，難以一人手掩盡天下之目也；於是為定冬至加減之說以加之；加之而仍後天也，於是又為本輪、均輪半徑古大今小之說以加之；加之而仍後天也，詞遁而窮，則直斷以為史誤。毋乃如公孫龍之言「臧三耳」，甚難而實非乎！天道至大，非一時一人之術所能禦。日月五星之行，皆有盈縮，古人早知之矣，各立密率，以合天行。郭太史之垜積，新法之本輪、均輪、次輪，皆巧算，非真象也。約加減之數，而假象以為立算之根，合則用之，小不合則增減之，大不合則棄之。本無輪也，何有於徑？本無徑也，何有古大而今小？且夫兩輪半徑之數之減也，西人固疑其初測之未合而改之，非定以為古多今少之率也。就如江說，兩半徑古大而今小，則仍是楊、郭百年消長之法，以矛陷盾，其何說之辭！夫以兩春分考歲實，較之兩冬至為近，然小餘二四二一八七五者，回回之舊率，而地穀所用也。崇禎時嘗改為二四二一八八六四矣，今則又改為二四二三三四四二矣。只此百年之中，西士已不能守其舊率，而江欲以地穀所用之數，上考千載以前，謂必無消長也，有是理乎！本輪、均輪，本是假象，今已置之不用，而別創橢圓之率。橢圓亦假象也，但使躔離交食，推算與測驗相準，則言大小輪可，言橢圓亦可。然立法至今，未及百年，而其根以不可用。近推如此，遠考可知。而江氏取其已棄之筌蹄，為終古之權度，其迂闊亦甚矣！西士之術，固有勝於中法者，習其術可也。習其術而為所愚弄，不可也。有一定之丈尺而後可以度物，有一定之衡石而後可以權物，今江所持以衡量者有一定乎？無一定乎？言平歲實，則其數可多可少也；言最卑行，則其行忽遲忽疾也；言輪徑差，則借象而非真象也。以槊為日，而詆羲和；以錐指地，而嗤章亥。持江氏之權度以適市，必為司市所揶矣。向聞循齋總憲不喜江說，疑其有意抑之。今讀其書，乃知循齋能承家學，識見非江所及。當今學通天人者莫如足下，而獨推江無異辭，豈少習於江而特為延譽耶？抑更有說以解僕之惑耶？請再質之足下。

文氏此說，學界頗有持同論者。徐道彬《論江永與西學》一文（《史學集刊》2012 年第 1 期）對此種觀點進行了詳細的分析和駁斥，錄其摘要於下：

摘要：　在清代數學和天文學史上，關於江永對待西學的態度及其貢獻，歷來頗有爭議。及身而至的便有梅穀成的不滿、錢大昕的批評，其後更有錢熙祚的指責、錢寶琮的肯定。綜觀後人評說，大半出於政治立場的批評，而較少出於學術層面的求實評價。其中，「三錢」對江永的評判，就代表了不同時期人們的知識水平和政治意識。文章通過江永《翼梅》對梅文鼎學術的批評與總結，藉以糾正人們對江永與梅文鼎關係的誤解，進而發掘出江氏在清代天算學史上的地位與影響，並由此探討「西學東漸」時期傳統士大夫在學術與政治之間的艱難困境和應對策略。

此觀點在其所著《皖派學術與傳承》第三章《徽州學者與西學東漸》　第一節《江永〈翼梅〉與「西學中源」》　中亦有論述。

茅、他郎各廳為門戶，而皆以緬甸為藩籬。自英人得緬甸，而門戶單寒，猶幸有野人山之天險可以限隔中外。若使此山更為英得，則英可長驅而入雲南，高屋建瓴之勢矣。職道入滇後，稽之志乘舊卷，采之邊民口說，知野人山實係中國現屬各土司之分地，即《明史》所稱南牙山者。本在雲南界內，非甌脫比也。蓋乾隆時，滇緬老界，西包孟拱、孟養、蠻暮，南包孟艮、木邦、孟密六土司在內。其後六土司潛為緬甸所誘，中國不復過問，於是以現屬騰越之南甸、隴川、孟卯、干崖、盞達等土司，現屬龍陵之遮放、芒市等土司及現屬普洱之車里、十三猛土司為新界，至大金沙江而止。永昌、騰越諸志，班班可考，野人山固在新界之內也。論者每謂雲南裔末，不關形要，不知雲南實南倒挈天下之勢。由滇入川，則據長江之上游。由滇趨湘而走荊襄，則可搖動北方。按：元人已用此法，非不知也。況今有印度、緬甸以為後路，形勢更勝於昔。英之覬覦雲南非一日矣，然則云南得失關乎天下，野人山之得失關乎雲南。查自騰越、龍陵兩廳度山以通緬甸，其間共有九道，皆滙於新街。新街者，乾隆時蠻暮土司故地。能如原議收回新街，以扼門戶之總樞，是為上策。其次則保守野人山九道，守吾界以扼其闌入。若並此失之，則無險可呃矣。西路而外，又有南路、北路，皆關緊要。南路車里土司之外，為乾隆時土司。孟艮、木邦之地，即英所謂撣人。在潞江下游之東者，車里與孟艮相接處，僅有小江數道，無險可扼。惟孟艮在潞江之濱，為邊要重鎮，又係商賈四集之大埠。由緬甸渡潞江而犯思茅，共有三道，孟艮摠扼江道之衝，實為要地。新街、孟艮之於雲南，如鳥之有兩翼。新街跨山為險，屏衛其西；孟艮扼江為險，屏衛其南。皆形勢必爭之地。昔年英欲與潞江下游以東悉歸於我，即指孟艮以內之地，於邊務裨益非淺，奈何遲疑不受也。北路在野人山之北，有甌脫之地千八百餘里，相傳為明時茶山、里麻兩土司故地，今亦野人居之，不屬華，亦不屬緬。詳查地勢，由彼處入華有三道：一道通西藏，一道通四川之打箭鑪，一道通雲南之永北廳。若使淪入於英，則三省邊防棘矣。山中產黃果樹百千萬株，故俗呼其地為樹漿廠。外洋購其樹中之漿以為器，凡可收放寬緊者，皆此漿所成。一樹所出，每年可得小洋四百餘元，利源甚大。又有金礦兩處，礦苗亦旺。樹漿一物，為外洋所必需，權自我操，為益甚巨。前過野人境，婦孺爭迎野官，亦有求庇之意。即遠處樹漿之頭目，自稱本是漢民，願仍隸漢，彼皆恐洋人之見逼耳。」按：此所述三節，頗當情事，故錄之。然

英入經營野人山已久，友人黃君楙材〔註101〕曾遊歷其地，屢為余言其謀甚深。又帕米兒之在新疆，猶野人山之在滇境也。彼見俄人之得志，其肯晏然輕以讓我哉？疆場之事，恐自此不可問矣。〔註102〕

　　方孔炤《全邊略記》卷七云〔註103〕：「思陸之歸蠻莫土地也，守臣疏曰：『蠻莫原隸木邦，成化始為孟密所有。至弘〔註104〕治十年，又為思陸據之。連年搆禍，今始平定其地。既不可復與木邦，孟密不可割界，隴川、千崖、南甸三宣撫欲開設衙門，則地方懸遠，瘴癘難守，宜暫於騰沖歲撥官軍四百，分番往守。』部悉駁之。」按：明人棄蠻莫而不經畫，亦籌邊之失也。〔註105〕

　　《獨醒雜志》云〔註106〕：「凡學書，當先學偏旁，上下左右與其近似者皆不相遠，熟一偏旁，則數十字易作矣。凡作字，宜和墨調筆，使豪墨相受，燥潤適宜，厚墨則藏鋒，紙平身正，腕定指固，則結字有準矣。」余性懶臨碑帖，又嘗閱包慎伯《藝舟雙楫》諸書，每苦其煩。此說苟簡，將試行之。〔註107〕

　　董思伯〔註108〕書軟媚，正如古人所謂「散花空中，流徽自得」〔註109〕者耳。不知何以主持本朝一代風氣。〔註110〕然人材時勢，亦因此可見。翰墨小事，而亦與文章同關氣運也。

〔註101〕上海書店出版社《叢書集成續編》第168冊收錄黃楙材《得一齋雜著四種》，分《西輶日記》4卷、《遊歷芻言》1卷、《印度箚記》2卷、《西徼水道考》1卷。

〔註102〕眉批：「輿地」、「邊防」。

〔註103〕明‧方孔炤《全邊略記》卷七《蜀滇黔略》。

〔註104〕「弘」，底本作「宏」。

〔註105〕眉批：「輿地」、「邊防」。

〔註106〕見宋‧曾敏行《獨醒雜志》卷八。

〔註107〕眉批：「以下四條論書。」

〔註108〕清‧張岱《石匱書》卷二百七下《董其昌傳》：「董其昌，字玄宰，號思白，華亭人。」

〔註109〕清‧嚴可均《全上古三代秦漢三國六朝文》全梁文卷四十八袁昂《評書》：「孔琳之書，如散花空中，流徽自得。」

〔註110〕清‧震鈞《國朝書人輯略》卷六《王文治》（清光緒三十四年刻本），錄其《論書絕句》：「書家神品董華亭，楮墨空元透性靈。除卻平原俱避席，同時何必說張邢。」

董書通顏、趙之郵〔註111〕，惟失之大華美耳。卷摺之風不變，固無有能出其上者。

朱子論書云〔註112〕：「本朝名勝相傳，亦不過以唐人為法。」蓋時代相近，則流傳多而臨習易。國朝之初，群習文〔註113〕、董，亦其所也。

宋孫明復《春秋尊王發微》云〔註114〕：「天王崩，書葬者五，威、襄、匡、簡、景是也。不書葬者四，平、惠、定、靈是也。不書崩、不書葬者三，莊、僖、頃是也。威、襄、匡、簡、景書葬者，皆非常也。平、惠、定、靈不書葬者，皆得常也。莊、僖、頃不書崩、不書葬者，周室微弱，失不告也。」竊謂書葬不書葬，可以得常非常言之。若不告不書，此《左氏傳》之例。余意周室雖微弱，豈有天王崩、嗣王即位而不赴告諸侯者乎？至《春秋》為紀事之書，事之大者，孰有如天王崩者乎？《左氏》既不傳《春秋》，《公羊》、《穀梁》二傳於《春秋》所書者尚有不能盡解，宜後人謂《春秋》無達例〔註115〕也。若能取應書不書之事詳而列之，以求其故，亦略知聖人筆削之意矣。〔註116〕

劉邵《人物志·流業篇》分十二流，而以為「皆人臣之任，主德不預焉。主德者，聰明平淡，總達眾材，而不以事自任者也」。此道家之旨。《四庫提要》以為「其學雖近名家，其理弗乖於儒」，猶未推其本也。〔註117〕

《九徵篇》：「莫不含元一以為質。」劉昞《注》云：「質不至則不能涉寒暑，歷四時。」此即西洋人身圖說之理。

《材理篇》云：「能通自然道理之家也。質性和平，能論禮教，辨其得失義禮按：「禮」字亦當作「理」。此篇名材理，故以道理、事理、義理、情理分四家。「禮」字蓋涉上文而誤。劉昞注「以義為禮」，亦當作以義為理。之家也。」此言道家、儒家之別也。

〔註111〕清·倪濤《六藝之一錄》卷三百七十二《董其昌》，據《恬致堂集》錄《董宗伯書詰》，曰：
元趙文敏為其宗人書詰敕，皆變用小楷，亦欲稍別中翰體耳。惟唐顏魯公自書詰，恭謹如式。今董宗伯為吳觀察公書綸詰，一如魯公自書例，無一筆越縱者。蓋觀察公才品文學，宗伯素所推重，不啻歐蔡之交，故樂為濡染而無厭戰也。書法圓勁蒼秀，兼有顏骨趙姿，而顧盼雄毅加精彩焉。
〔註112〕宋·朱熹《晦庵先生朱文公文集》卷八十二《跋朱喻二公法帖》。
〔註113〕指文徵明。
〔註114〕見宋·孫復《春秋尊王發微》卷一。
〔註115〕漢·董仲舒《春秋繁露》卷三《精華第五》：「所聞《詩》無達詁，《易》無達占，《春秋》無達辭。」
〔註116〕眉批：「經義。」
〔註117〕眉批：「諸子。以下九條皆同。」

《材能篇》云：「公刻之政，宜於糾奸，以之治邊則失眾。」蓋治邊而用糾奸之法，則人且為敵用矣。孔才此言，深通邊事。　又云：「伎倆之政，宜於治富，以之治貧則勞而下困。」劉昞《注》云：「易貨改鑄，民失業矣。」按：二劉皆生於貧困之朝，目見言利之臣，煩擾無益，故所言深中事情。

《接識篇》云：「其為人也，務以流數，杼人之所長，而為之名目，劉《注》云：「每因事類，杼盡人之所能，為之名目，言不容口。」按：名目猶品題也。如是兼也。如陳以美欲人稱之，「以美」，疑當作「己美」。不欲知人之所有，如是者偏也。」按：此言兼材偏材之理至精，其實在用人用己之分而已。

《英雄篇》：「則牙則須。」　按：當作「則互相須」。

又云：「聰明者，英之分。膽力者，雄之分。」劉氏蓋以智、勇分英、雄也。余意英、雄乃高明沉潛之異，非膽、智之別也。

《八觀篇》。　此篇本之《大戴禮》、《莊子》、《老子》諸書而敷暢其說。

《七繆篇》：「心小所以慎咎晦也。」「咎晦」當作「咎悔」。

《效難篇》：「講目成名，則以為人物。」《注》云：「強譏賢愚，似明人物。」按：人物猶言人倫之鑒也，蓋當時語。

卷二〔註1〕

晉之干令升、宋之楊誠齋皆好以史事說《易》，經學家所不廢也。余嘗謂漢武帝得甘臨之无咎〔註2〕，明莊烈得振恒之無功〔註3〕。〔註4〕

《易》，《釋文序錄》有尹濤、費元珪兩家，而《音義》中未引一字。又費元珪，《隋書·經籍志》附蜀才下，題齊安參軍，《釋文》作齊安西參軍，《隋志》誤奪「西」字。〔註5〕

《抱朴子〔註6〕·崇敬篇》云：「今聖明在上，稽古濟物想宗室公族及貴門富年，必當競為儒術，撙節藝文，釋老莊之意不急，精六經之正道也。」《用刑篇》云：「道家之言，高則高矣，用之則弊。」稚川崇信道術，而論治如此，信乎其不黨也。〔註7〕

張茂先《女史箴》本之崔子瑋《外戚箴》，而語尤顯朗。光緒己丑，他他喇氏瑾嬪、珍嬪入宮時，余謂其兄詹事志銳宜書此文教之。〔註8〕後攜以入宮，皇太后、皇后見之，命再書兩份進呈。仰見宮闈之間，相勵以學，相尚以道，非明德、和憙之所及也。〔註9〕

〔註1〕按：稿本題「純常子枝語」。稿本乙封題「純常子枝語　第二冊」。
〔註2〕《周易·臨》：「六三：甘臨，无攸利；既憂之，无咎。象曰：甘臨，位不當也；既憂之，咎不長也。」
〔註3〕《周易·恒》：「上六：振恒，凶。象曰：震恒在上，大無功也。」
〔註4〕眉批：「經義。」
〔註5〕眉批：「經義。」
〔註6〕指《抱朴子外篇》。
〔註7〕眉批：「諸子。」
〔註8〕梁啟超《戊戌政變記》卷二《第二章光緒二十年以來廢立隱謀》：「文廷式者，嘗教授瑾妃珍妃者也。當是時二妃頗能進言，皇上又擢二妃之兄志銳為侍郎，於是西后大滋疑忌。」
〔註9〕眉批：「軼聞。」

《後漢書・趙壹傳〔註10〕》云：「收之於斗極，還之於司命。」章懷《注》引鄭注《禮記》曰：「司命，文昌中星。」此即世俗所傳「南斗注生，北斗注死」〔註11〕之說。文昌之祀，當以司命為定論，展轉譌誤，而以人鬼實之。或以為張仲，或以為文翁，均之不足信也。鄭注《周禮》亦云〔註12〕。〔註13〕

南宋時士大夫之論，有與今日極相合者。薛士龍、葉石林所言，尤中時弊。又如汪玉山上高宗疏云〔註14〕：「和議不諧非所患，和議諧而因循無備之可患；異議不息非所患，異議息而上下相蒙之可患。」每讀至此，不禁三歎。又范覺民奏云〔註15〕：「崇寧以來，上自宰輔大臣，下至州縣賤吏，莫不以欺罔相高。是以財用匱竭，生靈愁痛，災異數見，盜賊群起，而朝廷不知也。」嗚呼！欺罔之端，生於亢極而成於昏貪。九河將溢，豈獨一時之慮乎？〔註16〕

先君子嘗論時事，以為中外之異，在於立國之本。本既不同，而徒效法其末，必無益也。如兵制未精而購槍礮，槍礮利而練軍愈弱矣；商務未講而設電線，電線成而商民愈困矣。求士甚亟，而未嘗教士；賦農甚重，而未嘗恤農。徒區區於文法之煩，而未有堅忍沉毅之志，外夷有以知吾虛實矣。然而非一朝一夕之故也。〔註17〕

〔註10〕見卷八十下《文苑列傳下》。
〔註11〕晉・干寶《搜神記》卷三：
管輅至平原，見顏超貌主夭亡。顏父乃求輅延命。輅曰：「子歸，覓清酒鹿脯一斤，卯日，刈麥地南大桑樹下，有二人圍位，次但酌酒置脯，飲盡更斟，以盡為度。若問汝，汝但拜之，勿言。必合有人救汝。」顏依言而往，果見二人圍碁，頻置脯，斟酒於前。其人貪戲，但飲酒食脯。不顧數巡，北邊坐者忽見顏在，叱曰：「何故在此？」顏惟拜之。南面坐者語曰：「適來飲他酒脯，寧無情乎？」北坐者曰：「文書已定。」南坐者曰：「借文書看之。」見超壽止可十九歲，乃取筆挑上語曰：「救汝至九十年活。」顏拜而回。管語顏曰：「大助子，且喜得增壽。北邊坐人是北斗，南邊坐人是南斗。南斗注生，北斗主死。凡人受胎，皆從南斗過北斗；所有祈求，皆向北斗。」
〔註12〕《周禮・秋官・司民》：「司寇及孟冬祀司民之日。」鄭玄《注》：「鄭司農云：『文昌宮三能屬軒轅角，相與為體近。文昌為司命，次司祿，次司民。』」
〔註13〕眉批：「曆象。」
〔註14〕見宋・汪應辰《文定集》卷一《輪對論和議異議疏〔紹興八年五月〕》。
〔註15〕見宋・佚名《靖康要錄》卷四，係靖康元年三月二十七日上奏。
〔註16〕眉批：「治略。」
〔註17〕眉批：「治略。」

　　先君子言兵事未有不能戰而能守者。自古天子守邊及守在四夷，皆以戰為守之說。故今日不當言海防，直當肄海戰耳。海戰習而海防自固矣。〔註18〕

　　陳蘭甫師嘗論張皋文之學〔註19〕，以為有所依倚，未能自立。同為年壽夭促，而不及㑲軒〔註20〕之縣密矣。〔註21〕

　　又云〔註22〕：「姚姬傳《九經說》實有家法，過望溪遠甚。雖《學海堂經解》不收，要自可傳。」

〔註18〕眉批：「同上。」
〔註19〕《清史稿》卷四百八十二《儒林列傳三》：
　　　　張惠言，字皋聞，武進人。少受易經，即通大義。年十四為童子師，修學立行，敦禮自守，人皆稱敬。嘉慶四年進士，時大學士朱珪為吏部尚書，以惠言學行特奏改庶吉士，充實錄館纂修官。六年，散館，改部屬，珪復特奏授翰林院編修。七年，卒，年四十有二。……生平精思絕人，嘗從歙金榜問故，其學要歸六經，而尤深《易》、《禮》。
〔註20〕清·阮元《儒林傳稿》卷四《孔廣森傳》：
　　　　孔廣森，字眾仲，又字㑲軒，孔子六十八代孫，襲封衍聖公。傅鐸之孫，戶部主事繼汾之子。乾隆三十六年進士，官翰林院檢討。年少入官，翩翩華胄，一時爭與之交。然性恬淡，耽著述，裏足不與要人通謁。告養歸，不復出。及居大母與父喪，竟以哀卒，時乾隆五十一年，年三十有五。
　　　　《清史稿》卷四百八十一《儒林列傳二》：
　　　　孔廣森，字眾仲，曲阜人，孔子六十八代孫，襲封衍聖公傅鐸之孫，戶部主事繼汾之子。乾隆三十六年進士，選翰林院庶吉士，散館授檢討。年少入官，性淡泊，耽著述，不與要人通謁。告養歸，不復出。及居大母與父喪，竟以哀卒，時乾隆五十一年，年三十五。廣森聰穎特達，嘗受經於戴震、姚鼐之門，經史、小學，沉覽妙解。
〔註21〕眉批：「此條以下至光緒甲午條，均述師說。」
〔註22〕清·陳澧《東塾讀書記》卷五《尚書》：
　　　　閻百詩、惠定宇攻偽古文，搜考實證，其偽已明。姚姬傳復條舉其大背理者，謂顯黜之不為過。〔《惜抱軒九經說》卷三。〕今無庸再攻擊矣。
　　　　又，卷九《禮記》：
　　　　姚姬傳云：「《禮運》稱大道之行，越三代之英，及《表記》所言四代優劣之說，本皆七十子聞於孔子，轉授其徒，而後記述。其詞氣抑揚之甚，蓋屢傳而失其本真，然不可謂全非聖人之旨。」〔《九經說》卷十六。〕此說最善。
　　　　卷十《春秋三傳》：
　　　　〔姚姬傳《九經說》及《左傳補注序》以為吳起之倫附會，私意則頗近是耳。〕

論章實齋〔註23〕之學，云：「他又別是一樣。」

聞張楊園〔註24〕從祀孔廟，師不懌，曰：「楊園攻陽明，以為主張良知，必至於弒父弒君。」按：明霍氏以食色窮良知之弊則可〔註25〕。以弒父弒君攻良知，試問陽明之良知果至此乎？立說如此而得從祀，將來兩廡必有不容之患矣。

蘭甫師又云：「句容陳倬人〔註26〕立。神氣肅穆，有儒者氣象。新化鄒叔

〔註23〕《清史稿》卷四百八十五《文苑列傳二》：
章學誠，字實齋，會稽人。乾隆四十三年進士，官國子監典籍。自少讀書，不甘為章句之學。從山陰劉文蔚、童鈺遊，習聞蕺山、南雷之說。熟於明季朝政始末，往往出於正史外，秀水鄭炳文稱其有良史才。繼遊朱筠門，筠藏書甚富，因得縱覽群籍，與名流相討論，學益宏富。著《文史通義》、《校讎通義》，推原官禮而有得於向、歆父子之傳。其於古今學術，輒能條別而得其宗旨，立論多前人所未發。嘗與戴震、汪中同客馮廷丞寧紹臺道署，廷丞甚敬禮之。學誠好辯論，勇於自信。有實齋文集，視唐宋文體，夷然不屑。所修和州、亳州、永清縣諸志，皆得體要，為世所推。

〔註24〕《清史稿》卷四百八十《儒林列傳一》：
張履祥，字考夫，桐鄉人。明諸生。世居楊園村，學者稱為楊園先生。七歲喪父。家貧，母沈教之曰：「孔、孟亦兩家無父兒也，只因有志，便做到聖賢。」長，受業山陰劉宗周之門。時東南文社各立門戶，履祥退然如不勝，惟與同里顏統、錢寅，海鹽吳蕃昌輩以文行相砥刻。統、寅、蕃昌相繼歿，為之經紀其家。自是與海鹽何汝霖、烏程凌克貞、歸安沈磊切劘講習，益務躬行。嘗以為聖人之於天道，「庸德之行，庸言之謹」，盡之矣。來學之士，一以友道處之。謂門人當務經濟之學，著補農書。歲耕田十餘畝，草履箬笠，提筐佐饁。嘗曰：「人須有恆業。無恒業之人，始於喪其本心，終於喪其身。許魯齋有言：『學者以治生為急。』愚謂治生以稼穡為先。能稼穡則可以無求於人，無求於人，則能立廉恥；知稼穡之艱難，則不妄求於人，不妄求於人，則能興禮讓。廉恥立，禮讓興，而人心可正，世道可隆矣。」初講宗周慎獨之學，晚乃專意程、朱。踐履篤實，學術純正。大要以為仁為本，以修己為務，而以中庸為歸。

〔註25〕《明儒學案》卷五十三《文敏霍渭厓先生韜》：
霍韜，字渭先，始號兀厓，後更渭厓，廣之南海人。
文敏粹言：
陽明之學，一言蔽之曰「致良知」，析曰「格物」，曰「知行合一」，均之致良知也。然有聖哲之知焉，有下愚之知焉。聖哲之知致焉，位育參贊良知也；下愚之知致焉，飲食男女亦良知也。今夫犬之狐之綏綏，鶉之奔奔，鳲之摶摶，良知也。下愚奚擇焉？致下愚之知，禽獸羞伍，是故修道之教，不可已也。

〔註26〕《清史稿》卷四百八十二《儒林列傳三》：
陳立，字卓人，句容人。道光二十一年進士，二十四年，補應殿試。選翰林院庶吉士。散館改刑部主事，升郎中，授雲南曲靖府知府。請訓時，文宗有「為人清慎」之褒，時以道梗不克之任。少客揚州，師江都梅植之，受詩古

績〔註27〕英邁好論事，以舉人會試，而挾書數千冊，奇士也。」又云：「過高郵，與魏默深論《詩古微》。默深云：『君勿復言。余自悔作此書之粗率也。』〔註28〕至儀徵，謁阮太傅〔註29〕，拳拳於嶺表之文風。年八十餘，猶讀書不輟也。」

師於高郵王氏之學，稱其精銳，而不喜其好與古人立異。曾舉《采蘩》詩毛《傳》「僮僮，竦敬也。祁祁，舒遲也」，王氏必欲以「盛貌」釋之〔註30〕。夫毛公之小學與《爾雅》並，豈不知「僮僮」、「祁祁」之可以訓盛？蓋言竦敬舒遲，而盛自見；言盛而竦敬，舒遲之度不見耳。說《詩》者不當如是之固也。

余少好算學，嘗與師論之。師云：「算法大概，自不可不知。然可止，勿再學。」蓋此事非極精不足以名家，然極精則畢生之精力盡矣。此殆見余質鈍，無與此事，故為言如此。

師又嘗論本朝廟制，以為與成周大概相同。肇祖原皇帝當周之后稷，太祖、太宗兩代當周之文王，世祖、聖祖兩代當周之武王，此皆當百世不祧者也。合四親廟為七廟，如是則與古制若合符契矣。

文辭；師江都凌曙、儀徵劉文淇，受《公羊春秋》、許氏《說文》、鄭氏《禮》，而於《公羊》致力尤深。

〔註27〕《清史稿》卷四百八十二《儒林列傳三》：
鄒漢勳，字叔績，新化人。父文蘇，歲貢生，以古學教授鄉里，闢學舍曰古經堂，與諸生肄士禮其中。其考據典物，力尊漢學，而談心性則宗朱子。

〔註28〕清·張維屏《花甲閒談》卷六錄龔自珍《與張南山書》：
魏君源居憂吳門，其所著《詩古微》，頗悔少年未定之論，閟不復示人。

〔註29〕《清史稿》卷三百六十四《阮元傳》：
阮元，字伯元，江蘇儀徵人。……二十六年，鄉舉重逢，晉太傅，與鹿鳴宴。二十九年，卒，年八十有六，優詔賜卹，諡文達。入祀鄉賢祠、浙江名宦祠。……元博學淹通，早被知遇。……身歷乾、嘉文物鼎盛之時，主持風會數十年，海內學者奉為山斗焉。

〔註30〕清·王引之《經義述聞》第五《被之僮僮被之祁祁》：
《召南·采蘩》篇：「被之僮僮，夙夜在公。被之祁祁，薄言還歸。」毛《傳》曰：「『被』，首飾也。『僮僮』，竦敬也。『祁祁』，舒遲也。」去事有儀也。家大人曰：「《詩》言『被之僮僮』、『被之祁祁』，則『僮僮』、『祁祁』皆是形容首飾之盛。下乃言其奉祭祀不失職耳。」「僮」與「童」通。《廣雅》曰：「童童，盛也。」《釋名》曰：「幢，童也。其貌童童然也。」皆謂盛貌也。《小雅·大田》曰：「有渰萋萋，興雲祁祁」；《大雅·韓奕》曰：「諸娣從之，祁祁如雲」；是祁祁亦盛貌也。

論明世宗事，師云：「受其國家，為之服三年，子職盡矣。至於祭祀文告，則宜稱先君先帝，而不必自稱曰子。金修撰《禮箋》，引宋穆公曰「先君捨與夷而立寡人」〔註31〕，其說最諦當。段楘堂《明世宗非禮論》〔註32〕以為必

〔註31〕清·金榜《禮箋》卷三《昭穆廟制》：
明乎臣子一例之義，則以兄弟諸父繼者，祭稱嗣王嗣侯，廟號先王先君。〔《左氏春秋傳·隱三年》：「宋穆公曰：『先君舍與夷而立寡人。』」稱兄宣公曰先君。〕

〔註32〕清·段玉裁《經韻樓集》卷十有《明世宗非禮論》十篇。
清·黃式三《儆居集二·史說一·讀段集明世宗非禮論》：
為人後者為之子，正禮也。而後世之君，或以兄繼弟，以從父繼從子，此禮遂不能行。為之臣者，又為兄弟同昭穆之說以惑之，而禮之晦甚矣。明世宗之伯孝宗、父興獻，其失固人所能知也。為人後者為之子，以次當嗣武宗，當時楊廷和、毛澄尚未及議此，自非段大令博核經典，據《儀禮·喪服經傳》、《春秋經·左氏》《公羊》《穀梁傳》，又引《史記》、《漢書》、《魏書》以證明其事，安能斷此疑義，使人憭然於心也乎？國家議大典禮，不有博洽精覈之儒，而忠藎之論不能關諸詖之口以奪其氣，士類之愛戕由之，國家元氣之喪亦由之，如明大禮之議其一也。然則好古博學、精於考核如段氏者，可少乎哉！或曰：兄弟之昭穆異同，漢儒注說已互相矛盾，而《左傳》孔《疏》、《周禮》賈《疏》復分辨之，段氏說安必可行乎？曰：此非段氏一人之說也。唐彥思輯《伊川雜錄》：「富公問程子曰：『兄弟可為昭穆否？』程子曰：『國家以弟繼兄，則是繼位，可為昭穆。』」朱子《禘祫議》：「周九廟圖，宣王時穆、懿、夷三昭，共、孝、屬三穆。」孝王，共王之弟，懿王之叔父也。而其定為昭穆如此。朱子《祧廟議》云：「第七世欽宗為穆。第八世高宗為昭。」高宗，欽宗之弟也，而其定為昭穆又如此。在朱子豈不知兄弟同昭穆之說，而妄為此議哉？兄弟同昭穆之說，用之於兄弟相繼，猶曰同堂異室，故大新小也。若以從父繼從子，而亦曰兄弟同昭穆，則新大故小，正如夏父弗忌之說矣。不特此也。凡繼先君之位者，其始必為之臣。當其為臣也，北面而朝，拜揖如禮。既死而受其位，大權在握，而不願繼其嗣，則是臣子二體，生死異心也。且世宗欲不繼嗣，曷不先辭位，使擇一能繼嗣者立之乎？藉曰武宗之後，俟世宗之子為之嗣，則今之庶人無虛懸待繼之理，而獨以是施之天子，豈可信哉？
又，陳衍《石遺室文集》卷十《為人後者為之子辨二》（《陳石遺集》第533～534頁）：
為人後為之子一語，近人益不敢置辨者。嚇於段氏玉裁《明世宗非禮論》諸篇，排群經，隳倫紀，剛悍而不可犯也。然乖謬之見，立義實不堅。（下略）
另，章太炎《書段若膺〈明世宗非禮論〉後》（《太炎文錄補編》第683～684頁）：
明大禮之議，楊文忠等以為宜考孝宗，兄武宗，遂為璁、萼所持。段若膺為十論定之，曰為人後者，不必皆子行，《春秋》僖公以庶兄後其弟閔公，三傳猶謂閔、僖為父子，則世宗宜考武宗。《禮經》偁為人後者為其父母報，本生之不改其號，亦人情自然。歐陽公之說，亦不失也。

稱曰子，其說非也。」余按：晉簡文、唐武宗皆用此義。然核以經義，段說似未可厚非，姑錄於此，俟考禮者評之。

師自言考訂聲律之時，恒徹夜思之不寐。一夕起，檢《禮記》五聲六律十二宮旋相為宮《正義》，遂有悟入。由此入手，於諸書迎刃而解。後讀《朱子語類》，亦亟稱此《疏》為學樂之要〔註33〕。方知朱子事事理會過，不可及也。

師授予所作《琴律譜》〔註34〕，凡千餘言。余問譜何以未成，師云：「當時於蕤賓一律反覆考之，皆有不合，是以中止。」比聞此書有續成者，未知果當師意否耳。

師謂廣州音於上下入之清濁皆可辨，是其佳處，而入聲獨多一音，合平上去入之清濁則為九音，要是一病。余云：「嘉應州音頗合於古，如弓宮不同音之類，與《廣韻》合。」師曰：「然。唐末士大夫避亂南來者多，故中原之正音往往流傳嶺表也。」師又云：「廣州讀蕭、肴、豪三韻，截然有別，最合《廣韻》。然豪韻又與魚、模混，則其病也。」

師作篆，專以琅邪臺刻石為法，平生臨摹不下二千通。又云：「琅邪臺篆法之佳，猶意念所及。至於石鼓文之妙，殆非思慮所到。馬定國、孫淵如諸人必以為宇文周物，未可遽信。」

斯議博而篤矣，未及禮之微也。《喪服傳》曰：「為人後者孰後？後大宗也。大宗者，尊之統也，收族者也，不可以絕。」故族人以支子後大宗也，適子不得後大宗。夫必二者備，然後應於為之子之義，所後者非大宗，則不受重，故羊瞖、羊伊不肯後祜，諸葛喬、皇甫謐，皆先後叔父，後還其宗，己為適子，則不得為人後。漢哀帝、明世宗，皆適子也，而又無兄弟，既失禮而取為後，又援禮以繩之，必不得矣。斯所以致襄猶璁、萼之口也。世宗，庶人也。其與璁、萼之罪，不在本事。因其事以自恣，削黜老成，杖殺諫士，鷙刻之道既流，訖嚴嵩敗，然後已。明德既衰，後雖有賢相弗能振，則世宗、璁、萼之罪也。且以不仁之人而修禮樂，其極必趣於鬼道。是故大典成則議郊祀，郊祀成則修齋醮，舉軍國之重，以歸功於玄修，使庫藏耗竭，將校解體，及俺荅犯京師，明之不亡者幸耳。是故世宗為僻王，而璁、萼為逢君之惡，雖桀、紂之諡，廉、來之戮，不足以塞其罪矣！何乃論禮之是非哉？楊文襄初家居，亦以璁議為是。後起家主兵部，浸而再相，大禮已決，諸臣之死竄者，已不救矣。然獨請宥議禮諸臣，又言持論者尚紛更，臣獨安靜，尚刻戮，臣獨寬平，斯貞邪之所由分歟？

〔註33〕宋・黎靖德《朱子語類》卷九十二《樂》：「《禮記注疏》說五聲六律十二管還相為宮處分明。」

〔註34〕清・陳澧《聲律通考》卷三：「〔詳見余所著《琴律譜》，附識於此。〕」

師又言王右軍行艸書多合小學，且參用篆籀。如「我」字作家，則用籀文。「右」字、「有」字起筆作又，則用篆體。其存六書本意，實較楷法為多。如隹、佳二字，絕不相混，佳必作佳，隹必作隹。師云：「右軍書惟某帖誤隹為佳，必贗本也。擬作一書以明之，因藏帖未備而止。後以屬徐子遠灝，亦竟未成也。余按：唐李嗣真《後書品》云「逸少加減太過」，考艸書者亦不可不知。

師云：「轉注之說，當從許周生為得。餘所為說存《東塾類稿》者，可備一通，未得為定論也。」

師云：「微言大義四字，後世必以此壞經學。余所撰《東塾讀書記》，於《孝經》一卷曾一用之，擬即改去。此斬足趾避沙蟲之意也。」廷式言：「微言大義未遽壞經學。近來專好言西漢之學，乃真足以壞經學。此佛家所謂『師子身中蟲自食師子身中肉』〔註35〕者也。」師曰：「然。」

師言王肅解經，專擅改字。如《易·乾》卦《文言》「其惟聖人乎！知進退存亡而不失其正者，其惟聖人乎」，王肅本於上「聖人」字作「愚人」，蓋為其句之復也。不獨於義未安。即《繫辭》之「天下何思何慮」，《論語》之「天何言哉」，皆上下呼應成文，與此相同。肅於文理亦未講也。

師不喜《虞氏易》，以為如人慾往東方者，不告以東路而示以南路，使其由南而西而北而後得東向也。初非有精意，特為是迂迴曲折而已。

師云：「《左氏傳》極有偏宕之論。」謂《左氏傳》所載「君子曰」有劉歆竄亂者，非攻《左氏》之詞，乃愛《左氏》之詞也。

師云：「錢辛楣先生職官地理之學，不獨前無古人，且恐後無來者。其所撰《廿二史考異》〔註36〕，有引證未備者，非有所罣漏，乃不欲過繁以蕪其書也。凡著書者當知此意。」

師嘗言年三十時讀《易》，至「志在隨人，所執下也」〔註37〕，悚然汗下，於是學術一變，務求心得，不敢蔑棄成說，亦不敢輕徇時趨。

〔註35〕唐·釋道世《法苑珠林》卷第一百十八《法滅篇第九十八之餘·損法部》：「如師子身中蟲自食師子肉。」
〔註36〕清·趙翼《甌北集》卷四十六《錢竹汀宮詹挽詩》三首之二：
歷朝記載萬牛毛，同異紛如費剔搔。十七史從何處說，一家言已等身高。〔君著《廿二史考異》最精覈。〕有疑好就靈犀照，不朽何須汗馬勞。直自深寧王叟後，又添困學析秋毫。
〔註37〕見《周易·咸》九三《象》。

　　師自言作文從陳後山〔註38〕入手，波瀾局狹，篇幅粗完而已。然雅潔而堅切，正未易及。蓋師早年好作駢儷，故較後山藻采尤壯也。

　　師言經學有三派。墨守一家，力攻異說，漢儒何邵公之家法也。本朝王西莊之《尚書疏》〔註39〕、陳碩甫之《毛詩疏》〔註40〕似之。宗主前人，兼下己意，漢儒鄭康成之家法也。本朝孫淵如之《尚書義》〔註41〕、孔頵軒之

〔註38〕宋・韓淲《澗泉日記》卷下：
　　少游在黃、陳之上。黃魯直意氣極高，陳後山文字才氣短，所可尚者，步驟雅潔爾。

〔註39〕《清史稿》卷四百八十一《儒林列傳二》：
　　王鳴盛，字鳳喈，嘉定人。幼從長洲沈德潛受詩，後又從惠棟問經義，遂通漢學。乾隆十九年，以一甲進士授翰林院編修，大考翰詹第一，擢侍讀學士。充福建鄉試正考官，尋擢內閣學士，兼禮部侍郎。坐濫支驛馬，左遷光祿寺卿。丁內艱，遂不復出。鳴盛性儉素，無聲色玩好之娛，晏坐一室，咿唔如寒士。嘗言：「漢人說經必守家法，自唐貞觀撰諸經義疏而家法亡，宋元豐以新經學取士而漢學殆絕，今好古之儒皆知崇注疏矣，然注疏惟《詩》、《三禮》及《公羊傳》猶是漢人家法，他經注則出魏、晉人。未為醇備。」著《尚書後案》三十卷，專述鄭康成之學，若鄭注亡逸，採馬、王注補之。孔《傳》雖出東晉，其訓詁猶有傳授，間一取焉。又謂東晉所獻之《太誓》偽，而唐人所斥之《太誓》非偽，故附書今文《太誓》一篇，存古之功，自謂不減惠氏《周易述》也。

〔註40〕《清史稿》卷四百八十二《儒林列傳三》：
　　陳奐，字碩甫，長洲人。諸生。咸豐元年，舉孝廉方正。奐始從吳江沅治古學，金壇段玉裁寓吳，與沅祖聲善。嘗曰：「我作《六書音韻表》，惟江氏祖孫知之，餘鮮有知者。」奐盡一晝夜探其梗概。沅嘗假玉裁《經韻樓集》，奐竊視之，加朱墨。後玉裁見之，稱其學識出孔、賈上，由是奐受學玉裁。高郵王念孫暨子引之、棲霞郝懿行、績溪胡培翬、涇胡承珙、臨海金鶚，咸與締交。奐嘗言大毛公詁訓傳言簡意賅，遂殫精竭慮，專攻《毛傳》。以《毛傳》一切禮數名物，自漢以來無人稱引，韜晦不彰，乃博徵古書，發明其義。大抵用西漢以前舊說，而與東漢人說《詩》者不苟同。又以毛氏之學，源出荀子，而善承毛氏者，惟鄭仲師、許叔重兩家，故於《周禮注》、《說文解字》多所取說，著《詩毛氏傳疏》三十卷。

〔註41〕《清史稿》卷四百八十一《儒林列傳二》：
　　孫星衍，字淵如，陽湖人。……歸田後，又為《尚書今古文注疏》三十九卷，其序例云：「《尚書》古注散佚，今刺取書傳升為注者五家三科之說：一、司馬遷從孔氏安國問故，是古文說；一、《書大傳》伏生所傳歐陽高、大夏侯勝、小夏侯建，是今文說；一、馬氏融、鄭氏康成雖有異同，多本衛氏宏、賈氏逵，是孔壁古文說；皆疏明出典。其先秦諸子所引古書說及緯書、《白虎通》等，漢、魏諸儒今文說，許氏《說文》所載孔壁古文，注中存其異文、異字，其說則附疏中。」其意在網羅放失舊聞，故錄漢、魏人佚說為多，又兼採近代王鳴盛、江聲、段玉裁諸人書說。惟不取趙宋以來諸人注，以其時文籍散亡，較今代無異聞，又無師傳，恐滋臆說也。凡積二十二年而後成。

《公羊義》〔註 42〕似之。博採諸家，自成編簡，漢儒許叔重之家法也。本朝戴東原之禮學〔註 43〕、王懷祖之小學〔註 44〕似之。略舉一端，可資隅反。

〔註 42〕《清史稿》卷四百八十一《儒林列傳二》：

廣森聰穎特達，嘗受經於戴震、姚鼐之門，經史、小學，沈覽妙解。所學在《公羊春秋》，嘗以《左氏》舊學湮於征南，《穀梁》本義汨於武子。王祖遊謂何休志通《公羊》，往往為《公羊》疢病。其餘啖助、趙匡之徒，又橫生義例，無當於經，唯趙汸最為近正。何氏體大思精，然不無承訛率臆。於是旁通諸家，兼採《左》、《穀》，擇善而從，著《春秋公羊通義》十一卷，序一卷。凡諸經籍義有可通於《公羊》者，多著錄之。其不同於《解詁》者，大端有數事：謂古者諸侯分土而守，分民而治，有不純臣之義，故各得紀年於其境內。而何劭公謂唯王者然後改元立號，經書元年，為託王於魯，則自蹈所云反傳違庋之失。其不同一也。謂《春秋》分十二公而為三世，舊說「所傳聞之世」，隱、桓、莊、閔、僖也；「所聞之世」，文、宣、成、襄也；「所見之世」，昭、定、哀也。顏安樂以為：襄公二十三年「邾婁鼻我來奔」，云「邾婁無大夫，此何以書？以近書也」；又昭公二十七年「邾婁快來奔」，傳云「邾婁無大夫，此何以書？以近書也」：二文不異，同宜一世，故斷自孔子生後，即為「所見之世」，從之。其不同二也。謂桓十七年《經》無夏，二家經皆有夏，獨《公羊》脫耳。何氏謂：「夏者陽也，月者陰也，去夏者，明夫人不繫於公也。」所不敢言。其不同三也。謂《春秋》上本天道，中用王法，而下理人情。天道者：一曰時，二曰月，三曰日。王法者：一曰譏，二曰貶，三曰絕。人情者：一曰尊，二曰親，三曰賢。此三科九旨。而何氏文證例云：「三科九旨者，新周故宋，以春秋當新王，此一科三旨也。」又云：「所見異辭，所聞異辭，所傳聞又異辭。」三科六旨也。又「內其國而外諸夏，內諸夏而外夷狄，是三科九旨也」。其不同四也。他如何氏所據間有失者，多所裨損，以成一家之言。又謂《左氏》之事詳，《公羊》之義長，《春秋》重義不重事。皆好學深思，心知其意。其為說能融會貫通，使是非之旨不謬於聖人大旨，見《自序》中。儀徵阮元謂讀其書，始知聖志之所在。

〔註 43〕《清史稿》卷四百八十一《儒林列傳二》：

戴震，字東原，休寧人。讀書好深湛之思，少時塾師授以《說文》，三年盡得其節目。年十六七，研精注疏，實事求是，不主一家。與郡人鄭牧、汪肇龍、方矩、程瑤田、金榜從婺源江永遊，震出所學質之永，永為之駭歎。永精禮經及推步、鍾律、音聲、文字之學，惟震能得其全。……震之學，由聲音、文字以求訓詁，由訓詁以尋義理。謂：「義理不可空憑胸臆，必求之於古經。求之古經而遺文垂絕，今古懸隔，必求之古訓。古訓明則古經明，古經明則賢人聖人之義理明，而我心之同然者，乃因之而明。義理非他，存乎典章制度者也。彼歧古訓、義理而二之，是古訓非以明義理，而義理不寓乎典章制度，勢必流入於異學曲說而不自知也。」

〔註 44〕《清史稿》卷四百八十一《儒林列傳二》：

王念孫，字懷祖，高郵州人。……既罷官，日以著述自娛，著《讀書雜志》，分《逸周書》、《戰國策》、《管子》、《荀子》、《晏子春秋》、《墨子》、《淮南子》、《史記》、《漢書》、《漢隸拾遺》，都八十二卷。於古義之晦，於鈔之誤寫，校

　　師言王陽明之學，三數傳之後得劉蕺山、黃漳浦〔註45〕諸人，楷柱名教，福力如此，後世無所用其攻擊矣。

　　余擬撰《三代會要》，薈經學之大成。師曰：「此志甚大。然吾嘗欲考春秋時各國人所讀何書，所習何學，迄今未就，況能網羅政教、甄綜三朝乎？」余遂知難而退。然尚思集眾材成一編，以為後王取法。姑志於此，以當息壤。

　　師云：「本朝家法在貴貴。」

　　余嘗論皮日休之尊孟子〔註46〕，以為有特識。師曰：「他卻為文中子

之妄改，皆一一正之。一字之證，博及萬卷，其精於校讎如此。初從休寧戴震受聲音文字訓詁，其於經，熟於漢學之門戶，手編《詩三百篇》、《九經》、《楚辭》之韻，分古音為二十一部。於支、脂、之三部之分，段玉裁《六書音均表》亦見及此，其分至、祭、盍、緝為四部，則段書所未及也。念孫以段書先出，遂輟作。又以邵晉涵先為《爾雅正義》，乃撰《廣雅疏證》。日三字為程，閱十年而書成，凡三十二卷。其書就古音以求古義，引申觸類，擴充於《爾雅》、《說文》，無所不達。然聲音文字部分之嚴，一絲不亂。蓋藉張揖之書以納諸說，而實多揖所未知，及同時惠棟、戴震所未及。嘗語子引之曰：「詁訓之旨，存乎聲音，字之聲同、聲近者，經傳往往假借。學者以聲求義，破其假借之字而讀本字，則渙然冰釋。如因假借之字強為之解，則結矣不通矣。毛公《詩傳》多易假借之字而訓以本字，已開改讀之先。至康成箋《詩》注《禮》，屢云某讀為某，假借之例大明。後人或病康成破字者，不知古字之多假借也。」又曰：「說經者，期得經意而已，不必墨守一家。」引之因推廣庭訓，成《經義述聞》十五卷、《經傳釋辭》十卷、《周秦古字解詁》、《字典考證》。論者謂有清經術獨絕千古，高郵王氏一家之學，三世相承，與長洲惠氏相埒云。

〔註45〕《明史》卷二百五十五《劉宗周黃道周列傳》：

劉宗周，字起東，山陰人。

黃道周，字幼平，漳浦人。

贊曰：劉宗周、黃道周所指陳，深中時弊。其論才守，別忠佞，足為萬世高抬貴手。而聽者迂而遠之，則救時濟變之說惑之也。《傳》曰：「雖危起居，竟信其志，猶將不忘百姓之病也」，二臣有焉。殺身成仁，不違其素，所守豈不卓哉！

〔註46〕唐・皮日休《皮日休文集》卷九《請〈孟子〉為學科書》：

聖人之道，不過乎經。經之降者，不過乎史。史之降者，不過乎子。子不異乎道者，《孟子》也。捨是子者，必庋乎經史。又率於子者，則聖人之盜也。夫《孟子》之文，粲若經傳。天惜其道，不燼於秦。自漢氏得之，常置博士，以專其學。故其文繼乎六藝，光乎百氏。真聖人之微旨也。若然者，何其道曄曄於前其，書汲汲於後，得非道拘乎正，文極乎奧，有好邪者憚正而不舉，嗜淺者鄙奧而無稱耶？蓋仲尼愛文王，嗜昌歜以取味。後之人將愛仲尼者，其嗜在《孟子》矣。嗚呼！古之士以湯武為逆取者，其不讀《孟子》乎？以楊墨為達智者，其不讀《孟子》乎？由是觀之，《孟子》功利於人亦不輕矣。今有司除茂才明經外，其次有熟莊周、列子書者亦登於科。其誘善也雖深，而懸科也未正。夫莊、列之文，荒唐之文也，讀之可以為方外之士，習之可

〔註47〕所欺。文中子實黎邱之鬼〔註48〕也。」

師終身讀書，必端坐。藏書五萬卷，丹黃幾遍。晚年復讀《二十四史》，加朱點勘，至《元史》，未卒業而卒。

沈子培〔註49〕刑部曾植遊粵時，曾數與師相見，師亟稱之。後子培為余言蘭甫先生有所不言，無所不知，蓋滙乾嘉以來文儒之總也。

師最喜讀《注疏》，嘗云：「同人中讀《注疏》者，惟鄭小谷〔註50〕獻甫，

以為鴻荒之民，有能汲汲以救時補敎為志哉？伏請命有司去莊、列之書，以《孟子》為主。有能精通其義者，其科選視明經。苟若是也，不謝漢之博士矣。既遂之，如儒道不行，聖化無補，則可刑其言者。

〔註47〕唐·皮日休《皮日休文集》卷四《文中子碑》：
後先生二百五十餘歲生，曰皮日休，嗜先生道，業先生文。因讀《文中子後序》，尚闕於贊述。想先生封隧在所，因為銘曰。
按：文中子推崇孟子之說，《文中子》未載，俟考。

〔註48〕《呂氏春秋》第二十二卷《慎行論第二·疑似》：
梁北有黎丘部，有奇鬼焉，喜效人之子姪昆弟之狀。邑丈人有之市而醉歸者，黎丘之鬼效其子之狀，扶而道苦之。丈人歸，酒醒而誚其子，曰：「吾為汝父也，豈謂不慈哉？我醉，汝道苦我，何故？」其子泣而觸地曰：「孽矣！無此事也。昔也往責於東邑人，可問也。」其父信之，曰：「譆！是必夫奇鬼也，我固嘗聞之矣。」明日端復飲於市，欲遇而刺殺之。明旦之市而醉，其真子恐其父之不能反也，遂逝迎之。丈人望其真子，拔劍而刺。丈人智惑於似其子者，而殺於真子。夫惑於似士者而失於真士，此黎丘丈人之智也。疑似之跡，不可不察。察之必於其人也。

〔註49〕《清史稿》卷四百七十二《沈曾植傳》：「沈曾植，字子培，浙江嘉興人。」
王國維《王國維手定觀堂集林》卷十九《沈乙庵先生七十壽序》：
先生少年，固已盡通國初及乾嘉諸家之說。中年治遼、金、元三史，治四裔地理，又為道咸以降之學，然一秉先正成法，無或逾越。其於人心世道之污隆，政事之利病，必窮其原委，似國初諸老。其視經史為獨立之學，而益探其奧窔，拓其區宇，不讓乾、嘉諸先生。至於綜覽百家，旁及二氏，一以治經史之法治之，則又為自來學者所未及。若夫緬想在昔，達觀時變，有先知之哲，有不可解之情，知天而不任天，遺世而不忘世，如古聖哲之所感者，則僅以其一二見於歌詩，發為口說，言之不能以詳。世所得而窺見者，其為學之方法而已。夫學問之品類不同，而其方法則一。國初諸老用此以治經世之學，乾嘉諸老用之以治經史之學，先生復廣之，以治一切諸學，趣博而旨約，識高而議平。其憂世之深，有過於龔、魏；而擇術之慎，不後於戴、錢。學者得其片言，具其一體，猶足以名一家，立一說。其所以繼承前哲者以此，其所以開創來學者亦以此。使後之學術變而不失其正鵠者，其必由先生之道矣。

〔註50〕清·桂文燦《經學博採錄》卷十二：
鄭比部存紵，字獻甫，一字小谷，粵西象州人也。因原名與御名偏旁相同，遂以字行。道光乙酉，由選拔貢生中舉人。乙未成進士，改主事，分刑部。

象州人。道光乙未進士。余所不及。小谷讀《注疏》，取阮文達《校勘記》，字字錄於書眉，此其精力過人，又能詳審也。」〔註51〕

光緒甲午朝考，諸貢士卷中有明引《東塾讀書記》者，閱卷大臣擬籤出。翁叔平師云：「上案頭方置此書，日加披覽，可無籤也。」師歿十餘年，而書邀御覽，亦可謂稽古之至榮矣。

《書·禹貢》孔《疏》云：「《史記》稱高祖入咸陽，蕭何先收圖籍。孔君去漢初七八十年耳，身為武帝博士，必當具見圖籍。其山川所在，必是驗實

性情高邁，不慕榮利，博極群書，湛深經學，尤善八家古文。通籍後，解組歸，優游林下，著書自娛。主講桂林經古書院，恒以經古提倡後學，造就良多。咸豐辛亥、壬子間，粵西紅巾賊起，桂林戒嚴。寇退，縉紳禦賊者多冀賞翎頂官爵，比部語人曰：「守城何功？城豈必當棄者耶？大吏倘有濫保，幸無波及我也。」其出語諷時多類此。所著討論經史子集之書，自題曰《愚一錄》，共十二卷。凡《詩》、《書》、《易》、《三禮》各一卷，《三傳》共一卷，《論語》、《孟子》共一卷，《爾雅》、《孝經》共一卷，子史各一卷，雜論詩文共一卷，仿《困學紀聞》體例為之。嘗遇盜奪其手稿，追錄之，尚得七八云。詩文集若干卷，宗法少陵、昌黎者為多。咸豐丁巳，比部避地來遊東粵，所居與文燦衡宇相望，晤見恨晚。捧手有授，相資正深。居無何，而廣州城陷，各倉皇走，不獲談經。已感患難之頻仍，冀後會之有日。雞鳴風雨，每令人不能釋於懷云。業師陳蘭甫先生，當代通儒也。先生名澧，初字蘭浦，其先江南人，後徙於粵，為番禺人。道光十二年舉人，出歙縣程春海侍郎之門，以大挑二等選授河源縣訓導。赴官兩月，謝病歸，閉戶著書以自娛。嘗為《漢儒通義》若干卷。

〔註51〕清·陳澧《東塾集》卷三《鄭小谷補學軒文集序》：
昔人謂史家有三長：學也，識也，才也。澧嘗論之，以為文章家亦然。無學則文陋，無識則文乖，無才則文弱而不振然。持此以論文，其可以號為文人者寡矣。求之於今，其刑部象州鄭君乎！君讀四部書，不知幾萬卷。宏綱巨目，靡不舉也。奇辭雋旨，靡不收也。其考訂足以精之，其強記足以久之。是曰有學。通漢唐注疏，而碎義則不尚也；尊宋儒德行，而空談則不取也；兼擅六朝唐宋詩文，而摹倣沿襲尤深恥而不為也。是曰有識。其為文也，能同乎古人，而毅然必自為也；能異乎今人，而又坦然莫不解也。其鋒英英焉，其氣磊磊焉，其力轉轉而不竭焉。是曰有才。雖然，所謂三長者，豈獨文而已乎！天下事孰非是三者之所為耶？君成進士，服官京師，一歲而歸，不以其三長者見於事，而惟見於文，蓋可惜也。然觀君之文之論事者，則亦可以識之矣。必原於古，必切於時，必可行而後著其說，必不可除而後陳其弊。是三者之不徒在於文，而又有在於文之外者也。總督勞公與君同年，交最篤，索君文集刻之，命澧為之序。澧與君始則聞名而相思，繼則修士相見之禮，近且數數奉教，一年有餘於茲矣。為序不敢辭。君昔嘗見示此集，澧以三長目之，君顧謙讓而不自居也。今為序，反覆以思，固無以易吾三長之說者，君宜弗讓。不然，當請勞公論而定之。

而知。」今按：《〈禹貢〉傳》於地理最陋。「恒衛既從」，《傳》則曰：「二水已治。」「浮於濟漯」，《傳》則曰：「濟、漯，兩水名。」「江漢朝宗于海」，《傳》則曰：「二水經此州而入海。」「九河既道」，《傳》則曰：「河水分為九道，在此州界。」「九江孔殷」，《傳》則云：「江於此州界分為九道。」如此則何必作傳，豈身見圖籍者而空疏至此乎？且班孟堅作《地理志》，尚引秦地圖，而此《傳》不一及之，其偽固顯然矣。沖遠《正義》云云，蓋深譏之也。《正義》又云：「孔為武帝博士，《地理志》無容不知。」〔註52〕

先壯烈公仕宦三十餘年，家中不增一椽一畝。恒曰：「吾仕宦無愧於心，以此詒子孫也。」由嘉應直隸州知州，文宗特旨授惠州府知府，闔省驚訝，先壯烈亦惶悚，不知何以蒙主知也。後有自京師來者，云：「全學使全慶，後仕至大學士，諡文恪。任滿回京，召對時，問廣東吏治誰最廉能。全對曰：『廣東第一清官，惟嘉應州知州文某。』」上識之，未幾而有此授。總督葉名琛以其不由己薦也，忌之，不飭，赴惠州任而調署潮州。〔註53〕是時潮州北山盜賊麕集，近二萬人，先壯烈率先君子親御槍礮，二十餘戰而後平之。潮人至編為戲劇，以述其事。北山賊平，而嘉應州戕官之案起。先壯烈慷慨請行，獲其罪魁。事已大定，踰年而殉粵匪之難。〔註54〕

先壯烈三任嘉應〔註55〕，與民親猶骨肉。咸豐八年，戕官之案。先是州

〔註52〕眉批：「輿地。」

〔註53〕文廷式《琴風餘譚》（《文廷式集》第1182～1183頁）：

先祖壯烈公，特授惠州府知府，時潮州府北山賊起，故調署潮州。期年賊平，而嘉應州戕官之案適告，督撫以先壯烈曾兩任州事，得民心，故調署嘉應。民事既定，次年咸豐己未二月十六日，粵匪破城，遂殉焉。始終未履惠州府任，故《府志》失載。

然考《吳興備志》云：文同元豐中出守吳興，至宛邱驛，忽留不行，沐浴衣冠，正坐而逝。未嘗至任也，而後世竟稱「文湖州」。以此例之，先壯烈仍當以惠州紀官。聞《府志‧表》亦不載，殆失之矣。

〔註54〕眉批：「此條以下至先君子條，均述先德，應入軼聞類。」

〔註55〕陳澹然《江表忠略》卷十二《江西紳民第一‧文晟傳》（第284～287頁）：

文晟字宜亭，萍鄉舉人也。官廣東知縣，攝連平州。歲饑，盜起。晟單騎縛盜渠，振其眾，民爭祀之。嘉潮地逼漳泉，古稱難治。自廣西盜起，亂天下，嘉潮民時反側應之。獨晟官嘉潮稱治。既沒，嘉潮祠祀不衰。初，晟之未至也，潮盜蔡泗濱且亂，購其頭千金，不獲，總督檄晟往捕焉。至則群凶方鬨亂，晟勒將斃其渠，獲蔡斬之。補鶴山，攝嘉應州。博羅民訟陂水，恒鬬殺數千人。晟至，勘其源，輒解。擢南雄州總督。謂晟牧嘉應得其民，使再往，則益修志乘，崇節義化之。晟為吏，務治民，不一承帥府，帥府陰齮之。久之，學使全慶朝京師，上垂詢廣東，則奏對文晟第一。全慶者，後官大學士，

民有從賊者，自江南歸，凡千餘人，頗有劫掠餘貲，聚賭甚豪。州牧王某，貪酷吏也。聞之，率勇圍逼，索賄二萬。許以半，不得請。賭者故慣賊，遂反執

證文恪者也。於是天子重其言，特詔晟守惠州。帥府益驚，詫怪其自，而晟故不知也。晟之擢惠州也，未上而寇陷長樂，殺知縣榮桂，蹙興寧。晟亟命伯子星瑞合練軍逆賊，生致孔亞幅等三千人，遂解興寧，復長樂，剖賊酋祭桂，返其孤。咸豐五年，檄攝潮州府，平普寧積寇，燬其巢。七年，高明土客民仇殺，歲大旱，居民委田畝，轉徙山澤間，勢洶洶且亂。晟往，緩其囚，棲流民，令織蒲為食。不一月，至者數千人，迺出兩造，語之曰：「若輩捐室家，填溝壑，皆若曹仇殺故也。若曹奈何？」於是男婦數千人號哭震山谷。晟亦哭，兩造則痛哭失聲，請縛首惡獻諸官，訟乃解。晟益發倉粟，振流亡，使還安定集。甘雨降，歲則大豐。八年，嘉應奸民徐鳳觀殺知府，嘉潮大震。晟至，戮其渠，定之。總督黃宗漢道嘉應，歎其才，檄三署州事。自晟官嘉潮惠十年，屢帥兵民平內亂。又以其間討肇慶，平之。迺卒以外寇死。九年，寇自福建徇大埔而逼嘉應也，晟自將壁壩上御焉。寇間道襲州城，晟還軍誓守。左右請還挈，不許。於是寇陷大埔，薄州城，環攻十日，糧絕。或請微服跳，晟作色曰：「城亡與亡，某惟一死謝吾民耳，它何為哉？」密取州印鈐袷中。城陷，死。姬四人相率入署，井頹敗堵葬之。屬吏劉蔭堂、幕客李煌皆殉死。諡壯烈。晟性剛直，兢兢宋五子之言。守潮時，豐順丁日昌方家居與訟，晟令子版諸門絕之，日昌大憝。及巡撫福建，迺劾其從子報焉。所著《守城記》《繫言經解》若干卷，武備、水經、星緯、醫通皆辯證焉。星瑞任俠，負奇略。方晟之未死也，星瑞以同知官福建。聞警，則自將三千人疾馳。城已陷，城寇石國宗者，將銳卒拒焉。星瑞聞城破，哭曰：「我君死矣。」則麻經突寇，軍逼城下，令三千人人白衣幟，環攻三日，寇大奔。復辦印袷，得晟屍城下，遺民痛哭野祭者數萬人。方城勢之岌也，都司某實通賊陷晟。及星瑞復城，軍大振，總督舉嘉潮惠軍二萬屬焉。寇去，星瑞獲都司以獻。總督閔晟死，令舉白金二萬兩恤其家貰之，星瑞不納。卒縛皐人斬諸市躬，血刃剖心祭晟喪，君子嘉焉。

（清）李福泰修；（清）史澄、何若瑤纂《同治番禺縣志》卷三十二《列傳一·宦績·文晟》：

文晟，字叔來。江西萍鄉人。由大挑知縣，分發廣東，歷任東安、連平、清遠、海陽、歸善、番禺等州縣，及嘉應州、潮州府。所至以振興學校、表揚節義為務，並疏水利，以濟農田，築堤防以捍潦漲，擒捕盜賊，息訟安民，卓著循聲。咸豐九年，三次委署嘉應州事。值髮逆自閩竄擾大埔，晟聞警，親率練勇，防守三河。偵知賊由間道襲州城，復馳回，勉勵紳民，嬰城固守，躬自督戰，殺賊數百。賊攻益急，援絕餉匱，晟以死自誓。二月十六日，賊用地雷轟塌西城十餘丈。晟麾勇巷戰，手刃十餘賊，力竭遇害。奉旨照道員陣亡例優恤，准州城建立專祠。

黃薦鴞《文公祠題壁》（《適可廬詩集校注》第4頁）：

兵燹摧殘古敬州，孤臣殉難足千秋。梅峰凜凜標高節，程水悠悠溯壯猷。治績循良傳志乘，兒孫文字紹箕裘。〔公子星瑞官瓊崖道，孫廷式及第。〕舊祠名宦今猶在，風雨濤聲壯古楸。

王某支解之，乘勢欲據州城。州中紳民急稟督撫，求復任先壯烈。督撫問肯此行否？需勇幾何？先壯烈曰：「吾知嘉應民，義不從亂，請隻身往，足了此事。」即夕遂發。時先君子侍行不半月，獲匪首戮之，州民安堵如故。按《行述》：此案莠民之魁為王亞四、徐鳳觀等。先壯烈先往辦案，後總督黃宗漢由閩入粵，經州境，州民乞留署州事，總督允其請也。

己未正月，逆匪石郭宗等擁眾數萬，自閩之龍巖、永定竄擾大埔。先壯烈聞警，率兵駐三河壩距之。賊知官出，謀趨間道襲州城。先壯烈乃急撤兵回城，嚴守備。賊陷大埔，輒由鬆口來攻。於二月初二日合圍，先壯烈率官弁紳民登陴固守，賊百計進攻，不得其便，死者甚眾。游擊潘某以接戰為名，縋城逃走，援兵亦竟不至。是時，先君子以引見入都，叔父星輝公在廣州。而廷式方四齡，與兄廷俊時年十七。隨先母在署。先壯烈於諸孫中管愛廷式。初五日，圍急，或勸詰朝接戰不利，即走謁總督乞援。時總督黃宗漢，駐惠州。先壯烈按劍叱之曰：「城亡與亡，吾誓死久矣。毋多言。」既而呼先母，告之曰：「事已亟，二兒不在署。汝等無必死之理，可攜兩孫預謀生計也。」初六夜，先母攜廷俊、廷式行。凡器物、貲財，悉留備軍需。間關危險，僅達潮州，而城陷之信至矣。賊猛攻城凡十五日，至二月十六日，由地道轟塌西城。先壯烈方守陴，亟率兵應敵，賊已大至，猶麾勇巷戰，力竭遇害。賊棄屍於江中，越四日流二十里，至西洋堡，觸委員章君嘉樹之舟。章君為先叔母之弟，驚視辨識，亟命撈起，面目如生。凡左肩一槍傷，右脅下一稍傷，達於腹。嗚呼！慘矣！汗衫遍鈐嘉應州印數十，蓋預期必死，而恐無以辨別也。此事喻君作行狀遺之。己巳春，廷式在京師，州人黃公度觀察遵憲為述之，乃得其詳。

先壯烈曾任番禺。咸豐初，嘆夷攻城，時適賦閒，寓城內司後街，與越華書院鄰近。總督葉名琛先居城外賣麻街公廨，以避礮入居書院。有夷人知之，用開花礮，必指東隅。是日寓中礮彈墜落四次，有重十九斤者，急以絮被濡木覆之，幸未炸裂。午間，先壯烈據案餐粥，適起覓巾，忽礮彈穿前櫺入，碎所坐之櫈，又穿牆去，擊斃二人。有勸先祖可移避鄉間者，先壯烈曰：「吾曾任此土，義當死此，不他適也。」蓋忠義素定如此。余是時未生，先君暨先母均暫寓潮州，聞於胡氏姑，得知大略，故謹記之。

戊午冬日，嘉應州署中白山茶花忽變為紅，同人咸賦詩。先壯烈詩有云：「白首何歸今倘在，丹心未死又重生。」明年二月而遇難，咸以為詩讖也。

先君子請兵於總督黃宗漢，十六日城陷，二十日援兵至城下。賊仍用官軍旗幟列城上。先君子欲奮身先入，適有知其詐者，遂接戰，賊黨眾多，大敗。又連戰而後勝，收復州城，獲石郭宗等，剖心以祭。人謂灌嬰復仇不是過也。

寶文靖寶鋆。戊戌朝考列一等，宣宗漏未圈出。故事：凡館選者，御筆加〇，分部者加△，知縣即用者加、。其呈請歸原班及名次極低歸班選用者，則不加筆。及召見軍機時，宣宗問曰：「此次滿洲進士，竟未有應館選者。」穆彰阿對曰：「寶鋆一等。」宣宗復取原單閱之，良久曰：「既未經圈出，即其命矣。」因以主事用。後由外班入翰林，大考高等。故文靖終身喜言大考，不喜言庶常云。今《新續熙朝宰輔錄》逕作道光戊戌翰林，誤。文文忠亦外班。《詹事錄》但云進士，是其例。〔註56〕

《熙朝宰輔錄》之誤，尚不止此。如巴泰，康熙三年授國史院大學士，七年解任，八年復授秘書院大學士，而《錄》漏敘解任一節，但書八年改秘書院大學士。其後，十一年加太子太傅，亦失書。又莊有恭，於乾隆二十九年九月擢刑部尚書，暫留江蘇巡撫任。三十年正月，授協辦大學士，仍暫留巡撫任。故御製詩有「近復擢秋卿」之句。而《錄》逕書以江蘇巡撫協辦大學士，則略去刑部尚書一節，不知本朝未有以巡撫超拜協揆〔註57〕者也。略舉一二，以正其失。後之表大學士者，毋恃此書可耳。三泰諡文恭，《錄》亦失載。又田從典，《錄》稱雍正三年授文華殿大學士。按《國史列傳》：從典先於雍正元年以吏部尚書協辦大學士，《錄》亦失載。餘頗有似此者，不復悉記。

按：亦有《國史》誤而《宰輔錄》不誤者。《魏裔介列傳》：康熙二年遷吏部尚書，三年擢保和殿大學士。《宰輔錄》：魏裔介，康熙三年以吏部尚書授秘書院大學士。九年，改保和殿大學士。按：康熙初年復設內三院，九年仍以內三院為內閣，故李霨、杜立德皆以是年改保和殿大學士，對喀納改文華殿大學士。魏文毅當與之同。此當以《錄》為正者也。

〔註56〕眉批：「此條以下至凡恩歲貢條，均軼聞。」
〔註57〕清·梁章鉅《稱謂錄》卷十二《內閣大學士》：「案：今以大學士協辦為古之參知政事，故有稱參知者，有稱協揆者。」

恩文慎之卒也〔註58〕，恩承。余詢其氏族，無知之者。志伯愚詹事〔註59〕

〔註58〕《清史稿》卷四百四十《恩承傳》：

恩承，字露圃，葉赫那拉氏，滿洲正白旗人。以筆帖式歷禮部郎中。隨僧格林沁剿賊，賞四品京堂。授侍讀學士，仍留營充翼長。解山東滕縣圍，克沙溝營、臨城驛，破賊曹州，又敗之臨朐縣南。晉三品京堂，授太常寺卿。同治二年，撚首張洛行伏誅，賞黃馬褂，擢內閣學士，授鑲紅旗蒙古副都統。以僧格林沁遇害，坐革職。旋以剿奉天馬賊，復原官。授理藩院侍郎。七年，撚匪張總愚北竄，恩承總統神機營馬步兵往雄、霸扼防。撚平，還京。歷調工部、禮部、刑部、吏部。光緒元年，兼總管內務府大臣，擢都察院左都御史、正藍旗漢軍都統，遷禮部尚書。命與侍郎童華往四川查辦總督丁寶楨等被劾案，覆奏實交部議。恩承言：「從古言利之臣，咸以不加賦而財用足，為動人聽聞之具。溯自軍興以來，川省釐、捐兩項，協撥餉需，以千百萬計。苟非國家深仁厚澤，何以人樂輸將？方今軍務肅清，民氣未復，乃川省設立官運局，所徵正款，已暗寓加釐；所收雜款，更巧為攤派。下與小民爭利，而司、道兩庫懸欠百萬有奇。正款反形支絀，似於國計民生兩無裨益。」疏入，敕部覈覆。覆命赴雲南查辦事件，以侍郎閻敬銘劾恩承入川時失察家人需索，部議革職留任。回京，授步軍統領。十年，遷刑部尚書，調吏部，協辦大學士。明年，授體仁閣大學士。十三年，命赴廣西、湖南、河南按事。十五年，轉東閣。十八年，卒，諡文恪。

〔註59〕清·尚秉和《辛壬春秋·清臣殉難記第四十三》：

志銳，字伯愚，號迂安，姓他塔拉氏，滿洲鑲紅旗人。祖裕泰，太子太傅，湖廣總督，諡莊毅。父長敬，四川綏定知府。志銳幼穎異，與弟志鈞並有文譽。父卒，孤貧，依從父廣州將軍長善，從父絕愛之，令讀書壺園中。一時名士，如梁鼎芬、於式枚、文廷式、張鼎華咸樂與之遊。光緒二年成進士，改庶吉士，散館授編修。會志鈞亦成進士，同官翰林，名聲蹀起。已而兩女弟入宮為貴妃，門第益隆。與通政使黃體芳、祭酒盛昱交尤善，以風節相淬礪。志銳以家世貴顯，宜究心經世學，建白朝廷，數上書言事，忤朝旨，浮沉翰詹。十八年，德宗親政，擢禮部侍郎。中日之戰，上疏陳戰守累萬言，德宗動容，召見便殿，命赴熱河練兵。未踰月，女弟珍妃失歡，太后覆命為烏里雅蘇臺參贊大臣將軍長庚奏令赴孜牙子清釐中俄積案六閱月結案千餘起外人折服志銳居臺久，究知邊事，五上疏，籌西北邊防，發強鄰狡謀，復忤朝旨。〔兩忤朝旨，皆不言其所以然。中間間以女弟失歡事，令人意會得之，此所謂微而顯。〕左遷為索倫領隊大臣。領隊例不得專奏，端居簡嘿，為詩歌自遣。淹滯數年，遷寧夏副都統。請發帑二十萬，開城外故渠，得沃壤數千頃，俾駐防旗丁屯墾。時朝野競言新政，以化除滿漢釐定官制，為立憲根基，而中外益猜疑。志銳憂之，因疏言：「比年詔旨，數以化除滿漢之見昭示天下。然往者六部，漢尚書猶有六人，今新政行，增部為十一，而滿尚書居其九，且有以懿親筦部務者；總督七而滿人居其五，漢人占滿缺者不過一二，副都統散秩大臣而已。若僅曰冠姓氏，通婚姻，而一切取功名、沐恩澤之路不得從同，恐積忿難平，爭端愈熾，非朝廷之福，亦非滿人之幸。」〔語語為漢人說話，實語語為滿人計謀。滿臣有如此眼光，如此胸抱，竟抑而不用。然則孝欽亂國之罪，尚可逭哉？〕語絕沉痛，言人所不敢言。宣統二年，擢

問之于麟芝莪 [註60] 恊挼，久而後復云：「文慎，那拉氏，年七十三。」大學士七十必賜壽。文慎以爭鐵路忤旨，故未賜壽。滿洲氏族難知如此。後人欲為錢辛楣之表氏族 [註61] ，蓋尤難矣。

《六科漢給事題名錄》 [註62] ：乾隆三十七年，趙鍈，漢軍，繙譯舉人，由掌河南道升戶科；嘉慶十三年，玉慶，漢軍，繙譯舉人，由山東道升戶科。繙譯舉人補漢缺科道，乾嘉以來所僅見。

雍正間，戴錦，漢軍，監生，由開歸道改兵科給事中；陳履平，河南商邱人，監生，由廣東道升工科給事中。此皆出自特恩，不由恒例者也。又閻絃璽，宣化人，以歲貢仕至工科掌印給事中。《御史題名記》有陳遠臻，泰州人，以歲貢仕至浙江道御史。皆後來所無。

乾隆六年，漢軍朱倫瀚由湖北驛鹽道改御史，升吏科給事中。倫瀚，康熙壬辰武進士也，後仕至副都統。姚姬傳文集中有倫瀚墓誌 [註63] 。

《御史題名錄》：雍正二年，董桓祚，奉天人，監生，由崖州知州擢御史。余奉天人轉御史者，雍正、乾隆間不下十餘人，太半不能詳其出身，大抵不由科目也。

凡恩歲貢出身，皆可補御史，特近日罕見耳。王慶雲《石渠餘紀》云 [註64] ：「康熙二十年，定內三品、外督撫子弟又歲貢出身人員，不得考選御史。」

杭州將軍。未幾，復調充伊犂將軍。三年春入覲，疏言：「新疆邊遠，新政多數衍糜費，請一切罷去。專意練兵，以救危局。」即請練兵費一百萬。事下，度支部僅許二十萬，且靳不即予。志銳不能待，遂行。中途聞武昌變起。幕友勸少留，不可兼程進。卒於九月二十日到官。已而，蘭州兵嘩變，寧夏繼之。十一月十九日，伊兵亦變。夜猝據南北兩庫，進圍軍署，教練官春勳、武巡捕劉從德迎門，格鬭死。欲擁為都督，不從，遂遇害。事詳《新疆篇》中。事聞，贈太子少保，予諡文貞。志銳少負奇氣，好飲酒賦詩，文采爛然，而幼嫻武事，善騎射，能馳馬發槍命中。後出入邊陲垂二十年，備知關山阨塞，強鄰狡計。習苦耐勞，晚近滿臣中最為傑出。其息爭一疏，天下傳誦到今。結處簡練雄駿，最近班史。此與前趙爾豐、謝寶勝諸篇，為傳中最精警文字。另，其傳可參佚名《清故伊？將軍文貞公行狀》、《清史稿》卷四百七十《志銳傳》、吳慶坻《辛亥殉難記・志將軍傳》。

[註60] 清・王家相《清秘述聞續》卷十五《同考官類三・咸豐八年戊午科順天鄉試》：宗人府主事宗室麟書，字芝莪，正黃旗人，丙辰進士。

[註61] 錢大昕撰《元史氏族表》三卷。

[註62] 清・戴璐輯，清・王家相重訂，清・李恩慶續輯，清・劉恩溥增續《國朝六科漢給事中題名錄（清順治元年至光緒十三年）》，清光緒三十年增補刻本，俟訪。

[註63] 清・姚鼐《惜抱軒詩文集》文集卷十二《副都統朱公墓誌銘》。

[註64] 見清・王慶雲《石渠餘紀》卷二《紀科道》。

《禮運》：「故人者，其天地之德，陰陽之交，鬼神之會，五行之秀氣也。」鄭《注》云：「言人兼此氣性純也。」程子論性兼論氣，蓋闇與此合。《經》但言氣，而鄭君以「性」字補之，其義甚精。《正義》云：「言人感五行秀異之氣，故有仁義禮智信，是五行之秀氣也。」此論性兼論氣，而未嘗歧而二之。後世戢山、梨洲之說，亦不出此。《〈昏義〉注》云：「言子受氣性純則孝」，亦兼氣性言。〔註65〕

《禮器》：「經禮三百，曲禮三千，其致一也。」鄭《注》：「一謂誠也。」「未有入室而不由戶者」，《注》：「三百、三千，皆由誠也。」《禮器》多與《中庸》相通。朱子注《中庸》，固宜採用鄭義矣。

《中庸正義》云：「感五行，在人為五常。得其清氣備者則為聖人，得其濁氣簡者則為愚人。降聖以下，愚人以上，所稟或多或少。」此條言氣質之性至為明塙。陸清獻跋《經典釋文》，謂「《注疏》乃程朱所自出」〔註66〕，此類是也，可謂知言矣。

有問玉堂為翰林之稱始於何時，余案《劉元城語錄》云〔註67〕：「太宗嘗

〔註65〕眉批：「以下三條經義。」
〔註66〕清‧陸隴其《三魚堂集》文集卷四《經典釋文跋》：
陸德明《經典釋文》三十卷，其二十九卷則《易》、《書》、《詩》、《三禮》、《春秋三傳》、《孝經》、《論語》、《老》、《莊》、《爾雅》之音義，其第一卷則《序錄》也。雖其列《老》、《莊》於《爾雅》之上，未免不倫，然其有功經傳亦多矣。自刊諸經注疏者，將音義附各條下，學者遂不復見此書之全。辛酉季春，余在虞山，葉子石君以家藏抄本示我，始獲睹德明本來面目。雖音義都已散見各經，然如費氏之以《象》《象》《文言》附卦爻，杜氏之以《左氏傳》附《經》，范望之以《太玄》贊散於八十一首之下，先儒往往病其變亂古訓，則此書惡可不存其舊耶？惜乎世俗滔滔好古者、鮮工詩賦者，既視經學為迂潤，學程、朱者又以漢注唐疏為淺陋，而古書日就湮沒，不知注疏乃程、朱之所自出也。孔子從周，尚拳拳於夏殷之禮，孰謂漢唐諸儒之書遂可弁髦視之也哉？
〔註67〕宋‧馬永卿《元城語錄》卷下：
先生與僕論官制，因言及玉堂故事。先生曰：「且如玉堂兩字，人多不解。太宗皇帝常飛白題翰林學士院曰玉堂之廬。蓋此四字出於《李尋傳》。且玉堂殿名也，而待詔者有直廬在其側。李尋時待詔黃門，故曰久污玉堂之廬。至英廟嗣位乃徹去。及元豐中，有翰林學士上言，乞摘去二字，復榜院門，以為臣下光寵，詔可。是乞以殿名名其院也，不遜甚矣。」因檢《漢書》，蓋漢之待詔者，或在公交車，或在金馬門，或在宦者廬，或在黃門。時李尋待詔黃門，哀帝使侍中往問災異，對曰：「臣尋位卑術淺，過隨眾賢，待詔食太官，衣御府，久污玉堂之廬。」師古曰：「玉堂殿在未央宮。然制度不見其詳。」獨《翼奉傳》略載之。奉嘗上疏曰：「漢德隆盛，在於孝文皇帝，躬行節儉，外省繇役。其時未有甘泉、建章及上林中諸離宮館也。未央宮又無高門、武臺、麒麟、鳳凰、白虎、玉堂、金華之殿，獨有前殿、曲臺、漸臺、宣室、

飛白題翰林學士院曰玉堂之廬」，蓋出於此。元城又云：「此四字出《李尋傳》。玉堂者，殿名也，而待詔者有直廬在其側。李尋時待詔黃門，故曰久污玉堂之廬。英廟嗣位乃撤去。及元豐中，有學士上言，乞摘玉堂二字榜院門，詔可，是以殿名名其院也，不遜甚矣。」案：此亦何所為不遜？元城之語稍過。師古曰：「玉堂在未央宮。」又翼奉言文帝時無玉堂，則武帝所造也。後漢亦有玉堂。《靈帝紀》：「光和元年七月，青虹見御坐玉堂後殿庭中。」《注》引《洛陽宮殿名》：「南宮有玉堂前後殿。」〔註68〕

《左傳》襄二十五年，《正義》：「魏晉儀注寫章表別起行頭者，謂之跳出。」此擡寫之始。

楊士聰明末人。《玉堂薈記》卷上云〔註69〕：「昊天上帝，人主所尊敬，但從來無高擡之例。即祖宗等字，不過與皇上並擡。今上謂與祖宗並列，意有未安。令章奏遇祖宗字，各加高一字，誠尊祖敬宗之意。至天與上帝至尊無名，安用高擡？欲尊之而反同於人類，褻矣。」據此，則今時章奏試卷等皆有擡寫三格之例，自崇禎始也。

葉水心《習學記言》純雜各半，余最愛一條，云〔註70〕：「居君子位，為庶人行，誠後世通患。然師友議論以此自責則可，以此教人主責士大夫則不可。蓋人主當化小人以有恥，不當疑君子以無恥也。疑君子以無恥，則人才掃地，不可振矣。」夫疑且不可，況彰明較著，斥以無恥、喪天良小人之類乎？人才由是不振，四維由是不張，而交侵之禍亟矣，非不幸也。〔註71〕

承明耳。」以此考之，則玉堂殿乃武帝所造也。僕後以問先生，先生曰然。

〔註68〕眉批：第一條漫漶不清，第二條：「以下三條掌故。」

〔註69〕見清・楊士聰《玉堂薈記》卷一。

〔註70〕見宋・葉適《習學記言序目》卷二十三《漢書・傳》。
另，《四庫全書總目》卷一百十七《子部二十七》雜家類一著錄此書，曰：其書乃輯錄經史百氏各為論述，條列成編。凡經十四卷，諸子七卷，史二十五卷，文鑒四卷。所論喜為新奇，不屑摭拾陳語，故陳振孫《書錄解題》謂其文刻峭精工，而義理未得為純明正大。劉克莊為趙虛齋作《注莊子序》，亦稱其講學析理，多異先儒。今觀其書，如謂太極生兩儀等語為文淺義陋，謂檀弓膚率於義理，而謇縮於文詞，謂孟子、子產不知為政，仲尼不為已甚，語皆未當，此類誠不免於駭俗。然如論讀詩者專溺舊文，不得詩意，盡去本序，其失愈多；言《國語》非左氏所作，以及考子思生卒年月，斥漢人言洪範五行災異之非；皆能確有所見，足與其雄辨之才相副。至於論唐史諸條，往往為宋事而發，於治亂通變之原，言之最悉，其識尤未易及。特當宋之末世，方恪守洛、閩之言，而適獨不免於同異，故振孫等不滿之耳。

〔註71〕眉批：「諸子。」

水心又云〔註72〕：「古人以用材為難，故曰『在知人』，曰『聿求』，曰『籲俊』，曰『旁招』。至季世始以材得自用為難。《烝民》所誦仲山甫，漢蕭、張、邴、魏近之矣。」此言沉痛。蓋後世人主以爵祿奔走天下，上之懷才氣者隱忍以就功名，學問、道術、政治久已異於三代矣。其獲尺寸之效者，皆勉強以自用耳。論世者豈復能以一切責之乎！〔註73〕

余謂欲振中國之人才，必自廢科目始。三代以下與三代以上，立國之本固異。然其由本及末，使之無一事不異者，則科舉之學為之也。選舉行而世祿廢，科目行而選舉又廢，然其弊則皆歸於不得人才。謂漢魏之選舉不如周人之世祿，漢人不任受也。謂唐宋以來之科目不如漢魏之選舉，唐人亦不任受也。至於積弊之久，則或思多設科目，或思復用辟除，然皆思所以取，而不思所以教。夫人材必待其自成而後用，則無論選舉，無論科目，要之均是人耳。其生而遇漢魏，則質之美者自盡孝悌廉讓之節。即中人以上，亦矯取以成其名，其效可以重名節，而於國家之大政事、大利害不相涉也。非無其人足以任大事、捍大災者，特不關選舉所成就耳。科目亦然。其生而遇唐宋以來，則材之憂者能習經史文章之籍。即資之魯者，亦篤學以通其藝，其效可以華國，故而於國家之大政事、大利害亦不相涉也。且無論用選舉、用科目，其大患皆在誘天下以利祿，而束天下於一途，於是萬事俱廢，九流並塞，而儒家一門獨承其弊，國家亦並受其弊。千年以來，士人所講誦者，朝廷所鼓舞者，及變法之後返而觀之，可笑噱也。或曰：「子言廢科目，則何以取士乎？」余應之曰：「吾欲廢科目，乃正所以存科目耳。吾不欲重言取士，吾欲重言教士。教士不獨使之儒也，農事亦教之，工事商事亦教之，兵事亦教之，刑法之事亦教之。且不獨教以典籍也，工匠之事、技擊之用、醫藥之法、操舟御車之宜，凡生人所有用者，亦並教之。教之之法，廣儲書籍使得通知古今，多備器物使得易為省覽，嚴定課程使得不懈，寬為收取使得不怨。其條目之細密，規模之廣遠，則剏法者自有成算，非一時所能悉數也。如此行之，十年而大變。三十年以後，人才足用，可以不受外侮矣。惟人心之變，其疾如風。此弊既挽，將生他弊。若何調劑而後愜中，是在繼守之人，而天心與世運關焉，可勿預期耳。」〔註74〕

〔註72〕見宋・葉適《習學記言序目》卷二十八《三國志・吳志》。
〔註73〕眉批：「諸子。」
〔註74〕眉批：「□（按：殘，疑是「治」）略。」

　　魏冰叔《日錄襍說》云〔註75〕：「末季官無大小，然自宰相至倉驛吏，猶皆各有所事。若學官則自增索贄禮外，無一事矣。天下之有名無實者，莫此為甚。」余謂學官既失其職，而二百年來士大夫猶知學術者，書院師長之力也。因其舊法，思所變通，度不甚難耳。〔註76〕

　　偶閱《熙朝宰輔錄》，于文襄下書「令稱〔註77〕疾，尋卒」。〔註78〕記蘭甫師所云：「聞之前輩，于文襄之處置，實用翟方進故事〔註79〕也。」此條足

〔註75〕　見清・魏禧《日錄雜說》。
〔註76〕　眉批：「治略。」
〔註77〕　「稱」，清・潘世恩《熙朝宰輔錄》作「請」。
〔註78〕　《清史稿》卷三百十九《于敏中傳》：
　　　　　敏中為軍機大臣久，頗接外吏，通聲氣。三十九年，內監高雲從漏泄朱批道府記載，下廷臣鞫治。雲從言敏中嘗向詢問記載，及雲從買地涉訟，嘗乞敏中囑託府尹蔣賜棨。上面詰，敏中引罪，詔切責之曰：「內廷諸臣與內監交涉，一言及私，即當據實奏聞。朕方嘉其持正，重治若輩之罪，豈肯轉答奏參者？于敏中侍朕左右有年，豈尚不知朕而為此隱忍耶？于敏中日蒙召對，朕何所不言？何至轉向內監探詢消息？自川省用兵以來，敏中承旨有勞。大功告竣，朕欲如張廷玉例，領以世職。今事垂成，敏中乃有此事，是其福澤有限，不能受朕深恩，寧不痛自愧悔？免其治罪，嚴加議處。」部議革職，詔從寬留任。四十一年，金川平，詔嘉其勞勤，過失可原，仍列功臣，給一等輕車都尉，世襲罔替。四十四年，病喘，遣醫視，賜人蔘。卒，優詔賜恤，祭葬如例，祀賢良祠，諡文襄。
〔註79〕　《漢書》卷八十四《翟方進傳》：
　　　　　為相九歲，綏和二年春熒惑守心，尋奏記言：「應變之權，君侯所自明。往者數白，三光垂象，變動見端，山川水泉，反理視患，民人訛謠，斥事感名。三者既效，可為寒心。今提揚眉，矢貫中，狼奮角，弓且張，金歷庫，土逆度，輔湛沒，火守舍，萬歲之期，近慎朝暮。上無惻怛濟世之功，下無推讓避賢之效，欲當大位，為具臣以全身，難矣！大責日加，安得但保斥逐之戮？閣府三百餘人，唯君侯擇其中，與盡節轉凶。」方進憂之，不知所出。會郎賁麗善為星，言大臣宜當之。上乃召見方進。還歸，未及引決，上遂賜冊曰：「皇帝問丞相：君有孔子之慮，孟賁之勇，朕嘉與君同心一意，庶幾有成。惟君登位，於今十年，災害並臻，民被飢餓，加以疾疫溺死，關門牡開，失國守備，盜賊黨輩。吏民殘賊，毆殺良民，斷獄歲歲多前。上書言事，交錯道路，懷奸朋黨，相為隱蔽，皆亡忠慮，群下凶凶，更相嫉妒，其咎安在？觀君之治，無欲輔朕富民便安元元之念。間者郡國穀雖頗孰，百姓不足者尚眾，前去城郭，未能盡還，夙夜未嘗忘焉。朕惟往時之用，與今一也，百僚用度各有數。君不量多少，一聽群下言，用度不足，奏請一切增賦，稅城郭埲及園田，過更，算馬牛羊，增益鹽鐵，變更無常。朕既不明，隨奏許可，後議者以為不便，制詔下君，君云賣酒醪。後請止，未盡月覆奏議令賣酒醪。朕誠怪君，何持容容之計，無忠固意，將何以輔朕帥道群下？而欲久蒙顯尊之位，豈不難哉！傳曰：『高而不危，所以長守貴也。』欲退君位，尚未忍。君其孰念詳計，塞絕奸原，憂國如家，務便百姓以輔朕。朕既已改，君其自思，強食

以參證。惜王定九下不略記其屍諫之事。即用前例，宜以暴卒書之。〔註80〕

　　星命家子與丑合、寅與亥合之類，本《周禮·大師》鄭《注》，術數家罕能言其故者，惟顧亭林《日知錄》著之〔註81〕。〔註82〕

─────────

慎職。使尚書令賜君上尊酒十石，養牛一，君審處焉。」方進即日自殺。

〔註80〕眉批：「軼聞。」
民國·天台野叟著《大清見聞錄》中冊《名人逸事·于文襄出缺之異聞》：金壇于文襄在高宗朝為漢首揆，執政最久，恩禮優渥。輔臣不由軍功而錫世爵者，桐城張文和廷玉而外，文襄一人而已。〔新疆底定時，文襄以帷幄贊襄之勞，錫一等輕車都尉世職。〕然世頗傳其非考終者。云文襄晚年，偶有小病，請假數日，上遽賜以陀羅經被，文襄悟旨，即飲鴆死。武進管繩若侍御《韞山堂集》，有代九卿公祭文襄文，中四語云：「欲其速愈，載錫之參。欲其目睹，載賵之衾。」乃知陀羅經被之賞，固當時實錄也。經被之為物，乃一二品大員卒於京邸者，例皆有之，並非殊恩異數。以文襄眷眷之隆，身後奚慮不能得此，而必及其未死以前，冒豫凶事之戒，使其目睹以為快耶？此中殆必別有不可宣布之隱。故特藉兩漢災異策免三公故事，以曲全恩禮。如孝成之於翟方進耳。清代雍正以前，漢大臣居政地者，雖無赫赫之功，然大抵輕輕自守，不肯以權勢自肆。洎張文和當國，風氣始一變。而文襄實承其衣鉢，士大夫之浮薄者紛紛趨其門下，權勢赫弈，炙手可熱。清初諸老剛正謹厚之風，至是乃如闞文乘馬矣。以高宗之聰察，豈有不燭其隱者？文襄之禍，實由自取。昔文和晚年以致仕歸里，陛辭日要請宣布配享清世宗廟庭之旨，致觸上怒，下詔譴責，撤其配享。及其薨也，以配享為先朝所許，復下詔還之。其用意殆與此舉同。雄主之駕馭臣工，真有非常情所能測度者矣。

〔註81〕清·顧炎武《日知錄》卷五《斗與辰合》：
《周禮·大司樂》注：「此據十二辰之斗建與日辰相配合，皆以陽律為之主，陰呂來合之。是以《大師》云：『掌六律六同，以合陰陽之聲。』」「黃鐘，子之氣也，十一月建焉，而辰在星紀。大呂，丑之氣也，十二月建焉，而辰在玄枵。」故「奏黃鐘，歌大呂，以祀天神」。〔五行家言子與丑合。〕「大蔟，寅之氣也，正月建焉，而辰在娵訾。應鐘，亥之氣也，十月建焉，而辰在析木。」故「奏大蔟，歌應鐘，以祀地祇」。〔寅與亥合。《南齊書·禮志》：「太常丞何諲之議禮『孟春之月，擇元辰，躬耕帝籍』，鄭《注》云：『元辰，蓋郊後吉亥也。』五行說十二辰為六合，寅與亥合，建寅月東耕，取月建與日辰合也。」〕「姑洗，辰之氣也，三月建焉，而辰在大梁。南呂，酉之氣也，八月建焉，而辰在壽星。」故「奏姑洗，歌南呂，以祀四望」。〔辰與酉合。〕「蕤賓，午之氣也，五月建焉，而辰在鶉首。林鐘，未之氣也，六月建焉，而辰在鶉火。」故「奏蕤賓，歌南鐘，〔林鐘也。〕以祭山川」。〔午與未合。〕「仲呂，巳之氣也，四月建焉，而辰在實沈。夷則，申之氣也，七月建焉，而辰在鶉尾。」故「奏夷則，歌小呂，〔仲呂也。〕以享先妣」。〔巳與申合。〕「夾鐘，卯之氣也，二月建焉，而辰在降婁。無射，戌之氣也，九月建焉，而辰在大火。」故「奏無射，歌夾鐘，以享先祖」。〔卯與戌合。〕《太玄經》所謂：「斗振天而進，日違天而退。」先王作樂，以象天地，其必有以合之矣。

〔註82〕眉批：「以下五條術數。」

　　世傳《三命通會》極重拱祿〔註83〕，而於《珞琭子賦》「得一分三」之說〔註84〕遺而不載。又古術重納音〔註85〕，重胎元〔註86〕，近世術數家亦日趨苟簡。古說之繁賾難解者太半不傳，其不能征驗必也。

　　薛鳳祚敘《天步真源》〔註87〕云：「土脈紆曲，皆作本地，北極出地之度。木理迴旋，皆向本地，北極出地之方。有形有生皆然，而況於人！」此西學推原星命之極有理致者。

　　《左傳》昭十七年，《正義》曰：「陰陽書有五行嫁娶之法，火畏水故，以丁為壬妃。」此即甲與己合、丁與壬合、戊與癸合之說。

　　寅午戌會火局，火生於寅木也。申子辰會水局，水生於申金也。獨金生於巳，不解其故。及讀《鹽鐵論·論菑篇》，大夫以此為問，文學曰：「兵者，兇器也。甲堅兵利，為天下殃。以母制子，故能久長。聖人法之，厭而不陽。」然後知古義如此，不必以巳為土也。

　　《皇朝諡法考》：閩浙總督蘇昌諡愨勤。《滿洲名臣傳》作「恪勤」。〔註88〕

　　理藩院尚書新柱諡勤肅。按：新柱，乾隆三十二年授盛京將軍，三十三年卒。此處當書盛京將軍前理藩院尚書。

〔註83〕宋·徐子平《珞琭子賦注》卷下：
　　王廷光曰：「鬼谷子云祿馬在望，則官崇而位顯。譬之癸祿在子，子之前後辰遇癸，四柱得之者曰夾祿，又謂之拱祿。」
　　明·萬民英《星學大成》卷二《星曜圖例·論拱祿交祿暗祿》：
　　拱祿者，戊辰生人見丙午，丙午生人見戊辰，丁巳生人見己未，己未生人見丁巳，前後相拱，只此四位，是其他不繫。
　　按：明·萬民英《三命通會》頗有關涉拱祿之處。如卷六有《拱祿拱貴》一節。
〔註84〕宋·徐子平《珞琭子賦注》卷下：
　　無合有合，後學難知。得一分三，前賢不載。
　　王廷光曰：道立於兩，成於三，變於五，而天地之數具。其十也，耦之而已。蓋五行皆有耦。推而散之，無所不通。然耦之中又有耦焉，故萬物之變道至於無窮也。《易》立象以盡意，為言之不可盡意也。何獨《易》也，所謂「無合有合」者亦然。且如甲己之合，甲不見己而見午亦然也，蓋午中有己也。此乃「無合有合」者也。得一分二者，甲祿得巳為一合也，得午為二合也，得亥為三合也。亥之與寅，支合也。此乃得一祿而為三合者也。
〔註85〕《李虛中命書》卷中：「六十納音者，配由十干十二支周而終之數也。」
〔註86〕明·萬民英《三命通會》卷二《論胎元》：
　　夫胎者，受形之始，故《易》「乾知泰始」，以形言也。月者，成氣之時，故傳曰「積日為月」，以氣言也。今談命或不以胎月為重，殊不思胎月是四柱之根苗。
〔註87〕《叢書集成初編本》書名作《天步真原》。
〔註88〕眉批：「六條制度、軼聞。」

《樞垣紀略‧滿洲軍機章京題名》〔註89〕：博清額，滿洲，鑲黃旗人。乾隆間仕至理藩院尚書，諡恭勤。鮑子年《諡法考》失載此人。

又《考》中凡一家祖孫父子兄弟得諡者，皆注出，以紀盛事。而兩廣總督永保按：當書雲貴總督，襲伯爵。諡恪敏，實大學士勒文襄之弟；吏部尚書花沙納諡文定，實繼勇公德壯勇之孫；皆未注出。

近年以來，諡法極鄭重。大臣無勳績者多奉旨，毋庸予諡是也。然咸豐、同治間，為國殉難者，亦往往不得追諡，則似太過。乾隆間追諡明末忠藎，至二千二百四十九人。乃為本朝死難者，反靳其諡乎？要當予以通諡，斯為允洽。

《諡法考》於傅弘〔註90〕烈之官，題撫蠻滅寇大將軍。《國史列傳》無「大」字。恭讀乾隆四十五年命以傅弘烈入祀賢良祠諭旨〔註91〕，亦稱「聖祖授為撫蠻滅寇大將軍」，則諡法考非誤衍「大」字。

〔註89〕清‧吳孝銘《樞垣題名‧滿洲軍機章京題名》：
博清額。鑲黃旗，滿洲人。乾隆十七年□（開林按：原空一格。）月由戶部員外郎充補，官至理藩院尚書。諡恭勤。
〔註90〕「弘」，底本作「宏」。下同。
〔註91〕清‧王先謙《東華續錄‧乾隆一百十五》：
（乾隆五十七年三月）丁酉諭：朕覽《國史傳‧宏烈列傳》載其一生忠烈事實，甚堪嘉獎。傅宏烈任慶陽府知府時，即豫知吳三桂蓄謀不軌，首先訐告。及巡撫粵西，正值吳三桂倡亂之時，聖祖仁皇帝授為撫蠻滅寇大將軍，傅宏烈親統官兵，恢復梧潯等處，屢奏捷功，勞績懋著。嗣又密疏尚之信種種逆謀，請削其藩封，分其兵柄，陳詞剴切，備極忠誠。後為吳三桂逆黨馬承廕所紿，劫往貴陽，抗節不屈，罵賊捐軀。蒙聖祖仁皇帝優卹，賜諡並准祠祀桂林。世宗憲皇帝復敕入祀昭忠祠，以襃忠藎。朕披閱傳內所列事蹟，嘉其志節，良用憫焉。傅宏列著再入祀賢良祠，並令江西巡撫查明傅宏烈後嗣，有無官職，見執何業，據實具奏，以副朕篤念藎臣至意。
按：與文廷式所載時間不同。
清‧顧八代《敬一堂詩鈔》卷四《有感》：
制勝全憑算，破堅惟在精。鎮南偏許智，滅寇誤談兵。更惜交承廕，〔撫蠻滅寇大將軍傅公失機後，乃與降將馬承廕交善。一日，承廕招飲，隨汎舟而去。因無救援，尋見殺。〕空言遣費宏。〔公料承廕必叛，須遣將備於下游，斷其歸路。數言於蟒公，未之能從。既知傅公被害，悔無及矣。〕佇看舟去遠，未得救其生。
清‧陳康祺《壬癸藏劄記》卷三：
傅忠毅公巡撫廣西，佩撫蠻滅寇大將軍印，屢摧狂寇，崒然長城。
清‧劉獻廷《廣陽雜記》卷三：
值吳大將軍退南寧，而簡親王之兵猶未至，桂林城空，弘烈以七千人先據桂林，平粵西功第一，上授以撫蠻滅寇大將軍印，巡撫廣西。

《周官・牧師》：「中春通淫。」《注》：「《月令・季春》：『乃合累牛騰馬，遊牝於牧。』秦時書也。秦地寒涼，萬物後動。」《疏》云：「彼注不同，鄭君兩解也。」《禮記・月令》：「乘鸞路，駕倉龍，載青旂，衣青衣。」《注》云：「凡此車馬衣服，皆所取於殷時而有變焉，非周制也。周禮：朝祀戎獵車服，各以其事，不以四時為異。」「命太尉」，《注》云：「三王之官，有司馬，無太尉。秦官則有太尉。今俗人皆云周公作《月令》，未通於古。」「命大史釁龜筴」，《注》云：「《周禮・龜人》：『上春釁龜』，謂建寅之月也。秦以其歲首，使大史釁龜筴，與周異矣。」《正義》曰：「鄭之此注與《周禮》不同。」又按：《周禮・大卜》，《注》亦云：「《月令》，秦世之書。」又《正義》引鄭《目錄》云：「《月令》者，《呂氏春秋》十二月紀之首章。禮家好事抄合之，後人因題之曰《禮記》，言周公所作。」按：《月令》竊取四代之制，以為一王之法，此真呂不韋陰謀潰亂之書也。鄭君恐人誤信，故注而闢之，又著之於《目錄》，又著之於《周禮注》，而近人盧召弓、孫淵如猶用魯恭、蔡邕之言，以為周世所造，此正康成所斥為俗人者也。俞理初《癸巳類稿・〈月令〉非周書論》〔註92〕一篇，可謂助我張目者矣。〔註93〕

又鄭《注》屢稱「《今月令》」。按：《正義》言「《今月令》之本」，是也。又云：「《月令》出有先後，入《禮記》者為古，不入《禮記》者為今，則《呂氏春秋》是也。」〔註94〕按：此《疏》與鄭《目錄》正相違反，不可從。鄭

〔註92〕見清・俞正燮《癸巳類稿》卷三。

〔註93〕眉批：「以下六條經義。」

〔註94〕清・桂馥《札樸》卷一《溫經・今月令》：

鄭注《月令》「鴻雁來」，云：「《今月令》鴻皆為候。」《正義》云：「《月令》出有先後，入《禮記》者為古，不入《禮記》者為今，則《呂氏春秋》是也。」馥案：《古月令》謂明堂月令，《今月令》謂後漢所行之《月令》。鄭云：「漢始亦以驚蟄為正月中，雨水為二月節。」馥案：自劉歆作《三統曆》，改雨水為正月中，驚蟄為二月節，後漢遂有改定之月令，所謂《今月令》也。

清・洪頤煊《讀書叢錄》卷四《今月令》：

《月令》「鴻雁來」，鄭《注》：「《今月令》鴻皆為候。」《正義》：「《今月令》者，《月令》出有先後，入《禮記》者為古，不入《禮記》者為今，則《呂氏春秋》是也。」頤煊案：《說文》引《明堂月令》、蔡邕《月令章句》與此注《今月令》，皆後漢單行本，非《呂氏春秋》。

清・沈濤《銅熨斗齋隨筆》卷二《今月令》：

《月令・仲秋》「鴻雁來」，鄭《注》云：「《今月令》鴻皆為候。」《正義》曰：「《月令》出有先後，入《禮記》者為古，不入《禮記》者為今，則《呂氏春秋》是也。」濤案：孔說非是。《今月令》者，謂漢時《月令》，與《〈周禮・馮相氏〉注》「然則今曆非此也」，以漢曆為今曆同。康成既以《月令》為本，《呂氏春秋》又豈分別之為《今月令》乎？

君生東漢末，其傳寫本必有不同，故據新本以校舊本耳。《周官·萍氏》，《注》云：「鄭司農云：或為萍號起雨之萍。玄謂今《天問》『萍號』作『荓』。」是《楚辭》亦有兩本矣，豈復有先出後出之分歟？徐鼏《讀書雜釋》云〔註95〕：「按：鄭《注》引《今月令》十七條，與《呂覽》高《注》俱不合。蔡雲以為《今月令》即《明堂月令》，梁玉繩謂《今月令》乃漢時太史所上月曆〔註96〕，皆非也。《月令》：『田獵置罜，羅綱畢翳。』鄭《注》云：『《今月令》無罜翳為弋。』《太平御覽》引蔡氏《章句》云：『掩飛禽曰畢，繳矢曰弋。』是蔡正用《今月令》。」

《禮器》：「或素或青。」鄭《注》云：「變白黑言素青者，秦二世時，趙高欲作亂，或以青為黑，黑為黃，民言從之。至今語猶存也。」是鄭意以《禮器》為秦二世後書也。

《祭義》：「明命鬼神，以為黔首則。」《注》：「黔首謂民也。」《正義》曰：「案《史記》云：『秦命民曰黔首。』此記作在周末秦初，故稱黔首。此孔子言，非當秦世。『以為黔首』，錄記之人在後變改之耳。」

《左傳》昭二十五年，《正義》曰：「六國之時，始有單騎。《曲禮》云「前有車騎」者，《禮記》漢世書耳，《經典》無『騎』字也。」

《周禮·秋官·行夫》：「焉使則介之。」《注》：「故書曰夷使。鄭司農云：『夷使，使於四夷。』玄謂：『夷，發聲。』」《釋文》：「焉，劉音夷。」據此

清·陳鱣《簡莊疏記》卷九：

《月令》云：「鴻雁來。」《注》：「雁自南方來，將北反其居。《今月令》鴻皆為候。」《疏》：「《月令》出有先後，入《禮記》者為古，不入《禮記》者為今，則《呂氏春秋》是也。」按：《呂氏·孟春紀》云：「候雁北。」高《注》：「候時之雁，從彭蠡來，北過至北極之沙漠也。」盧學士云：「仲秋雁自北徼外而入中國，可以言來。若自南往北，非由南徼外也，侶不可以言來。《呂氏》作『候雁北』，當矣。」鱣謂《夏小正》云「雁北鄉」，《傳》：「先言雁而後言鄉者，何也？見雁而後數其鄉也。鄉者何也？鄉其居也。雁以北方為居，何以謂之為居？生且長焉耳。」《今月令》正與之合。

〔註95〕見清·徐鼏《讀書難釋》卷六《三禮·田獵置罜羅綱畢翳餕獸之藥毋出九門》。
〔註96〕清·梁玉繩《瞥記》一：

案：孔仲達說「《月令》出有先後，入《禮記》者為古，不入《禮記》者為今」。據鄭《目錄》，則《禮記·月令》即鈔合《呂氏春秋·十二月紀》之首章，竝無先後今古之分，仲達之言殊無所據。又鄭與高誘仝時，所見《呂覽》亦不應異仝若是。竊疑所謂《今月令》者，乃漢時太史所上月曆，非《呂覽》也。《後書·侯霸傳》：「每春下寬大之詔，行四時之令，皆霸所建。」是東漢自有所行《月令》矣。

則《老子》「信不足，焉有不信」亦當讀為「夷」。《論語》「焉不如丘之好學」，「焉」字亦發聲也。《禮記・三年問》「焉使倍之」，《釋文》：「焉猶然也。一云發聲也。」按：「一云發聲」則當讀為「夷」字。王伯申《經傳釋詞》釋「焉」字甚詳〔註97〕，而發聲之訓恰未之及，是其疏也。〔註98〕

《經傳釋詞》云：「為猶謂也。」予於《莊子》又得一證。《莊子・天運篇》：「子貢曰：『三王五帝之治天下不同，其係聲名一也，而先生獨以為非，聖人如何哉？』老聃曰：『小子少進，子何以謂不同？』」「以謂」即以為也。宋人多用「以謂」字，蓋本諸此。〔註99〕

徐仲虎建寅。《西遊雜記》〔註100〕云：「泰西語言文字，雖同用二十六字母，而各國亦稍有增減，且並法用法大有不同，言語即因而歧異。其用兵也，如法之於日耳曼、列邦普之於法郎西、俄之於土耳，其雖破其國，易其君，而卒不能撫有其地，非不欲也，勢不能也。不能者何？實由於語言文字之不同。如朝發一言而民莫之解，夕出一令而民莫之識，何以治其國？故英吉利之於印度，必擇本國世家子弟自幼遣往印度，習其方言，學成官之；又選印度子弟之聰穎者教以英之語言文字，學成用為書吏。欲其浸灌融洽，而英之法令始可漸行，乃肆其鯨吞蠶食也。我朝定鼎三百年，滿員廢事，雖不廢國書，然卒不能合天下之人皆用之，亦以國書無象形等類故也。若欲通萬國大一統者，惟倉聖所造之字能之。」余謂此以象形為可通行是也。蓋作字則人有不識，若畫一牛、畫一馬，則萬國皆知其為牛馬。象形者，繪畫之類也。然六書之事，象形祇其一端。若指事、會意，則必有不同之事、不可通之意；諧聲則必有不可合之聲。非萬有不齊，不足以見宇宙之大。中國之文字至繁難，學之者必積十餘年之功。故稍下之資，其精神即不能旁及。然而所存古學為多。列國文字簡易，民有餘力，以攻技蓺，故其國勢易強。然而無紆徐重固之心，不足以持久。如論大一統之治，當整齊其教法，因民而不必強民。五大洲數十萬萬人，可使其盡知孝悌，而文字語言及一切風氣取捨，原不必其同出一轍也。各國傳教之法，亦欲以印度待我也。其計至陰險，而其術則失之愚。〔註101〕

〔註97〕見清・王引之《經傳釋詞》卷二《焉》。
〔註98〕眉批：「小學」、「訓詁」。
〔註99〕眉批：「小學。」
〔註100〕《西遊雜記》不詳。徐建寅著《歐遊雜錄》二卷，未見此語。
〔註101〕眉批：「此條以下至《希臘志略》條，均方言。」

日本改制之後，始欲廢漢字，繼則欲限漢字，其意蓋知中國文字之有用，而特苦其繁難也。余謂博雅之士通知古今，何憚文字之繁。若俗儒陋生則不限之，而彼亦自限矣。惟將來譯音必設一整齊之法，如中國某音未備，則以某字讀如其音，或定用某某字二合三合。至各直省音讀之乖異者，亦遣輶軒使者漸變使可畫一，亦有裨實政之大端也。

《希臘志略》云〔註102〕：「周穆王時，腓尼基人已駕舟赴遠方經商，有以字母聯成之文。」又云：「腓人殫心勵學，習得諸般技藝，或國人自究察出，或由東方與南方諸國學來。」竊疑西人字母之學仍得之於印度，故其名物之稱頗有相同者。印度稱中國為支那，今西洋各國皆用之。又佛經稱橙柑之屬為阿練，西洋語亦然。

又言語異同，乃天地自然之氣。《希臘志略》云〔註103〕：「當往古無書史記事之先，里海東、蔥嶺西有一原族，實希族、意族並歐洲他族及北印度人生生之本源。是諸族中，器物稱名，大率相若。可知方言同即同為一族人。」余謂族類之分在言語，而言語之存在文字，故有文字相通，即保國聯民之要道也。故不可無繙譯者，所以知列國之情；不可使盡通翻譯者，所以固吾民之志。

《高僧傳》卷六《釋道融傳》：「師子國有一婆羅門，聰辯多學，西土俗書，罕不披誦，為彼國外道之宗。聞羅什在關大行佛法，乃謂其徒曰：『寧可使釋氏之風獨傳震旦，而吾等正化不洽東國？』遂乘駝負書，來入長安。」按：婆羅門教遠來中國，僅見於此，惜其書不傳。《隋書·經籍志》「小學」類有《婆羅門書》一卷，「曆數家」有《婆羅門算法》三卷、《婆羅門陰陽算曆》一卷、《婆羅門算經》三卷，「天文家」有《婆羅門天文經》二十一卷、婆羅門舍仙人所說。《婆羅門竭伽仙人天文說》三十卷、《婆羅門天文》一卷，「醫方」類有《婆羅門諸仙藥方》二十卷、《婆羅門藥方》五卷。又「五行家」有《竭伽仙人占夢書》一卷，亦婆羅門書也。今北印度亞格喇城內有答蘭城，英吉利人以為婆羅門舊都云。〔註104〕

《十誦律》卷十四：「佛遣婆羅門王阿耆達說偈云：『一切天中祠，供養火為最。婆羅門書中，薩毗帝為最。』」卷二十六同。惟「一切天中祠」作「若在天祠中」。又「薩毗」作「薩鞞」。此婆羅門之大旨。又卷二十六云：「有諸天祀，象走

〔註102〕兩則同出英·艾約瑟《希臘志略》第一卷《溯希臘人初始·希臘人腓尼基人》。

〔註103〕見艾約瑟《希臘志略》第一卷《溯希臘人初始·希族與他族聯屬》。

〔註104〕眉批：「宗教。」

所極，馬走所極，鳥飛所極。閃摩裟羅薩祀，尼羅伽羅祀。天祠中，非天祠中，分陀利華。以彼中祠、天祠肉不淨，沙門釋子不應噉。」此即所謂一切天祠也。《大智度論》卷五十六云：「昔摩伽陀國中，有婆羅門名摩伽，姓憍尸迦，有福德大智慧。知友三十三人，共修福德。命終，皆生須彌山頂第二天上。摩伽婆羅門為天主，三十二人為輔臣。以此三十三人故，名為三十三天。佛喚其本姓故，言憍尸迦。或言天主，或言千眼等。」案：此知婆羅門教即天主教。又〔註105〕卷七十云：「有人言天主即是世界始，造作吉凶，禍福天地萬物。此法滅時，天還攝取。」此天主教之要說，西洋各國至今行之。〔註106〕

《抱朴子〔註107〕·至理篇》曰：人在氣中，氣在人中。自天地至於萬物，無不須氣以生者也。《論仙篇》云：「外國作水精椀，實是合五種灰以作之。今交、廣多有得其法而鑄作之者。」皆合於化學之理。化學起於黃白家，西人之言亦如是。又《抱朴子·論仙》、《對俗》諸篇，極言世之有仙，此亦墟論。觀日本人所載木乃伊，木乃伊已見《輟耕錄》〔註108〕。《日本四艸考》〔註109〕

〔註105〕「又」下，稿本有「大智度」。
〔註106〕眉批：「宗教。」
　　　　稿本文末原作「今西洋人所信從，又屢變其說者也」，後刪改。
〔註107〕指《抱朴子內篇》。
〔註108〕元·陶宗儀《南村輟耕錄》卷三：
　　　　回回田地有年七八十歲老人，自願捨身濟眾者，絕不飲食，惟澡身啖蜜。經月，便溺皆蜜。既死，國人殮以石棺，仍滿用蜜浸，鐫志歲月於棺蓋，瘞之，俟百年啟封，則蜜劑也。凡人損折肢體，食匕許，立愈。雖彼中亦不多得。俗曰蜜人，番言木乃伊。
〔註109〕不詳。文廷式《文道希先生遺詩·仙詩有序》：
　　　　湘陰郭芋蓉言楚中神仙，晉有陶真人，元、明有李真人、麻衣孝子之流，皆以肉身成道。道光間，又有昭顯真人者，陳姓，業縫衣。事親孝，後忽得道，坐化山中，其屍不腐，鄉人奉之。咸豐間以護城功，封今號。近乃有強植枯臘，擬為登仙者，惑乃滋甚，略述名理，率爾成篇。
　　　　吾觀《輟耕錄》，始知木乃伊。〔《輟耕錄》作木乃夷，此從《四草考》作「伊」。〕倭人釋四草，亦復詳論之。身歿藉藥力，猶能千歲支。天竺重佛法，今猶有留遺。往往一入定，不寒而不飢。頂為鳥雀集，目若簾幕垂。彈指無罔明，遊山非遠師。欲待後佛出，其事多然疑。牛亨問物理，百昌本無知。西人謂草木，要復能睡癡。感動其寐性，不煩雨露滋。久久方喚醒，榮華未嘗衰。楚俗好神仙，傳派尤瓌奇。自晉迄今日，代有不朽屍。針刺即血出，日積還生髭。里閭競崇奉，雨旱時禳祈。朝命列祀典，民欲天不違。巫風遂成俗，亂拍家中鼬。蟲出口鼻閒，乃復棄路陲。開棺有嚴禁，當用國法治。至人在天壤，與世無成虧。小藏形無內，大揮霍兩儀。利己或由聃，御民或軒羲。賈人或為帝，室女或生兒。騎牛竟西行，攀龍杳難追。十字困雅素，雙林病末尼。來如希有鳥，

中述之尤詳，乃死而形不朽者。則無知之骨幹尚能存之千年，而況形神合鍊者哉？朱子詩云〔註110〕：「我欲往從之，飛昇諒非難。祇恐逆天道，偷生詎能安。」此言得之耳。〔註111〕

　　化學之理，以為人死之故，由於血管之小，不能化生新血。而血管漸小之故，則由於食物中所含土質漸漸壅塞。若能使血管千古如一，則千古不死也。然則煉丹者必能滌除渣滓，使之融釋，則無傷其外者，固當無死法，非謬說也。

　　《真誥·協昌期第二》云：「人臥靈宇，當令潔盛。」注云：「盛字是淨義。盛則受靈氣，不盛則受故氣。」按：「故氣」二字甚精。今西人亦主換氣之說，是養生家之舊旨也。《列子》曰〔註112〕：「天，積氣耳，亡處亡氣。人屈伸呼吸，終日在天中。」此《抱朴子》、《真誥》之所本。

　　《晉書〔註113〕·劉超傳》曰：「出補句容令，推誠於物，為百姓所懷。常年賦稅，主者常自四出結評百姓家資。至超，但作大函，郵別付之，使各自書家產，投函中訖，送還縣。百姓依實投上，課輸所入，有踰常年。」按：此即宋人手實之法〔註114〕。是東晉時家產皆有稅也。〔註115〕

　　唐德宗時，趙贊請稅間架、算除陌。其法：屋二架為間，上等價每間出錢二千，中等一千，下等五百。或貧無他財，獨守故業坐多屋出算者動數十

去如歘生芝。四大湊合身，何用自保持。就使更億齡，終返微塵微。朽滅同眾人，大道信坦夷。三宿輒留戀，毋乃識者嗤。嗟彼數子者，此病誰能醫。癰疽不決潰，休息尚未期。青寧則生程，腐草為蠋飛。萬形遞相壇，造化無停機。烏鳶與螻蟻，何不檀施為。胡為襲文繡，有若太廟犧。倚社群祀櫟，折草共撲著。將無鬼神守，或為狐魅依。翹然異萬形，豈謂和天倪。或云品匯物，大梵所兒嬉。搏之莫能散，呴之莫能吹。不亡以待盡，久亦不得辭。或云山澤臞，鍊精若凝脂。筋骸固結束，刀斧難刻劙。火傳薪不爐，日出露未晞。因緣時節至，脫然方得歸。落葉復其根，寧能憶來時。舉目皆方圓，勿傴矩與規。鈌心有仁義，乘願宏慈悲。星月何高高，吾寧所處卑。夜深鼠齧案，寒燈照空帷。縱論俯仰間，躔度密已移。素位可自得，前哲不吾欺。

〔註110〕見宋·朱熹《晦庵先生朱文公文集》卷四《齋居感興二十首》。
〔註111〕眉批：「以下三條理化。」
〔註112〕見《列子》卷一《天瑞第一》。「人」，《列子》作「若」。
〔註113〕見《晉書》卷七十。
〔註114〕宋·王應麟《困學紀聞》卷十《諸子》：
　　《地圓篇》云：「管仲之正天下也，其施七尺，〔施者，大尺之名。〕瀆田悉徙，五種無不宜。其立後而手實。〔謂立君以主之，手常握此地之實數。〕」手實之名，始見於此。呂惠卿因以行手實之法。蘇文忠論管仲之無後，利不可與民爭也，蓋有激云。
〔註115〕眉批：「以下三條掌故。」

萬，人不勝其苦。匿一間者，杖六十，告者賞錢五十貫，取於其家。除陌法，公私貿易，一貫舊算二十，加等算為五十，給與他物或兩者，約錢為率算之。市牙各給印紙，人買賣，隨署記，翌日合算之。有交易了用牙者，給其私簿。無私簿者投狀。自奪其有隱錢百者，沒入；二千，杖六十；告者十千，取其家資。法既行，而主人市牙得專其柄，率多隱盜，公私所入，曾不得半，怨聲喧然。至興元元年正月放罷。出《唐·食貨志》及《近事會元》卷三〔註116〕。案：此等法，外夷現行之。兵事起，乏用，則人人請行之，晉、唐不足怪。然能衛民，能富民，外夷略有其本。若上下之情不通，無事而恣意搜括，半以供濫支，半以肥滑吏，則不知愛民之甚者矣。

《周官·小司徒》：「頒比法於六鄉之大夫，使各登其鄉之眾寡、六畜、車輦，辨其物，以歲時入其數，以施政教，行徵令。」鄭《注》云：「物，家中之財。『歲時入其數』，若今四時言事。」賈《疏》云：「漢承周後，四時入其數。今時日役簿皆在於冬。」延式案：依此而言，則周、漢以來，凡民家之財產，在官皆有簿籍。至唐初猶然。然特為役法而設，非如東晉之別有課輸也。

〔註116〕 按：《舊唐書》卷一百三十五《盧杞傳》亦有相近記載：

明年六月，趙贊又請稅間架、算除陌。凡屋兩架為一間，分為三等：上等每間二千，中等一千，下等五百。所由吏秉筆執籌，入人第舍而計之。凡沒一間，杖六十，告者賞錢五十貫文。除陌法，天下公私給與貿易，率一貫舊算二十，益加算為五十，給與物或兩換者，約錢為率算之。市主人牙子各給印紙，人有買賣，隨自署記，翌日合算之。有自貿易不用市牙子者，驗其私簿，投狀自其有私簿投狀。其有隱錢百，沒入；二千，杖六十；告者賞錢十千，出於其家。法既行，主人市牙得專其柄，率多隱盜，公家所入，百不得半，怨讟之聲，囂然滿於天下。及十月，涇師犯闕，亂兵呼於市曰：「不奪汝商戶僦質矣！不稅汝間架除陌矣！」是時人心悉怨，涇師乘間謀亂，奉天之奔播，職杞之由。故天下無賢不肖，視杞如仇。

另，宋·范祖禹《唐鑒》卷十三《德宗二》：

五月初，行稅間架、除陌錢法。時河東、澤潞、河陽、朔方四軍屯魏縣，神策、永平、宣武、淮南、浙西、荊南、江西、沔鄂、湖南、黔中、劍南、嶺南諸軍環淮寧之境。舊制：諸道軍出境，則仰給度支。帝優恤將士，每出境，加給酒肉，本道糧仍給其家，一人兼三人之給，故將士利之。各出境纔踰境而止，月費錢百三十餘萬緡，常賦不能。供判度支趙贊乃奏行二法：所謂稅間架者，每屋兩架者為間，上屋稅錢二千，中稅千，下稅五百，吏執筆握算，入人室廬計其數。或有宅屋多而無它資者，出錢動數百緡。敢匿一間，杖六十，賞告者錢五十緡。所謂除陌錢者，公私給與及賣買，每緡官留五十錢，給它物及相貿易者，約錢為率。敢隱錢百，杖六十，罰錢二千，賞告者錢十緡，其賞錢皆出坐事之家。於是愁怨之聲，聞於遠近。

《北史〔註117〕‧蘇威傳》云：「初，威父綽在魏，為徵稅法，頗稱為重。既而歎曰：『所為正如張弓，非平世法也。後之君子，誰能弛乎？』威聞其言。至是，奏減賦役，隋文從之。」余謂若能張弛隨時，斯得理財之善經矣。

張湛《注列子序》云：「列子所明，往往與佛經相參。」今案：處度所注，尤精佛理。略錄數事，以備晉人談禪之一家。如云〔註118〕：「有何由而生？忽爾而自生。忽爾而自生，而不知其所以生。不知所以生，生則本同於無。」此即佛家即色即空義也。按：《列子》云「有形者生於無形」，與《老子》「有生於無」義同，而《注》云：「謂之生者則不死，無者則不生，故有無之不相生，理既然矣。」是明與列子相反。又云〔註119〕：「有形必有影，有聲必有響，此自然而並生，俱出而俱沒，豈有相資前後之差哉？」此佛家即妄即真之義也。按：《列子》引《黃帝書》曰：「形動不生形而生影，聲動不生聲而生響」，明言所生，不言俱生。處度此《注》雖符竺乾之說，實異軒轅之旨。又云〔註120〕：「人之神氣與眾生不殊。」此佛家佛與眾生不別之說也。又云〔註121〕：「神凝形廢，無待於外，則視聽不資眼耳，臭味不賴鼻口〔註122〕」。此佛家一心處處能緣之說也。又云〔註123〕：「因心以刳心，借智以去智，心智之累誠盡，然所遣心智之跡猶存。明夫至理非用心之所體忘，言之則有餘暇矣。」此佛家言語道斷知行處滅之說也。又孔子「博學多識」〔註124〕，《注》云：「示現博學多識耳。」此佛家三乘十二部無非權教之說也。推其所言，多資般若，大抵求深於《列子》，兼涉於玄門。晉人說經，尚多此弊。處度以注道家，尚為善用所長。明釋德清之注《莊》、《老》，說理尤實而華詞，遜此多矣。〔註125〕

溫公《潛虛》好言神，實非《易》理，且所言亦多未諦。《盧》之五曰：「萬物之神，出天入塵夫。」既言神，則何出何入乎？《蠱》之上曰：「龍蛇之蟄，以存神也。」《易大傳》言「存身」〔註126〕則可，言「存神」則何待於蟄乎？又多採《老子》之說。《柔》之三曰：「齒剛必缺，久存者舌。」

〔註117〕見《北史》卷六十三。
〔註118〕見《列子》卷一《天瑞第一》注。
〔註119〕見《列子》卷一《天瑞第一》注。
〔註120〕見《列子》卷一《天瑞第一》注。
〔註121〕見《列子》卷二《黃帝第二》注。
〔註122〕「口」，刻本原作「目」，據稿本改。張湛《注》亦作「口」。
〔註123〕見《列子》卷二《黃帝第二》注。
〔註124〕《列子》卷四《仲尼第四》：「然則丘博學多識者也。」
〔註125〕眉批：「佛學。」
〔註126〕《周易‧繫辭下》：「龍蛇之蟄，以存身也。」

〔註127〕《妥》之初曰：「藏心於虛，非有非無。」《賓》之二曰：「三十幅共一轂。」兼用道家。溫公學術人品，本在於是。至於《禮》之二曰：「謂祖無知，謂天可欺，謂祭何為。解曰：謂祭何為，心傲忽〔註128〕也。」《又》之二曰：「政令苛細，遺大得細，上勞下敝。解曰：上勞下敝，不知要也。」此則專就當時時事立言，微嫌近於淺露。邵康節謂「君實九分人」〔註129〕，非不滿於溫公，蓋實以溫公言理有明而未融之處耳。〔註130〕

　　《國史・覺羅武默納傳》載康熙十六年奉命訪長白山事。其時，新建曹家甲偕行。其說載《地理原本說續編》〔註131〕，幼時曾得見其書，惜不復記憶。〔註132〕

　　陳京卿師《東塾文集・喪服說》〔註133〕云：「喪服之大限三：期也，功也，緦也。其三年者，期之加隆焉者也。其大功、小功者，功之分焉者也。上治下治，皆至三而止。旁治則有大功，有小功，至四而止也。其間參差不齊者有二焉：昆弟之曾孫無服而族曾祖父有服，族祖父有服而從昆弟之孫無服。故學者疑焉。余竊推求禮意，而知族曾祖父本可無服，其有服者，以曾祖齊衰而非緦故也；從父昆弟之孫本可有服，其無服者，以昆弟之曾孫無服故也。」廷式案：鄭君《注》以族祖父有服推高祖有服，固與經意稍異。京卿師用程易疇說〔註134〕，而以曾祖曾孫推之，恐亦未盡經意也。「小功章」從母，《傳》

〔註127〕漢・劉向《說苑》說苑卷十《敬慎》：
　　　　常摐有疾，老子往問焉，曰：「先生疾甚矣，無遺教可以語諸弟子者乎？」常摐曰：「子雖不問，吾將語子。」常摐曰：「過故鄉而下車，子知之乎？」老子曰：「過故鄉而下車，非謂其不忘故耶？」常摐曰：「嘻，是已。」常摐曰：「過喬木而趨，子知之乎？」老子曰：「過喬木而趨，非謂敬老耶？」常摐曰：「嘻，是已。」張其口而示老子曰：「吾舌存乎？」老子曰：「然。」「吾齒存乎？」老子曰：「亡。」常摐曰：「子知之乎？」老子曰：「夫舌之存也，豈非以其柔耶？齒之亡也，豈非以其剛耶？」常摐曰：「嘻，是已。天下之事已盡矣，無以復語子哉！」
〔註128〕「傲忽」，明・黃宗羲《宋元學案》卷八《涑水學案》同。清・蘇天木《潛虛述義》作「徼息」。
〔註129〕見宋・邵伯溫《聞見前錄》卷十八。
〔註130〕眉批：「諸子。」
〔註131〕清・曹家甲《曹安峰地理原本說》四卷，清乾隆二年（1737）刻本，俟訪。
〔註132〕眉批：「軼聞。」
〔註133〕見清・陳澧《東塾集》卷一。
〔註134〕陳澧《喪服說》：「上治下治之三限、旁治之四限，程易田已得其解。而參差不齊之二事，則易田未解，故說此以明之。」按：清・程瑤田《儀禮喪服文足徵記》有《上殺下殺旁殺數世本末源流表》、《上下治旁治推至服窮親殺屬

曰：「何以小功也？以名加也。」「緦麻三月」章士為庶母，《傳》曰：「何以緦
也？以名服也。」異姓有母名，則從重服之同姓。有父名得不重而服之乎？
族曾祖父本可不制服，其制緦服者，以名服也。族祖父無報服，則或可以昆
弟之曾孫無服比例得之耳。〔註135〕

　　《宋元學案》卷九十一於安默庵隱君僅寥寥數行〔註136〕，蓋未見《默庵
集》也。余案：《默庵集・記齋》〔註137〕云：「予少與白霫烏君叔備友，講論
從容，無日不相從也。歲丁亥，叔備始從容城劉先生受學。凡所授精微之言，
某亦得與聞其一二，由是始慨然有志於正學，而不迷於所向者，皆自先生之
語發之也。自此益相親厚，每一來，所聞必益超絕。蓋欲相率同門以卒此業
者，於今七年矣，不幸未能得遂。叔備南去，𡗝𡗝獨立，積惰無成，而先生
亦既謝世。勉力大業之志，卒不能少遂也。」此其私淑靜修之始末也。又有
《祭劉先生文》云〔註138〕：「矧惟先生，至誠樂育。憐某之愚，欲淑教之。謂
我當來，政此閒適。斯言在耳，耿耿如存。」則默庵之於靜修，非惟私淑，且
通音問矣。其《與叔父書》云〔註139〕：「某自少聞汎翁先生道學之裔，即心悅
而誠服之，慨然有求道之志。」汎翁亦靜修別號歟〔註140〕？〔註141〕

　　　　竭姓別戚單表》。
〔註135〕眉批：「經義。禮制。」
〔註136〕《宋元學案》卷九十一《靜修學案・隱君安默庵先生熙》：
　　　　安熙字敬仲，藁城人。聞劉靜修之學，心嚮慕焉。將造其門，而靜修已歿，
　　　　乃從靜修門人烏叔備問其緒說。簡靜和易，務為下學之功。家居教授，垂數
　　　　十年，來學者多所成就。既歿，鄉人立祠於城西祀之。門人蘇天爵為輯其遺
　　　　文，而虞伯生序之，曰：使先生得見劉氏，廓之以高明，屬之以奮發，則劉
　　　　氏之學當益昌大於時矣。
〔註137〕見元・安熙《默庵集》卷三，題為《記齋名》。
〔註138〕見《默庵集》卷四。
〔註139〕見《默庵集》卷三。
〔註140〕《默庵集》卷四《題劉靜修石鼎聯句圖詩後》：「『玩世如一鼎，姓名誰得聞。
　　　　仙翁應自笑，知我有鄰訴。』此汎翁先生題石鼎聯句圖詩也。」同卷《祭劉
　　　　先生文》：「維至元三十一年歲次甲午六月庚辰朔越四日癸未，後學鎮州安某
　　　　謹以茶果清酌之奠，致祭於集賢學士汎翁先生之靈。」又卷三《與烏叔備書》：
　　　　「前月十九日聞汎翁先生訃音，即以一書附驛使持去，必已達斯文。不幸山
　　　　頹梁壞，後學無所師仰。痛哉痛哉！」文氏失於搜檢。
　　　　另外，元・劉因《靜修先生文集》卷十九《李公勉復初名序》：「年月日汎翁
　　　　序。」亦可參證。
〔註141〕眉批：「論子。」

俞理初《癸巳類稿》輯韓文靖遺事甚詳，稱為賢者〔註142〕。余案：元王惲題《韓文靖重幨圖》詩云〔註143〕：「熙載南朝亦宰臣。按：文靖終身未嘗作相，此句稍誤。後來狂颷欲全身。比教乞食歌姬院，坐閱棋秤似可人。」此詩深得文靖之意，與理初說合。〔註144〕

宋孫甫《唐史論斷》曰〔註145〕：「李廊辭平章。《舊史》謂『廊出入顯重，素不以公輔自許』〔註146〕，此記事者不能知賢人心跡也。」又曰〔註147〕：「廊恥為宦者所薦，不顧宰相之貴，以全民節，此真能知古人之心也。」韓熙載之處亂世，李廊之重出處，可以為鑒也。〔註148〕

《慎子》，法家之書也。然其《威德篇》云：「使得美者不知所以德，使得惡者不知所以怨，此所以塞願望也。」此即「民可使由，不可使知」之意。夫子固有取爾也。《老子》曰：「非以明民，將以愚之。」則非立法之本源，而後世行科舉者實師其意矣。〔註149〕

國無法必亂，此不待智者而知之者也。然有一時之法，有一世之法；有一定之法，有不定之法。求行法之君與守法之臣，千載而不一遇。遇之，則用儒術亦治，用道術亦治。而法者，特其跡耳。《管子》、《慎子》皆言法，而皆重因。夫既因天下以治天下，則無一定之法可知矣。徒欲君自任而躬事，又惡忠臣以為害國。使賢君如此，猶不足以致治。使不肖之君信之，有不為秦二世者哉？

行法以互相稽察為主，立法以與時消息為主。然而國家之弊不可勝知。孔子曰：「民無信不立。」能信則立法與行法思過半矣。

焦里堂《易餘籥錄》卷十一云〔註150〕：「《管子・任法篇》云：『所謂仁義禮樂者，皆出於法。此先聖所以一民者也。《周書》曰：國法，法不一則有國者不

〔註142〕見清・俞正燮《癸巳類稿》卷十五《韓文靖公事輯》：「述曰：文靖可謂賢者矣。」
〔註143〕見元・王惲《秋澗先生大全集》卷三十二《韓文公重幨圖》。
〔註144〕眉批：「論古。」
〔註145〕見宋・孫甫《唐史論斷》卷下《李廊辭平章事》。
〔註146〕見《舊唐書》卷一百五十七《李廊傳》。
〔註147〕《唐史論斷》：「廊恥為宦者所薦，不顧宰相之貴，以全名節。史官不能發明其事，以戒世之姦邪卑猥附權倖以進而不知恥者。乃謂廊素不以公輔自許，其不知賢人之心跡甚矣。」
〔註148〕眉批：「論古。」
〔註149〕眉批：「以下四條治略。」
〔註150〕陳居淵主編《雕菰樓文學七種》，第876頁。

祥。民不道法則不祥，國更立法以典民則祥。群臣不用禮義教訓則不祥。百官服事者離法而治則不祥。故曰：法者不可恒也。存亡治亂之所從出，聖君所為天下大儀也。』按：《易傳》『制而用之謂之法』，《管子》言法不可恒，正制而用之之義也。《管子》八十六篇，列道家，不列法家，以其言法殊乎申、商之所言法也。」按：里堂此條，善讀《管子》，且深得立法之本意，是通儒之論也。

余於丙戌、丁亥間，與志伯愚侍讀檢翰林院存書，殘缺奇零，百不存一，卷面皆書某人進本，則當時並未發還也。宋元舊集，所存略多，然每卷中多有拈籤硃字，或書全篇刪去，或書某句至某句刪去，或書某字改某字，如「虜」字改「敵」字之類。大抵違礙字句居多。然有不甚違礙者，亦頗被刪改，思之不得其故。後世校書者，毋輒以明人刻本為誤可也。〔註 151〕

《左氏》昭二十六年《傳》：「咸黜不端。」《正義》曰：「諸本『咸』或作『減』。傅咸為《七經詩》，其《傳詩》有此句。《傳詩》，集《左傳》詩也。王羲之寫亦作咸。」按：當時重羲之字如此，且以定經本矣。〔註 152〕

《檀弓》有「仲梁子」，說明六國以後書也。故其文體意義亦頗有與《莊》、《列》相類者。如「季武子寢疾」一節，或以曾點倚門，年歲方少，為不足據。不知此記者之卮詞。即不說齊衰之蟜，固亦設名也。鄭《注》云：「蟜固能守禮，不畏之，矯失俗也」，明以「矯」釋「蟜」。《正義》引熊氏云：「或有人矯武子固陋」，深得鄭意。不然，則《世本》當有蟜氏，鄭必言蟜固之所出矣。《孟子》書中「王良與嬖奚乘」〔註 153〕，王良亦當是設名。經典名設名最多，讀者往往誤矣。〔註 154〕

「庶氏之母。」庶氏猶後世言某姓也。鄭《注》以為姓庶氏，恐非。《周官‧司儀》云：「土揖庶姓。」《春秋》隱十有一年《左氏傳》：「薛，庶姓也。」《禮記‧大傳》：「庶姓別於上。」皆謂眾姓為庶姓。

《禮器》：「禮之薄厚，與年之上下。」與，猶以也，故鄭以「用年之豐凶」釋之。

《左傳‧莊十二年》，《正義》曰：「《檀弓》云：『魯莊公及宋人戰於乘邱，卜國為右。』與此不同者，《禮記》後人所錄，聞於所聞之口，未必實也。案：

〔註 151〕眉批：「軼聞。」
〔註 152〕眉批：「掌故。」
〔註 153〕見《孟子‧滕文公下》。
〔註 154〕眉批：「經義。以下三條皆同。」

《傳》云：公子偃先犯宋師，公從而大敗之。則本非交戰。必如《記》言，則是魯師敗績，安得稱公敗宋師於乘丘？《傳》、《記》不同，固當《記》文妄耳。」廷式案：近人夏炘撰《檀弓辨誣》〔註155〕，以為專誣孔門，要不盡然，特其傳聞多不足據耳。

《莊子・養生主》：「吾生也有涯。」《釋文》云：「涯，本又作崖。」按：郭注《大宗師》云：「我生有崖」，則作「崖」者正是郭本。〔註156〕

稱楊姓為木易，不通小學之說也。然《真誥》離合「楊」字，云：「偃息盛木，玩執周書」〔註157〕，乃正借用「易」字。梁時已有此等語，不必盡以六書繩之。南北史中以姓相謿者，亦往往如此。〔註158〕

《真誥・甄命授第二》「方諸青童君」語、第二條。「西城王君告」以下十餘則，並襲取《四十二章經》，《朱子語類》〔註159〕、黃伯思《東觀餘論》〔註160〕並已論及其實。此書所錄，皆出自楊羲、許穆，猶後世乩筆之類，貞白特據而錄之耳。貞白亟稱《四十二章經》，非未見其書者。〔註161〕

《太清神鑒》卷三《死生論》云：「古之至人，以生為勞佚，此字有誤。以死為休息。是以知來去非我，而可以生，可以死也。將獨立乎萬物之上，斡旋乾坤於太虛之中，何得死生而相邪？此鄭之神巫見帶人子，始以其子不可復治，終則未死而老也。徒下愚而不知道，汩沒世事，認己為有，認物為我，以生為可悅，以死為可惡。內焉所藏於心，思慮縈縈，妄意一生，面目乃變，使人得以相之。故神昏者死，神亂者死，神浮者死，神雜者死。以此言談，動止俱失，當不過數句而死矣。須臾疑當作「更」〔註162〕。看淺深，而斷然不可拘

〔註155〕清・曾國藩《曾文正公書札》卷七《覆夏弢甫》：
頃接惠書，並送到大箸，具見研經耽道，學有本原。軍中少暇，不及悉心紬繹。但繙閱一二，《檀弓辨誣》發千古之覆，成一家之言，足與閻氏《古文尚書疏證》同為不刊之典。
〔註156〕眉批：「諸子。」
〔註157〕南朝梁・陶弘景《真誥》卷二《運象篇第二》。
〔註158〕眉批：「小學。」
〔註159〕宋・黎靖德《朱子語類》卷一百二十六《釋氏》：
如《四十二章經》，最先傳來中國底文字，然其說卻自平實。道書中有《真誥》，末後有《道授篇》，卻是竊《四十二章經》之意為之。
〔註160〕宋・黃伯思《東觀餘論》卷下《跋真誥眾靈教戒條後》：
此下方圓諸條，皆與佛《四十二章經》同，恐後人所附益，非楊、許書。
〔註161〕眉批：「諸子。」
〔註162〕清守山閣叢書本《太清神鑒》正作「更」。

也。此句亦有誤。嗚呼！死生亦大矣！世之迷者，改頭換面，而沉溺苦海，不知究也。胡不斷所疑「作」字之誤。寂滅觀相，識本來面目，一證人事。如曰不然，未免流轉死生之途而受苦惱也。」案：此條善譚名理，非後世術數家所能到。而其歸宿，則般若之旨也。此書錄《成和子統論》，言人有從修行中來、有從神祇精靈中來之類，亦釋家輪迴之說。其《序》云：「特離林屋洞下山」，疑本釋子之書矣。《論神篇》亦引白眼禪師說夢有五境。又案：此書所引古相書頗多，略錄於後，以資考證。〔註163〕

　　《人倫風鑒》

　　《洞元經》

　　《千字文》

　　《玉管照神》卷四、五又引《玉管照神局注》。

　　《陳摶先生袖裏金》按：此引陳摶說，則著書者並不託之王樸矣。

　　《成和子統論》

　　《金書寶印》上下篇

　　《元靈寶文》

　　《觀妙經》

　　《瑋琳洞中祕密經》

　　《郭林宗觀人八法》

　　《名賢相法五總龜》

　　《月波洞中記》

　　又卷五《論眼部》引董正曰：「眼頭如眼尾，開合含異光者，神仙之相，非凡相也」，不知採自何書。《藝文類聚》卷九十五引《董正別傳》，未知即此人否。

　　荒翠史〔註164〕之言曰：降鼻柱齒頰腮頤，達頸膊兩手指甲，下及腿膝足，遍體酥軟，如在太虛中。陽氣一道，自湧泉發起，穿腿膝，由前陰蹻穴起。又一氣自尾閭穴起，前後一齊上升，至泥丸，交接旋轉，撼動良久，下重樓，入中黃，用溫養工夫。倏而神光透簾幕，一鉤新月掛在西南，沿影透露眉間，是初三月出庚之象也。真藥漸至滿足，口津滴滴降下，皆成玉液，結而為丹。此後河車不停，始猶用意，次則自然。初則數日一丹，次則二三日一丹，次則一

〔註163〕眉批：「術數。」
〔註164〕不詳。

日一丹，次則一日之間再至無數矣。來時口中如彈子大者，極佳極甜涼，以意逆入中宮，此非初起手之亥關，乃天地之正中也。結丹於此，所謂移爐換鼎也。溫養須以神顧之，久之則落下，皆成黍米大。蓋此物乃所還之精，補腦之餘，因氣而化成者也。自此神鼎增輝，內觀五臟，皮膚潤澤，骨體堅實，此玉液還丹之候，切莫誤認了當。若放下工夫，驕心一萌，前功盡棄矣。即尋死時，必要猛加精進，火候到來，眉睫間現出一輪明月，光滿印堂之上。大靜七日，或十四日，不省人事，須提防野戰，不可縱念他適。若少縱，則鼻流玉柱而坐化矣。一念妄起，則陰燄飛騰，發身灰燼矣。切宜虛極靜篤。倏見一輪紅日升起，入於月中，與月相併，真鉛真汞，投結一處，打成一片，日月合璧之妙也。自湧泉穴起熱氣一道，穿過膝腿，刺痛而上，有三日之久。勿認作病。俟此氣沖到中宮，急取眉心日月一吸，吞入腹中，上下二氣一交會於中宮，三華渾一，金木自併，嬰姹相見，夫婦留戀，即金來歸性初，乃得稱還丹也。此氣一交之後，又由尾閭上泥丸補腦。腦有九孔，竅竅完固。其鉛汞之餘，流入絳宮，化為金液，至中宮而止。將前玉液之丹一點，皆化結成金丹之粒，小如黍米，懸在中宮。自然金絲萬道，祥雰靄空，五色玲瓏，百關透徹，周天火足，遍身燒灼，如通天徹地之紅，乃乾坤交媾之妙。自此金丹歸體，嬰兒兆孕。計此日至十月滿，足不可一刻離溫養工夫，到得嬰兒成象，瓜熟蒂落，即移入泥丸溫養。此脫胎換鼎，神仙不傳之祕訣也。凡行火之際，丹熟火發不可耐，眉心有一黑球，真水收入頂門，其熱悶退功足，方調神出竅。忽頂門如斧劈，痛不可忍。自一日至三日內，一聲震響，則大開矣。此前後十餘日內，切忌大風雨時勿出門行路飢飽勿失時擇得天樞，黃道大吉，日合三奇吉門天晴氣朗，萬里無雲之日，運吾身，心出紅雲，肝出青雲，脾出黃雲，肺出白雲，腎出黑雲，結一華蓋托定，嬰兒升起，離軀三五丈，勿得驚怖。若見各種景象，不可理他，此丹之餘氣化成引誘也。若現出金光一輪，急運真神到光前一寸三分，提神一吸，其光隨入中宮丹局而斂。以後須習一步二步，切宜照顧房舍。百步千步以至千里萬里亦然。至三年，嬰兒老成，始可自如。更有還虛一著，入名山洞府，面壁九年也。〔註165〕

《禮運》：「三五而盈，三五而闕。」鄭《注》云：「必三五者，播五行於四時也。一曰水，二曰火，三曰木，四曰金，五曰土。合為十五之成數也。人稟五行之秀氣，而與地為近。」《正義》以為「略於天德而詳於地德」，是

〔註165〕眉批：「術數。」

也。月乃地之所生，故《參同契》言修煉之術，必依於弦望晦朔，自是古義。
〔註166〕

蒙古文繙譯，今時已尠有精通者。同治甲戌，考蒙古繙譯中書，有寶香石者，倩人代考。代者曰：「必得第一以報命。」蓋應試者共十九人，皆倩此人譯而傳鈔也。既受香石重賄，則以誤譯者予十八人，而自書不誤者。既投卷，而閱卷大臣三人舉不識蒙文，則互相核對，以同者為不誤，以異者為誤。吏部咨文至，適應取十八名，而寶香石所倩代者竟不取。盛伯希祭酒〔註167〕云。〔註168〕

蒙古文字與語言略有差別，與清文不同。問於習繙譯者而知之。〔註169〕

《周禮·秋官·職金》：「凡國有大故而用金石，則掌其令。」《注》：「用金石者作檜雷椎挅之屬。」《釋文》：「雷，劉音誄。沈云當為『礌』，郎對反。」挅，宅耕反。本又作『桴』。劉云：『皆如字。』劉亦誤。 《疏》云：「皆謂守城御捍之具。」按：陸賈皆未言其制，當更詳之。〔註170〕

《左傳·定八年》，《正義》曰：「魏齊斗稱於古，二而當一。周隋斗稱於古，三而當一。」〔註171〕

李迂仲、黃實夫《毛詩集解》卷十三〔註172〕：「《本艸》曰：『據古升上徑寸，下徑六分，深八分，則升小於㪺。』」〔註173〕

〔註166〕眉批：「術數。」
〔註167〕清·劉錦藻《清續文獻通考》卷二百六十九《經籍考十三》：
　　　　《鬱華閣金石文》一卷《雪屐尋碑錄》一卷　宗室盛昱撰
　　　　盛昱，字伯兮，號意園，又號韻蒔。光緒丁丑進士。官至國子監祭酒。
〔註168〕眉批：「軼聞。」
〔註169〕眉批：「方言。」
〔註170〕眉批：「經義。」
〔註171〕眉批：「器物。」
〔註172〕見宋·李樗、黃薰《毛詩集解》卷十三《唐風·椒聊》。
〔註173〕眉批：「同上。」

卷三〔註1〕

　　《通典》一百九十三云：「波斯，大月氏之別種。王即位以後，擇諸子內賢者，密書其名，封之於庫，諸子及大臣皆莫之知也。王死，眾乃共發書視之，其封內有名者，即立以為王。」〔註2〕按：本朝建嗣之法，略仿於此。所謂愚夫之言，聖人擇焉也。〔註3〕

　　《通典》：大秦國，「其王無常人，皆簡立賢者」。此亦後世民主之說。《南洲異物志》《御覽》七百九十引之。曰：「察牢國，安息中間大國也，去天竺五千里。人民勇健，國無常王，國人常選耆老有德者立為王，三歲一更。」〔註4〕

　　《通典・女國》云：「其俗貴婦人，賤丈夫」，又云：「貴女子，賤丈夫」；既云「國內丈夫唯以征伐為務」，又云「男子為軍士」；前後重複。又云「其國代以女為國王，王侍女數百人」，後文又云「女子貴者，則多有侍男。雖賤庶之女，盡為家長」，則前後不相應。當由採自兩書，未經整理，致有此失也。〔註5〕

〔註1〕按：稿本題「純常子枝語」。稿本乙封題「純常子枝語　第三冊」。
〔註2〕《魏書》卷一百二《西域列傳》、《北史》卷九十七《西域列傳》：
　　　波斯國。王即位以後，擇諸子內賢者，密書其名，封之於庫，諸子及大臣皆莫之知也。王死，眾乃發書視之，其封內有名者，即立以為王。餘子出各就邊任，兄弟更不相見也。
　　　《周書》卷五十《異域列傳下・波斯》：
　　　波斯國，大月氏之別種。……王即位以後，擇諸子內賢者，密書其名，封之於庫，諸子及大臣皆莫之知也。王死，乃眾共發書視之，其封內有名者，即立以為王。餘子各出就邊任，兄弟更不相見也。
〔註3〕眉批：「掌故。」
〔註4〕眉批：「夷制。」
〔註5〕眉批：「正譌。」

《孫可之文集‧序西南夷》〔註6〕，而篇中所舉二國，曰新羅、曰南詔。新羅，東夷也。可之誤矣。〔註7〕

今制：滿蒙大臣奏疏皆稱奴才。漢軍及武職亦然。其實謝恩則當稱奴才，奏事則當稱臣，此見於世宗聖訓者，特習掌故者稀，莫能行之耳。又案：《史通‧雜說中篇》云：「易臣以奴」，則北朝正行此制。〔註8〕

錢辛楣先生《盧抱經學士挽詩》云：「大廷陳時政，一鳴驚朝簪。虎闈詔勸學，日獻邪蒿箴。」詩載《潛研堂詩續集》卷八。知召弓立朝，確有建白，惜其遺疏不傳。〔註9〕

《潛研堂詩‧客有言蘇味道不當昌其後者賦此解之》〔註10〕云：「四時鬼樸換恩恩，羅織爭誇告密工。此際摸稜已難得，不矜獮豸觸邪功。」此與劉隨州〔註11〕

〔註6〕唐‧孫樵《唐孫樵集》第七卷《序西南夷》：

道齊之東偏，泛巨海，不知其幾千里，其島夷之大者曰新羅。由蜀而南逾昆明，涉不毛，馳七八千里，其群蠻之雄者曰南詔。是皆鳥獸之民，鴃舌言語難辨，皮服獷悍難化，其素風也。

〔註7〕眉批：「正譌。」

〔註8〕眉批：「掌故。」

〔註9〕眉批：「軼聞。」

〔註10〕見清‧錢大昕《潛研堂集》詩續集卷六。

〔註11〕按：劉隨州指劉長卿。然此處當作劉禹錫為是。

唐‧劉禹錫《劉夢得文集》卷二《弔張曲江並引》：

世稱張曲江為相，建言放臣不宜與善地，多徙五溪不毛之鄉。及今讀其文，自內職牧始安，有瘴癘之歎，自退相守荊門，有拘囚之思，託諷禽鳥，寄詞草樹，郁然有騷人風。嗟夫！身出於遐陬，一失意而不能堪，矧華人士族而必致醜地，然後快意哉！議者以曲江為良臣，識胡雛有反相，羞凡器與同列，密啟廷爭。雖古哲人不及，而燕翼無似，終為餒魂，豈悻心失恕，陰謫最大，雖二美莫贖邪？不然，何袁公一言明楚獄而鍾祉四葉，以是相較，神可誣乎？予讀其文，因為詩以弔。

聖言貴忠恕，至道重觀身。法在何所恨，色相斯為仁。良時難久恃，陰謫豈無因。寂寞韶陽廟，魂歸不見人。

宋‧吳曾《能改齋漫錄》卷四《辯誤‧辨〈麈史〉載張曲江「燕翼無似」》：

王彥輔《麈史》載劉夢得有《讀張曲江集》詩，其序略曰：「世稱曲江為相，建言放臣不宜與善地。今讀其文，自內職牧始安，有瘴癘之歎，自退相守荊門，有拘囚之思。嗟夫！身出於遐陬，一失意而不能堪，矧華人士族而必致醜地，然後快意哉！議者以曲江識胡鄒有反相，羞凡器與同列，密啟庭爭。雖古哲人不及，而燕翼無似，終為餒魂，豈悻心失恕，陰謫最大，雖二美莫贖耶？」故其詩云：「寂寞昭陽殿，魂歸不見人。」按《唐書》，張曲江有子拯，而不見其他子孫。有朝請張君唐輔，來守安州，蓋曲江人也，自稱九齡十世孫。皇祐間，儂智高亂嶺南。朝廷推恩，凡名舉人者，悉官之，無慮七

論張曲江後人宜凌替說頗相似，皆有為而發也。〔註12〕

　　李甲耆《養一齋文集》，劉申孫各繹。申受先生之孫。廣東知府。為余言：此集強半門人代擬，非先生筆也。先生於學無所不窺，有王佐之略，惜不一用云。余讀其集，原本經術，明察治亂，誠近世之偉人也。其《靜寄軒詩文序》〔註13〕

　　百人，唐輔在其中。後稍遷至於牧守，當塗諸公，往往以名相之後稱薦之。夫以夢得去曲江纔五六十年，乃言「燕翼無似」，豈知數百年後有十世孫耶？豈夢得困於邊謫，有所激而言也？是皆不可得而知也。以上皆王說。余考《唐書·宰相世系表》：「九齡之子拯，為右贊善大夫。拯之子藏器，為長水丞。藏器之子敦慶，為袁州司倉參軍。敦慶之子景新，景新之子涓，為嶺南觀察衛推；弟郎，為湖南鹽鐵判官。涓之子浩，為仁化令。浩之孫文嵩，監東太倉。」自九齡至文嵩，凡八代，仕宦不絕。而劉夢得乃以為「燕翼無似，終為餒魂」，何耶？王彥輔不考《世系表》，以牽朝張唐輔為證，益非矣。

〔註12〕眉批：「軼聞。」

〔註13〕清·李兆洛《養一齋集》文集卷四《靜寄軒詩文目序》：
右文若干首、詩若干首，荊溪潘辰雅觀常著。兆洛少躁妄，稍涉文字，便欲頡頏漢魏。於宋儒洛閩諸書，泊如也。婦兄路申宣深規切之，始瞿然有悔。申宣為言觀常潘君之邃於學而醇於養也，私竊嚮慕。未幾，得相見，落寞若無偶，而恬愉靜虛之氣，悠然內充。從質胸中所疑，言甚簡約，而必洞原本，因盡叩其學。初嘗泛濫兵家、陰陽、縱橫、醫術，後從史鑒樓先生遊，盡捐之。然好釋老書，皆了然於其所從入，及流失之所至，顧不輕出諸口。為予言曰：「程朱直接孔孟，實能體聖人有教無類之心。後人訾議於程朱，無傷也。」自是每至陽羨必相見。一日，同抵足路氏館中，夜半寤，君亦寤，問洛不寐乎？曰：「然。」曰：「有所思乎？」曰：「不。」曰：「無所思，有所覺乎？」曰：「嘗終日讀書，倦勵而寢，將曉方寤，覺此心澄然如水，可一炊許。」君曰：「此甚不易得。吾於才而能欲，是福相亦必有成。」因歎曰：「吾受命至薄，屢自試之，而信將無分於斯世矣。讀《參同悟》，真稍解修道之法。行當入深山，屏萬緣，作自了漢耳。」予曰：「君所遭，則誠薄。論所賦，則天於君甚厚。徒以外之寒魯而怃然乎，孔孟何以不求解脫耶？」君曰：「何敢援孔孟。自古豪傑皆為其難者，皆有所不得已也。世於我無不得已，則聊以不才終其天年而已。」予曰：「然則君將何之？」曰：「遍探名山而擇焉，今則未也。」予戲曰：「道成之日來度我乎？欲我往尋君，幸示其處。」君笑曰：「仙豈能度人？吾子亦何待於度？各自功行完滿，要當有相見之日。」又歎曰：「成道何可易言，但此志不可回耳。自知其命之薄而欲參位業真靈乎？」是後或歲一二見，或曠歲不見。癸亥冬，遺予書曰：「去冬渴晤無因，非有所言，欲少了癡情耳。閏二月下浣，聞足下在宜，媒絕路阻，咫尺天涯，覿面蹉隔如此，知此生復得幾聚耶？三月初，聞足下相訪不遇，悵然彌日。辰雅積業深重，既為宇宙鮮民，鹿鹿浮生，轉眼盡成黃土。烏鳶螻蟻，本分自然。衡舉飛昇，付之妄託。判以此身，縱浪大化，以天地為蘧廬，日月為棺槨，庶幾一洗垢氛，稍還本色。此意獨可為吾耆道爾。足下勉之。君子之道，與時推移。二人同心，或出或處。足下有德可修，有業可進，有天倫可樂，有達行可期，但令此心堅定，豈必遠俗全真，以無用為用哉？僕，凡夫結習，

記潘辰雅事，崢嶸蕭瑟，殆別有寄意歟？〔註14〕

　　申耆《與吳石華書》〔註15〕云：「冕士今何所業？冕士謂南海曾釗。一意訓詁，殊苦無餘味耳。」講小學者，不可不知此意。〔註16〕

　　阮亭《瀛舟筆談》卷七〔註17〕述其兄伯元之言，曰：「近人考證經史小學之書則愈精，發明聖賢言行之書則甚少。否則，專以攻駁程朱為事，於顏曾純篤之學未之深究。」文達漢學宗匠，而其言如此，言漢學者不可不知也。〔註18〕

須萬死消磨，遯尾餘年。妄欲效龍蛇之蟄，屏棄萬緣，置之一處，持此幻形，未知所託。空憶我友，太息踟躕。歲云莫矣，日遠日疏，恐終少盍簪之期也。聞當來宜時，又須他適，不能相見，敬書數語，以達懸懸。」至甲子九月留書，別故舊，棄家長往，莫知所在。久之，有見之於天台國清寺者。其子遇魁聞，急往跡之，則已歿於潘某家。潘，故宜興人，尉於臺罷官而家者也。君因避雨識之，遂常往來。一日謂曰：「吾將死，不欲死寺中。於君家，怛化矣。」遺言葬於國清寺前半里所，潘如其言而碣之。嘉慶十有八年六月日也。君資學絕特，殆天所縱。蹤跡雖奇，而不詭於正。予意君不死，特彼家所謂尸解耳。海山江湖，同此風月，終當與君尋抵足之盟焉。君無意於詩文，就所作，固兼有散朗密栗之美，不可無傳也。君嘗師事鑒樓先生，先生切切以斯道之傳屬焉。君雖退然不敢任，然源流莫二矣。因校鑒樓遺文，並校君詩文附之。事行詳於君甥邵魁祥行狀，亦列於後。道光八年十月。

〔註14〕眉批：「論學。」
〔註15〕見《養一齋集》文集卷八。
　　　　《清史稿》卷四百八十二《儒林列傳三》：
　　　　曾釗，字敏修，南海人。道光五年拔貢生，官合浦縣教諭，調欽州學正。釗篤學好古，讀一書必校勘譌字脫文。遇秘本或雇人影寫，或懷餅就鈔，積七八年，得數萬卷。自是研求經義，文字則考之《說文》、《玉篇》，訓詁則稽之《方言》、《爾雅》，雖奧晦難通，而因文得義，因義得音，類能以經解經，確有依據。入都時，見武進劉逢祿，逢祿曰：「篤學若冕士，吾道東矣！」冕士，釗號也。
　　　　另，繆荃孫有《曾釗傳》，見《碑傳集補》卷四十一。
〔註16〕眉批：「又。」
〔註17〕清‧阮亨《瀛舟筆談》十二卷首一卷，清嘉慶二十五年（1820）刻本，俟訪。
　　　　另，清‧張鑒《雷塘庵主弟子記》卷一：
　　　　（嘉慶）三年戊午三十五歲
　　　　自言入翰林後，即直內廷，編定書畫，按勘石經，旋督學筭，部領封疆，無暇潛研。故出官以後，編纂之書按多，而沈精覃思、獨發古誼之作甚少，不能似經生時之專力矣。然所作《曾子十篇注釋》，則時時自隨，凡三易稿。此中發明孔曾博學難易忠恕等事，與《孝經》、《中庸》相表裏。而訓一貫之貫為行事，尤為古人所未發。昔人以主靜良知標其學目，一貫之說亦為創論。故所撰之書，當以此五卷為最精。又言近人考證經史小學之書則愈精，發明聖賢言行之書甚少。否則，專以攻駁程朱為事，於顏曾純篤之學未之深究。茲《注釋》五卷，不敢存昔人門戶之見，而實以濟近時流派之偏也。
〔註18〕眉批：「又。」

龍州黃定宜半溪《隨筆》〔註19〕，先壯烈公所刊也。其辨《文信國集》第二則云〔註20〕：「《廣西通志》：『元集賢院學士文陞墓在鬱林州城西十里。』《粵西文載》：『文陞，宋丞相天祥弟璧之子也。天祥死難，以陞為嗣。後仕元海北廉訪使，卒葬鬱林之八疊岡，子孫遂家焉。子富，字益謙。至順間以薦舉，官興文署丞。』按：陞於成宗大德中奉母歐陽夫人歸，自豐州過京師，有欲官之者輒辭。歷成宗、武宗世，至仁宗即位，始官以集賢直學士。乞歸，得代祀南海道。卒，葬於鬱林。未嘗一日食元祿也。文載謂仕海北廉訪使，蓋道授此官，而學士已先卒，故傳不著。《通志·職官表》亦無文陞名。《輟耕錄》載〔註21〕：『至元間，宋文丞相有子，出為郡教授，行數驛而卒，人皆作詩悼之。閩人翁某一聯云：地下修文同父子，人間讀史各君臣。獨為絕唱』云云。此則傳聞之謬，前人嘗辨之。」先壯烈記其後云〔註22〕：「元劉岳申撰《璧公墓誌》〔註23〕，引『丞相寄弟詩云：親喪君自盡，猶子是吾兒。又曰：三人生死各有意。至為文祭太師之墓，則云：有姪曰陞，我身是嗣。公死，命其子後丞相。當丞相死生之際，所以為人弟者，備極人所難為而曲盡其至。余惟公之孝悌與天祥忠並傳世。從兄盡力兵間，易世盡心遺民，退歸盡情倫紀，皆可書。孔子曰：殷有三仁焉。後有君子之論，而將曰宋有三仁，是宜銘』。又元推官周志仁所書《丞相季弟璋公壙誌》有云：『公生八歲而孤，丞相教育之如子。仕至朝奉郎，帶行大理寺丞，知寧武州。至元庚辰，丞相從囚中書來永訣，勉公以不仕。公崇篤孝悌，服膺訓飭，杜門卻掃，四十年如一日。或以

〔註19〕清·桂文燦《經學博採錄》卷一：
　　黃半溪州牧，粵西龍州廳人也。龍州為粵西極南之境，界連越南。而州牧博通經史，敦尚行誼，無愧古人，可見國朝經學昌明，雖邊徼遐陬之士，亦知自勵。州牧名定宜，半溪其字也。嘉慶辛酉科舉人，官至廣東連州知州。所蒞恒以書自隨，日坐衙齋，手不釋卷，執法不阿，取與嚴介。去官後，家徒四壁立，以書易粟，亦可謂廉而好學者矣。嘗讀半溪《隨筆》二卷，卷中有云……至其考證水道，以班氏《地理志》言尚龍谿，酈氏《水經注》不詳，據元黎崱《安南志略》記沱江注瀾滄處雲自撞龍來，今《越南》國史此亦有撞龍江之名，尚、撞音近，疑撞龍即尚龍，謂尚龍谿即今越南國之沱江。此則精確之極，非州牧生長遐陬，博採異書，詳為考證，不可知也。州牧所著尚有《孔子年譜輯注》、《讀韓隨筆》、《祇勤堂詩集》。
〔註20〕《考辨隨筆》二卷，道光二十七年（1847）萍鄉文晟刻本，題「龍州黃定宜半溪氏著　萍鄉文晟叔來訂刊」。第一條即為《文信國集考辨二則》。
〔註21〕見《南村輟耕錄》卷二十。
〔註22〕附載《文信國集考辨二則》。
〔註23〕見元·劉岳申《申齋集》卷十《廣西宣慰文公墓誌銘》。

為從忠孝之後，竊比於殷三仁焉。管寧、陶潛，蓋其次也。」頃者，黃君半溪於信國公親屬多所考證，晟因節錄此二則以轉質之。」　又云：按信公《哭母大祥》〔註24〕詩有云：「二郎已作門戶謀，江南葬母麥滿舟。」蓋以存祀葬親屬弟璧也。又按：元知制誥元明善所撰《陞公墓誌》〔註25〕，無「仕為海北廉使，卒葬鬱林」之語，惟極稱其得母歸養，志不欲仕。迨母卒，既葬，復被徵求，授集賢直學士，辭歸，得代祀南海。皇慶三年六月二十五日至贛，以疾卒。與半溪所考未食元祿之說相同。〔註26〕

俞蔭甫年伯《兒笘錄》雖好為新說，然於六書之理實深有所得。如說「夋」字、「利」字諸條〔註27〕，其尤精確者也。惟開卷論「王」字一條，則臆說無理。謂「王字從二從十。二者，天地。十者，四方也」。不知十者古人以為數之極。《周易》之道，乾元用九，無用十之理也。「以為天地四方無思不服。夫從二從十，足以見天地四方矣。」無思不服之理安在乎？且以此義比之許君所引「一貫三」之義，孰短孰長乎？至謂與「玉」字太無別，「從二從十則中不必連，三字象三玉之連，則其中必連，以此為別〔註28〕」。竊恐亦未然也。「玉」之本字，當以《說文》所收古文「玨」為正體。玉生土中，「玉」字之有左右注，猶「金」字之有左右注耳。其偏旁之從玉者，則省去兩點，猶從酒之字偏旁，但作酉耳。許君以玉為部首，曰「象三玉之連」，當是後起義也。〔註29〕

王菉友《說文釋例》卷八謂「䒑當為莽之古文」，亦非也。草生繁蕪，古人作䒑以象之，其後從䒑之字省而從艸，於是䒑字亦省而作艸矣。䒑即艸之古文，猶玨為玉之古文也。此不當以繁簡論先後者也。〔註30〕

程易疇先生《論學小記》，《述公》、《述心》二篇最精確。其《論學約指》〔註31〕一篇則與先師陳蘭甫教言相合，故備錄之。其言曰：「夫學何也？學而時習之而已也。於何所也？曰：君臣也，父子也，夫婦也，昆弟也，朋友之交

〔註24〕見宋・文天祥《文山先生全集》卷十五。
〔註25〕元・元明善《清河集》卷六《集賢直學士文君神道碑》。
〔註26〕眉批：「論史。」
〔註27〕《兒笘錄》四卷。此兩條均見《兒笘錄》第一。
〔註28〕「別」，刻本作「刖」。
〔註29〕眉批：「小學。」
〔註30〕眉批：「小學。」
〔註31〕《論學約指》乃《論學小記》最末一篇。

也，是之謂五達道也。五達道安學？學之以三達德也。知以知之，仁以行之，勇以強之。如天之行健，日強不息，是之謂學而時習之而已矣。人有百行，五達道盡之乎？曰：人之行，行於其所接之人。人之類，有出於五倫之外者乎？故五倫者，百行之原也。以五達道為學之所，而時習之以終其身焉，是之謂學。至於知性達天而得聞一貫，則學之明效大驗焉而已矣。譬之水始於出地之泉，而川焉，而百川焉，而萬川焉，然後歸於四海也。今使阻塞其流，而不令一川之得歸於海，則四海雖大，其涸也亦勢所必至也。人苟不學，不時習，而曰吾將知性達天，以求一貫，豈可得乎？河伯之向海若而歎曰：水哉！水哉！果且多乎彼而自存乎見少耶？然則何取平爾？取其有本者如是也。不務萬流之疏淪，而惟歸壑之是求，學不時習而冀聞一貫，倒行逆施，雖大徹大悟，其於人道遠矣。人而不人，何人之足貴？是故君子務本。」〔註32〕

　　王耕野《讀書管見》卷上云〔註33〕：「《禹謨》一篇出於孔壁，深有可疑。蓋禹與皋陶、舜三人答辭具見《皋陶謨》、《益稷》篇中。如『予思日孜孜，帝慎乃在位』，即禹所陳之謨矣，安得又有《大禹謨》？按：《書序》有《大禹謨》，篇名不偽也。且《堯典》、《舜典》雖記事不一，而先後皆有次序。《皋陶》、《益稷》雖各自陳說，而答問一一相照，獨《禹謨》一篇雜亂無序，只如益贊堯一段，安得為謨？舜讓禹一段當名之以典，禹征苗一段當名之以誓，今皆混而為一，名之曰謨，殊與餘篇體制不類。又說者以征苗為攝位後事，謂稟舜之命，而其末有『禹班師振旅，帝乃誕敷文德』一語，夫舜以耄期倦勤而授禹，禹安得捨朝廷之事而征有苗？舜又安能以耄期之餘而敷文德？果能之，則不必授禹矣。故嘗謂《禹謨》必漢儒傅會之書，其征苗之事亦不可信。」又云〔註34〕：「《禹謨》出於孔壁，後人附會。竊取《魯論·堯曰篇》載記而增益之，析四句為三段。而於『允執其中』之上，妄增『人心』、『道心』等語。傳者不悟其偽，而以為實然，於是有傳心法之論。且以為禹之資不及舜，必益以三言然後喻，幾於可笑。蓋皆為古文所誤耳。」又卷下云〔註35〕：「《蔡仲之命》『皇天無親止。終以困窮』一段，絕與《太甲篇》相出入。吾意古文只是出於一手，掇拾附會，故自不覺犯重耳。」按：此不信傳心之說，其識甚

〔註32〕眉批：「論學。」
〔註33〕見元·王充耘《讀書管見》卷上《大禹謨·禹謨古文之辨》。
〔註34〕見《讀書管見》卷上《大禹謨·傳授心法之辨》。
〔註35〕見《讀書管見》卷上《蔡仲之命·皇天無親〔止〕終以困窮》。

卓。其謂《偽古文》出於一手，掇拾附會，尤為洞見竅會。元人吳草廬〔註36〕外，當推王氏矣。〔註37〕

　　道光朝，俄羅斯進呈書籍圖說，今存總理衙門者，凡六百八十本。光緒乙酉，余為趙次山御史爾巽艸奏，請發出繙譯。旋據總署覆奏，以為舊書不如新書之詳備，俄書立論又不如英、德、法三國，可不必譯。事遂中止。其實同文館中學生精俄文者甚稀，故憚而置之也。惟書目則經俄文教習班鐸率諸生分類譯出，似較舊譯為足據。今具列於後，可以校《朔方備乘》矣。又按：咸豐間，曾圈出圖籍四十一種進呈乙覽，故不存譯署，無由考列其目。〔註38〕

文法書類

　《翰林字典》第一號至六號

　《事類叢書》七號至二十三號　二百七十四至二百七十五號　二百七十八號

　《百家著述》一百五十二至一百五十三號

　《普氏文編》一百五十四至一百六十四號

　《國氏文編》一百六十五至一百六十八號

　《德氏文編》一百六十九至一百七十三號

　《科氏文編》一百七十四至一百八十二號

　《茹氏文編》一百八十三至一百九十一號

　《駱氏文編》一百九十二至一百九十五號

　《科氏詩集》一百九十六至一百九十七號

〔註36〕清‧永瑢等撰《四庫全書總目》卷十二《經部十二‧書類二》：
　　　《書纂言》四卷
　　　元吳澄撰。澄有《易纂言》，已著錄，是編其《書》解也。《古文尚書》自貞
　　　觀敕作《正義》以後，終唐世無異說。宋吳棫作《書裨傳》，始稍稍掊擊，《朱
　　　子語錄》亦疑其偽。然言性、言心、言學之語，宋人據以立教者，其端皆發
　　　自古文，故亦無肯輕議者。其考定今文、古文，自陳振孫《尚書說》始。其
　　　分編今文、古文，自趙孟頫《書古今文集注》始。其專釋今文，則自澄此書
　　　始。《自序》謂「晉世晚出之書，別見於後」。然此四卷以外，實未釋古文一
　　　篇。朱彝尊《經義考》以為權詞，其說是也。考漢代治《尚書》者伏生今文，
　　　傳為大小夏侯、歐陽三家。孔安國古文，別傳都尉朝、庸生、胡常，自為一
　　　派。是今文、古文本各為師說。澄專釋今文，尚為有合於古義，非王柏《詩
　　　疑》舉歷代相傳之古經，肆意刊削者比。惟其顛倒錯簡，皆以意自為，且不
　　　明言所以改竄之故，與所作《易纂言》體例迴殊。是則不可以為訓，讀者取
　　　所長而無效所短可矣。
〔註37〕眉批：「經義。書。」
〔註38〕眉批：「掌故」、「繙譯」。

《第氏詩集》一百九十八號

《巴氏文編》一百九十九至二百號

《鄂氏文編》二百一至二百三號

《馬氏文編》二百四至二百十五號

《魏氏文編》二百十六號

《名文摘要》二百十七號

《第氏文編》二百十八號

《科氏比類書》二百十九號

《葛氏小傳》二百二十至二百二十二號

《新文彙編》二百二十三至二百二十五號

《行文語類》二百二十六至二百三十七號　二百三十八至二百四十一號

《文法必讀》二百四十二至二百四十五號　二百四十八至二百四十九號　二百五十號
　　　　　　六百六十五至六百六十六號

《語學必讀》二百四十六至二百四十七號

《斯拉完詩集》二百五十一號

《斯拉完俄羅斯合璧文編》二百五十二號

《文法溯原》二百五十三號

《文法集成》二百五十四號　二百五十五號

《文法論略》二百五十六號　二百五十七號　二百五十八至二百六十號　二百六十八號

《詩集通考》二百五十八號

《陳言指要》二百六十一號

《信函集錦》二百六十七號

《文法入門》二百六十九號二百七十號

《文法輯要》二百七十一號

《文法便覽》二百七十二號

《養心編》二百七十六號

史傳類

《俄皇政考》二十四至二十五號　二十六至二十七號二十八號

《俄皇列傳》二十九至四十三號

《俄皇小傳》二百六十二至二百六十四號

《俄皇史記》四十四至四十六號　四十七至五十號　五十一號

《俄后紀略》五十二至五十七號

《俄后列傳》五十八至六十三號六十四號

《俄后政考》六十五至六十六號

《俄皇廿五載政考》六十七至六十八號

《王家祖譜》六十九號

《芬蘭戰事紀略》七十號

《俄法戰事紀略》七十一至七十四號　二百七十七號

《那波侖侵擾俄國記》七十五至七十六號

《行軍紀略》七十八號　八十一號

《戰事紀略》七十九至八十號　八十三號

《法地行軍紀略》八十二號

《土俄戰事紀略》八十四至八十五號　八十九至九十號

《土俄戰事紀略圖說》八十六至八十八號

《那波侖攻俄紀略》七十七號

《俄奧合兵全錄》九十一至九十三號

《俄人行軍紀略》九十四至九十七號

《俄國戰事紀略》九十八至一百號　一百一至一百十二號

《俄國史記》一百十三至一百十八號　一百二十二號三百十三至三百十七號　四百五
十九至四百六十三號

《小俄羅斯史記》一百十九至一百二十一號

《俄羅斯通鑒》一百二十三至一百二十五號

《初學必讀俄史記略》一百二十六號　一百二十七號

律例書類

《律例彙編》一百四十四至一百四十六號　一百四十九號

《律例續編》一百四十四至一百四十六號

《理刑彙編》一百四十七號

《律例備考》一百四十八號　一百五十號

《種樹必讀》一百五十一號

余按：此書何以入律例書內，殆不可解。

名臣列傳類

《名臣彙覽》二百七十九至二百八十二號

《普氏列傳》二百八十三至二百八十四號

《陸軍名將列傳》二百八十六至二百八十八號

《水師名將列傳》二百八十九至二百九十二號

《彼得羅將相列傳合編》二百九十三至二百九十四號

《俄皇名將傳》二百九十五至二百九十八號

《頗王列傳》二百九十九至三百號

《庫王列傳》三百一至三百三號

《蘇公列傳》三百四號　三百五號　三百六十六號

雜書類

《歷代交涉通考》三百六至三百七號

《驛郵路程》三百八至三百九號

《端河兵志》三百十至三百十二號

《高家索屬地通志》三百十八至三百二十一號

《彼得堡紀略》三百二十二至三百二十四號

《俄地志略》三百二十五號三百二十六號

《彼得堡志》三百二十七號

《彼得堡賽奇會記》三百二十八號　三百二十九號　三百三十號

《墨斯刮賽奇會記》三百三十一號

遊歷書類

《四次遊歷北冰洋記》三百三十二號

《博物圖說略》三百三十三至三百三十七號

《繪事圖考》三百三十八至三百四十二號

《周遊地球志》三百四十四至三百四十六號　三百五十至三百五十一號　三百七十四號

《科氏遊歷記》三百四十七至三百四十九號

《環海記》三百五十二至三百五十三號

《司氏遊歷俄國圖志》三百五十四號

《東洋遊歷圖志》三百五十五至三百六十號

《利氏遊地球記》三百六十一號

《遊歷新洲記》三百六十二號

《科氏周遊地球記》三百六十三號

《悉畢爾遊歷記》三百六十五至三百六十七號

《俄人航海初記》三百六十八號

《大地奇觀》三百六十九至三百七十二號

《北亞墨利加遊歷記》三百七十五號

農書類

《養牲指要》三百七十六號

《農政通考》三百七十七至三百八十二號　三百九十八號　四百五號

《農政啟蒙》三百八十三至三百八十四號

《農政論略》三百八十五至三百八十六號

《農政備述》三百八十七至三百八十九號

《農政課程》三百九十至三百九十一號　三百九十六號

《農家便覽》三百九十二至三百九十五號

《農政溯原》《養牲編》並附　三百九十七號

《備荒輯要》三百九十九號

《圃學備考》四百號

《樹田便覽》四百一號

《治園輯要》四百二號

《村居圖考》四百三號

《農政補遺》四百四號

《樹藝便覽》四百六號

《養樹輯要》四百七號

《植物學溯原》四百八號

兵法書類

《礮隊陣法全集》四百九至四百十號　四百二十一號

《武戰事類字典》四百十一至四百十七號

《佈防輯要》四百十八號

《兵法全集》四百十九號　四百二十七號

《兵刃全集》四百二十號

《陣法課程》四百二十二至四百二十三號　四百二十四號

《兵法紀略》四百二十五至四百二十六號

《水師將弁須知》四百二十八號

《佈防要策》四百二十九號

《兵法便覽》四百三十至四百三十一號

《武學啟蒙》化學並附　四百三十二號

《戰策必讀》四百三十三號

《水師將帥奏議集》四百三十四至四百三十八號

天文算學書類

《天文溯原》四百三十九號

《天文易解》四百四十號

《天文測算集錦》四百四十一至四百四十二號

《歐州天文測算論略》四百四十三號

《算學課程》四百四十四至四百四十五號

《初學必讀算學課程》四百四十六號

《微集分》四百四十七號　四百四十九號　四百五十號

《微分指要》四百四十八號

《代數學》四百五十一號

《幾何測量》四百五十二號　四百五十三號　四百五十四號

《珠算》四百五十五號

《算學》四百五十六號

《太陽出入時刻表》四百五十七號

《算學指南》四百五十八號

史書類

《各國政事輯覽》四百六十四至四百六十八號

《上古史記》四百六十九號

《中古史記》四百七十號

《史記新集》四百七十一號

《史記》四百七十二至四百七十四號

《那波侖敗績記》四百七十五至四百八十號

《古今史記全集》四百八十二至四百九十一號

《各國史記全集》四百九十二至四百九十四號

《各國史記俄國史記合編》四百九十五號

《博士列傳》五百二至五百三號

《稽古列傳》五百四號

地理書類

《地理全集》五百五 五百六 五百七號

《格致地理通考》五百八號

《文學輿地全書》五百九號

《地理字彙全集》五百十至五百十二號

《俄國地理通考》五百十三至五百十四號 五百十六號

《稽古地理圖說》五百十五號

《武將地理必讀》五百十七號

《地理志》五百十八號

醫學類

《醫學全錄》五百十九至五百二十八號

《醫筋全編》五百二十九號

《種痘全編》五百三十號

《醫痔全編》五百三十一號

《醫心病編》五百三十二號

《官醫必覽》五百三十三號

《全體通考》五百三十四號 五百六十六號

《水醫備述》五百三十五號

《幼科須知》五百三十六號

《醫術新編》五百三十七至五百三十九號

《全體剖解溯原》五百四十至五百四十一號

《眼科必讀》五百四十二至五百四十三號

《鄉居醫法論略》五百四十四號

《醫獸便覽》五百四十五號

《外科必讀》五百四十六號

《合藥必讀》五百四十七號 五百四十八號 五百四十九號 五百五十四號

《醫術叢集》五百五十號

《家居醫術備考》五百五十一至五百五十三號 五百五十五至五百五十九號

《全體功用便覽》五百六十至五百六十一號

《合藥必讀臘丁文》五百六十二號

《延壽通覽》五百六十三號

《侍藥必讀》五百六十四號　按：「侍」字恐有誤。

《全體圖說》五百六十五號

天產萬物各學類

《蟲魚鳥獸全書》五百六十七至五百六十九號

《草木全編》五百七十至五百七十一號

《天產各質全錄》五百七十二至五百七十三號

《格物全書》四百七十七至五百一號　五百七十五至五　百七十八號

《地質全編》五百七十九至五百八十號

工藝諸學類

《百工彙編》四百九十六號　五百八十一至五百八十二號

《汽學通考》五百八十三號

《土學輯覽》五百八十四號

《礦學字典》五百八十五至五百八十七號

《礦學課程》五百八十八號

《工師事類叢編》五百八十九至五百九十一號

《染術便覽》五百九十二至五百九十三號

泉刀譜類

《俄國及各國泉刀譜》五百九十四至五百九十六號

《泉刀譜》五百九十七號

訓幼書類

《希臘名士幼學文編》五百九十八至五百九十九號

《音律必讀》六百號

《魂靈長生解》六百一號

《保赤錦囊》六百二至六百三號

《樂工便覽》六百四號

《格物備考》六百五號

《歐洲文法彙編》六百六至六百七號

《丹青課程》六百八號

《養子必讀》六百九至六百十號

《皇村紀略》六百十一號

幼學書類

《幼學集錦》<sub>六百十二至六百十四號　六百十五至六百十六號　六百十七至六百二十
號　六百二十一至六　百二十五號</sub>

《幼學必讀》<sub>六百二十六至六百三十五號　六百三十六至六百三十七號　六百三十八
至六百四十一號　六百四十二至六百五十號　六百六十一號</sub>

《幼學新聞集》_{六百五十一至六百五十四號}

《彼得堡攜幼遊玩記》_{六百五十五至六百五十六號}

《幼學事類叢書》_{六百五十七至六百五十八號}

《古世輿地論略》_{六百五十九號}

《地球論略》_{六百六十號}

《家塾備覽》_{六百六十二號}

《幼學小傳集錦》_{六百六十三號}

幼學天文必讀_{六百六十四號}

《俄羅斯字母集》_{六百六十七號}

圖畫類

《南冰洋遊覽圖記》_{六百六十八號}

《圍城圖記》_{六百六十九號}

《墨斯刮京勝地圖》_{六百七十號}

《星宿圖記》_{六百七十一號}

《俄羅斯寶星圖式集》_{六百七十二號}

《俄兵軍裝器械圖式集》_{六百七十三至六百七十四號}

《土師圖繪全集》_{六百七十五號}

《村居工師課程集》_{六百七十六號}

《各國地理全圖》_{六百七十七號}

《戰場圖式》_{六百七十八號}

《礦學便覽》_{六百七十九號}

《墨斯刮皇宮紀要》_{六百八十號}

《萬物考略》_{六百八十一號}

《彼得堡草木通考》_{六百八十二號}

按：《朔方備乘》所列書目與《北徼彙編》已參差不合，蓋當時由俄羅斯
文館譯出。館中學生荒廢已久，強為設名，多不足憑故也。_{同文館初開，調俄文}

館學生，無一通俄文者，遂盡撤之。此次所譯，大半出班鐸手。其所定書目，亦未可盡據為典要。然較舊譯，則差為翔實矣。

又按：此所分類不知係俄人原分，抑班鐸以意分之。其中類例次第亦稍有不合者，豈未經整理之故歟？

徐鼐《未灰齋文集》卷六《上雲瀹人師箋》云：「既來京師，京師為海內輻湊之地，冀於此間，博求當世賢傑以自擴鄙陋之胸。而所遇知名之士，則自試帖、鄉會、房行書外，絕口不言。間叩以秦漢唐宋之文，則已迂之怪之，目笑存之。」是書自注云：「丁酉〔註39〕都中作。」乾嘉學術之盛，至道光中葉而寥落如此。所謂百年成之而不足，一旦隳之而有餘也。是時，去曹文正相國〔註40〕之卒僅二年。其惡學人之風方熾盛耳。〔註41〕

《隋書·經籍志》「詩類」云：「梁有《毛詩十五國風義》二十卷，梁簡文撰。」按：唐成伯瑜〔註42〕《毛詩指說》引梁簡文云：「詩者，思也，辭也。發慮在心謂之思，言見其懷抱者也。在辭為詩，在樂為歌，其本一也。」當即《十五國風義》之遺說。又《隋志》，梁武帝《毛詩大義》十一卷。《毛詩指說》云：「梁武帝作《詩大義》四十卷。」《釋文序錄》云：「為詩音者九人，鄭玄〔註43〕、徐邈、蔡氏、孔氏、阮侃、王肅、江惇、干寶、李軌。」《毛詩指說》云：「沈重及徐爰作《音義》。」按：《隋志》、《釋文》並不載。《隋志》又有沈重《毛詩義疏》二十卷、舒援《毛詩義疏》二十卷。舒援疑是徐爰之誤。〔註44〕

阮文達《揅經室集》云〔註45〕：「《節南山》以下，皆幽王時詩。《毛詩》說與序同。惟鄭《箋》據緯書《中候摘雒貳》，以《十月之交》以下四詩為

〔註39〕清道光十七年（1837）。
〔註40〕《清史稿》卷三百六十三《曹振鏞傳》：「曹振鏞，字儷笙，安徽歙縣人，尚書文埴子。十五年，卒，年八十有一。自繕遺疏，附摺至十餘事。上震悼，詔曰：『大學士曹振鏞，人品端方。自授軍機大臣以來，靖恭正直，歷久不渝。凡所陳奏，務得大體。前大學士劉統勳、朱珪，於乾隆、嘉慶中蒙皇祖、皇考鑒其品節，賜諡文正。曹振鏞實心任事，外貌訥然，而獻替不避嫌怨，朕深倚賴而人不知。揆諸諡法，足以當正字而無愧。其予諡文正。』入祀賢良祠。擢次子恩濼四品卿。振鏞歷事三朝，凡為學政者三，典鄉會試者各四。衡文惟遵功令，不取淹博才華之士。殿廷御試，必預校閱，嚴於疵累忌諱，遂成風氣。」
〔註41〕眉批：「掌故。」
〔註42〕成伯瑜，一作「成伯璵」。
〔註43〕「玄」原作「元」。
〔註44〕眉批：「經義。詩。」
〔註45〕見清·阮元《揅經室集》一集卷四《詩十月之交四篇屬幽王說·節南山》。

刺厲王。今推驗皆不合。」於是作《補箋》以正之。余按：宋人逸齋《詩補傳》已有是說，且多與文達補箋義相合。國朝人不喜宋、元人經學，故未檢耳。今備錄之。《詩補傳》云〔註46〕：「鄭氏謂《十月之交》、《雨無正》、《小旻》、《小宛》皆厲王之詩。毛公作《傳》，遷其第，因改之耳。其說曰：『師尹皇父，不得並政；褒姒豔妻，不得偕寵；番與鄭桓，不得同位。先儒非之，謂使師尹皇父番與鄭桓先後其事，褒姒以色居位，謂之豔妻，其誰曰不可？』又謂《韓詩》之次與毛氏合。案：幽王八年，以鄭桓為司徒，安知前無番為此官？《揅經室集》亦云：「詩作於幽王六年，故司徒仍是番。」則四詩非厲王詩明矣。竊嘗考之經〔註47〕，猶有五說，證鄭氏之妄。十月辛卯，日有食之，驗之唐曆，在幽王六年。」《揅經室集》亦云：「案《大衍議〔註48〕日蝕議》曰：《小雅·十月之交》，虞劅以術推之，在幽王六年。今遵後編法推，幽王六年十月朔正得入交。」一也。『百川沸騰，山冢崒崩』，稽之《史記》，幽王二年、三川皆震。《揅經室集》亦引《史記》。二也。《雨無正》言『周宗既滅』，即指『赫赫宗周，褒姒滅之』之事，明非厲王。《揅經室集》於「褒姒滅之」，《補箋》云：「豫決其必滅也。」「周宗既滅」，《補箋》亦云：「豫決其必滅也。」三也。《小旻》言『謀夫孔多，發言盈廷』，謂七子之徒。厲王監謗益嚴，國人莫敢言，道路以目，安有孔多盈廷之刺？四也。《小宛》言『念昔先人，有懷二人』，先人謂宣王二人，謂文、武。若厲王之先人乃夷王，安能懷文武之事？五也。」逸齋不著姓名，朱彝尊《經義考》據《宋史·藝文志》作金華范處義〔註49〕。翁方綱《通志堂經解目錄》云：「第三十卷《廣

〔註46〕見宋·范處義《詩補傳》卷十八《變小雅·十月之交》。

〔註47〕「經」，《詩補傳》作「詩」。

〔註48〕「議」，《揅經室集》作「術」。

〔註49〕《四庫全書總目》卷十五《經部十五·詩類一》：

《詩補傳》三十卷

舊本題曰「逸齋撰」，不著名氏。朱彝尊《經義考》云：「《宋史·藝文志》有范處義《詩補傳》三十卷，卷數與逸齋本相符。明朱睦㮮《聚樂堂書目》直書處義名，當有證據。處義，金華人，紹興中登張孝祥榜進士」云云，則此書為處義所作，逸齋蓋其自號也。大旨病諸儒說《詩》，好廢《序》以就己說，故《自序》稱：「以《序》為據，兼取諸家之長，揆之性情，參之物理，以平易求古詩人之意。」又稱：「文義有闕，補以《六經》史傳。詁訓有闕，補以《說文》、《篇》、《韻》。」蓋南宋之初，最攻《序》者鄭樵，最尊《序》者則處義矣。考先儒學問，大抵淳實謹嚴，不敢放言高論。宋人學不逮古，而欲以識勝之，遂各以新意說《詩》。其間別抉疏通，亦未嘗無所闡發。而末流所極，至於王柏《詩疑》，乃並舉二《南》而刪改之。儒者不肯信《傳》，其弊至於誣《經》，其究乃至於非聖，所由來者漸矣。處義篤信舊文，務求實證，

話》足備查檢。」〔註50〕

　　元胡庭芳《周易啟蒙翼傳序》云：「朱子曰：『《易》只是卜筮之書，非以設教。』然今凡讀一卦一爻便如筮，斯得觀象玩辭，觀變玩占，而又求其理之所以然者，施之身心、家國、天下，皆有所用，方為善讀。是故於《乾》、《坤》當識君臣父母之分，於《咸》、《恒》當識夫婦之別，於《震》、《坎》、《艮》、《巽》、《離》、《兌》當識長幼之序，於『麗澤，兌』當識朋友之講習。以至『謹言語，節飲食』當有得於《頤》，『懲忿窒欲』、『遷善改過』當有得於《損》、《益》。不詭不瀆，以謹上下之交，安其身而後動，易其心而後語，定其交而後求，以為全身之道，當有得於《易大傳》。即此而推，隨讀而受用焉。是則君平依孝依忠之微意也。」余謂說《易》諸家好求作《易》之原，杳冥而不可知，不如觀象玩辭，反而求之身心之益也。庭芳之言，凡讀《易》者當以為法也。〔註51〕

　　陳蘭甫師云：「今之讀《四書》者，志在利祿，非讀《四書》，乃讀制藝題目也。」李二曲有《四書反身錄》〔註52〕，其命名之義甚美也。〔註53〕

　　可不謂古之學者歟？至《詩序》本經師之傳，而學者又有所附益，中間得失，蓋亦相參。處義必以為尼山之筆，引據《孔叢子》，既屬偽書；牽合《春秋》，尤為旁義。矯枉過直，是亦一瑕。取其補偏救弊之心可也。

〔註50〕眉批：「經義。詩。」
〔註51〕眉批：「經義。易。」
〔註52〕《四庫全書總目》卷三十七經部三十七「四書類存目」：
　　　　《四書反身錄》六卷《續補》一卷
　　　　國朝李顒撰。顒字中孚，盩厔人。康熙己未薦舉博學鴻詞，以年老不能赴京而罷。康熙四十二年，聖祖仁皇帝西巡，召顒入見。時顒已衰老，遣子慎言詣行在陳情，以所著《二曲集》、《反身錄》奏進。上特賜御書「操志高潔」以獎之。是書本題曰「二曲先生口授，鄠縣門人王心敬錄」。二曲者，顒之別號。水曲曰盩，山曲曰厔。盩厔當山水之曲，故因其地以稱之。是此書成於心敬之手，顒特口授。然覈其序文年月，則是書之成，顒猶及見，非身後追錄之比，實仍顒所自定也。顒之學，本於姚江。書中所載，如《大學》格物之物，為身、心、意、知、家、國、天下之物，即「物有本末」之「物」。又謂「明德與良知無分別，念慮微起，良知即知善與不善。知善即實行其善，知惡即實去其惡。不昧所知，心方自慊」云云，其說皆仍本王守仁。又書中所引呂原明渡橋，與人墜水，有溺死者。原明安坐橋上，神色如常。原明自謂未嘗動心。顒稱其臨生死而不動，世間何物可以動之？夫死生不變，固足徵學者之得力。然必如顒說，則孔子之微服過宋，孟子之不立巖牆，皆為動心矣。且廄焚必問傷人，乍見孺子入井必有怵惕惻隱之心，與夫溺死而原明安坐不動，此正原明平時強制其心而流為谿刻之過。顒顧稱之為不動，則與告子之不動心何異乎？是亦主持太過，而流於偏駁者矣。
〔註53〕眉批：「師說。」

余嘗謂宋、元人說經之書，以漢儒家法繩之，識多所出入，且有枝辭賸語無當於經者。然以文集論議讀之，則名言正論往往而有，數百年之精神學術於是寄焉。在善讀者之自為導擇，毋庸一例抹摋也。〔註54〕

司馬君實《古文孝經指解序》〔註55〕云：「經猶的也。一人射之，不若眾人射之，其為取中多矣。」宋人之說經，雖中鵠者稀，不猶是射者之志乎！〔註56〕

李心傳《丙子學易編·與黃直卿書》云：「古書與《本義》暗合者，妄意亦欲表出之。如漢玄儒婁先生碑〔註57〕云『父安貧守賤，不可榮以祿』之類。」直卿覆書云：「古書可以互見，正當拈出。前輩考經，此類亦多。」據此則以漢碑證經，宋人之舊學也。

賈昌朝《群經音辨》，《經籍纂詁》之濫觴也。岳珂《刊正九經三傳沿革例》，《十三經注疏校勘記》之先聲也。此國朝人所曾表章之書也。

《刊正九經三傳沿革例》脫簡一條，自注云：「《大學》一篇，文公所更定，天下家傳而人誦之。《書》之《武成》，先儒亦嘗更定，但今本止以《注疏》為據，所以不敢增入。倦翁不用朱子改本，而立言婉順，極為有識。」按：此書刊正《注疏》本，可不論及。文公改本，其特注此條，知其不用也。衛敬叔《禮記集說》，《大學》雖備錄朱《注》，而經文仍用原本。

王安石《周官新義》卷二云：「責有傳其事者，若今責契立保也。」又云：「獨曰『國有大刑』，則以宮刑宜嚴於官府。今律宮殿中所坐，比常法有加，亦此意也。」是猶知以今制況古制也。〔註58〕

吳澄《禮記纂言·雜記下》曰：「古字聲同者多借用，故檾麻之檾與單縠之褧並通作穎。鄭氏以穎為代葛之穎〔註59〕，是矣。」是同音通假，吳幼清頗知之也。〔註60〕

龔定庵《乙丙之際塾議》第十六言「人主之憂，食重於貨」，是也。欲天下「退而役南畝」，儒者之言也。然自此以往，恐商重於農，不能閉關絕使，

〔註54〕眉批：「論學。」
〔註55〕見宋·司馬光《溫國文正公文集》卷六十四。
〔註56〕眉批：「又。」
〔註57〕《玄儒先生婁壽碑》，載宋·洪适《隸釋》卷九。
〔註58〕眉批：「經義。周禮。」
〔註59〕「穎」，元·吳澄《禮記纂言》卷十一《雜記》作「檾」。
〔註60〕眉批：「經義。禮記。」

則必當經理商務。商務既重，則貨重於食，無已時也。定庵之言，不欲泉貨挈萬事之柄。夫挈其柄而萬事且不能理，無有挈其柄者，則委壞萬事而已矣。魏不鑄錢，而民皆不便，何能使其盡就南畝以求食乎？定庵經濟家，而此篇則至迂至闊之論，不可行也。〔註61〕

定庵《己亥雜詩》自註〔註62〕云：「近日銀貴，有司苦之。古人粟紅貫朽，是公庫不必皆納鏹也。予持論如此。」此道光間時事。至今日則銀賤於昔時，而國貧日甚，西人乃進富國策，以設銀行為巨利。此在西方諸國，為立國之大經，而在中國此時行之，則且將為蠹民之大弊者也。孟子曰〔註63〕：「無政事則財用不足」，不信然耶！〔註64〕

《尸子》一書，孫淵如、汪繼培兩家輯本甚詳備。大抵不背儒術。章懷太子注《後漢書·宦者呂強傳》云：「《尸子》書二十篇，十九篇陳道德仁義之紀，一篇言九州險阻水泉所起。」然則《尸子》者，儒家之遺言也。而《漢書·藝文志》「雜家」：「《尸子》二十篇。」孟堅自註云：「名佼，魯人。秦相商君師之。鞅死，逃亡入蜀。」《史記·孟荀列傳》云：「楚有尸子、長廬。」《集解》引劉向《別錄》曰：「楚有尸子，疑謂其在蜀。今按尸子書，晉人也，名佼，衛鞅客也。衛鞅商君謀事畫計，立法理民，未嘗不與佼規之也。商君被刑，佼恐並誅，乃亡逃入蜀。自為造此二十篇書，凡六萬餘言。卒，因葬蜀。」又劉向序《荀子》云：「尸子著書，非先王之法，不循孔氏之術。」則尸子不特非儒家，且與儒家為難者也。今雖散佚，不得盡徵其說，然其稱孔子、曾子、子路、子貢、子思者則有之，不循孔子之術者無有也；述義、農、堯、舜、禹、湯、文、武者則有之，非先王之法者無有也。又李軌《法言注》云〔註65〕：「尸子避地，四皓隱居，斯皆清涼其身，不燠秦之湯火。」以尸子與四皓並稱，則其入蜀又似非畏並誅者。且尸子若不循孔子之術，《穀梁傳》何得引用其說？或者楚之尸子與晉之尸佼本兩人，〔註66〕中疊誤仞為

〔註61〕眉批：「治略。」
〔註62〕見《己亥雜詩》一七五：「瓊林何不積緡泉，物自低昂人自便。我與徐公籌到此，朱提山竭亦無權。」
〔註63〕見《孟子·盡心下》。
〔註64〕眉批：「治略。」
〔註65〕見漢·揚雄撰、晉·李軌注《揚子法言·寡見卷第七》。
〔註66〕阮元《穀梁傳注疏校勘記序》（《揅經室一集》卷十一《十三經注疏校勘記序》）：如隱五年、桓六年並引《尸子》，說者謂即尸佼。佼為秦相商鞅客，鞅被刑後，遂逃亡入蜀。而預為徵引，必無是事。或傳中所言者非尸佼也。

一歟？〔註67〕

楊瑀《山居新語》云：「大德間，回回富商以紅刺一塊重一兩三錢申之於官，估直十四萬定，嵌於帽頂之上，累朝每於正旦與聖節大宴則服用之，瑀嘗拜觀焉。」明張應文《清祕藏》亦載之。紅刺當是紅寶石之類。然則帽頂嵌寶石，元制已有之歟？〔註68〕

又，張西堂《尸子考證》（附《穀梁真偽考》，第89～90頁）：

現在通行的《尸子》是兩人的，這是很容易看出來的。

汪繼培的《尸子敍》上說：「劉向序《荀子》，謂『尸子著書，非先王之法，不循孔氏之術。』劉勰又謂其『兼總雜術，術通而文鈍。』今原書散佚，未究大恉。諸家徵說，率皆採擷精華，剪落枝葉，單詞賸義，轉可寶愛。」

章懷太子注《後漢書》（宦者呂強列傳）謂：「尸子書二十篇，十九篇陳仁義道德之紀，一篇言九州險阻，水泉所起。」

據這兩段話看來，顯而易見的是有兩樣學說，兩樣的作者。如若尸子是秦相商君之師，畫議圖計，必相與偕。那樣，尸子既能與商君合作，又能與商君親密，尸子必定也是任法重刑，棄知非聖的主張者。鞅死逃蜀，便是個明證。劉向說尸子是「非先王之法，不循孔氏之術」，當然也是真實可靠的。

但是反過來說，《穀梁傳》在隱公五年有尸子的「初獻六羽，始厲樂矣」這一句。在桓公九年有：「夫已多乎道。」也是尸子的。尸子既是穀梁經師，必定私淑孔子，服膺聖道；《穀梁傳》上的引語，當然可靠。章懷太子說：「尸子書二十篇，十九篇陳仁義道德之紀」，應該也是真實可信的。（《元和姓纂》一屋穀梁姓下引尸子曰：「穀梁俶傳春秋十五卷。」此語當在尸子原書中，此亦一證據。）

我們現在將劉向、章懷太子的話證明了。在《漢書‧藝文志》上，只有一種尸子，在劉向和章懷太子的口中，卻有兩樣的尸子。大概在以前總有兩種尸子，所以他們說法不同，不過我們現在因原書已亡，把尸子誤認為一人的了。

講《穀梁傳》的，有不承認尸子是一個人的。阮文達說：「隱五年，桓六年（應是九年）並引尸子，說者謂即尸佼。佼為秦相商鞅客，鞅被刑後，遂亡逃入蜀。而預為徵引，必無是事；或傳中所言，非尸佼也。」（《穀梁傳疏校勘記》敍）廖季平說：「先師也，人表序以為在孟子後；或以為佼，非也。」（《穀梁古義疏》隱五注）但阮、廖皆未尋出什麼根據來，其實拿文字時代來作證，商君的先師的尸子，與儒家的後輩的尸子，很容易見出是兩人的。

另，徐文武《〈尸子〉辨》（《孔子研究》2005年第4期）：

摘要：歷史上關於《尸子》一書的記載存在著多重矛盾性，通過考證，可發現先秦時期曾經有兩種書名為《尸子》的古籍。其一為魯《尸子》，魯人尸佼所著，作於戰國中期，受法家思想的影響，具有「非儒」的思想傾向；其二是楚《尸子》，楚國尸姓學者所著，作於戰國晚期，受黃老道家思想影響，具有「兼儒」的思想傾向。魯《尸子》早佚，今存輯本《尸子》是楚《尸子》。將兩種《尸子》誤認為是同一種《尸子》是文獻記載產生矛盾現象的根本原因。

〔註67〕眉批：「諸子。」

〔註68〕眉批：「冠服」、「器物」。

元孔齊《至正直記》〔註69〕云：「今之學士帽遺制類僧家師德帽，不知唐人之制如此否。愚意自立一樣，比今之國帽差增大，頂用稍平，簷用直而漸垂一二分，裏用竹絲，外用皁羅或紗，不必如舊制。頂用小方笠樣，用紫羅帶作項攀，不必用粒頂〔註70〕，卻須用玉石之類。夏月林下，則以染黑草為之，或松江細竹絲亦好。」玩其詞意，是當時頂已用玉石也。〔註71〕

凌曉樓《群書答問》云：「問：『《曲禮疏》。《五經異義》：『《公羊》說：譏二名，謂二字作名，若魏曼多是也。《左氏》說：二名者，楚公子棄疾弒其君，即位之後，改為熊居，是為二名。許慎案：文武賢臣有散宜生、蘇忿生，則《公羊》之說非也。從《左氏》義也。許說然否？』答曰：『《春秋》譏二名，非禮也，兩見《公羊傳》〔註72〕。既於魯譏仲孫何忌，復於晉譏魏曼多。《春秋》之義，內其國而外諸夏，故譏二名。始於魯而終於晉，晉同姓大國也，故先治之。晉率王化則天下莫不如此，由近以及遠也。《春秋》託新王受命於魯，張三世於所見之世，天下太平，無由失禮，唯譏二名而已。非當世之事實如此也。許氏折衷無當，宜為鄭君所駁耳。』」按：此條鄭君之駁既無可考，安知不同許義？凌氏云：「宜為鄭駁」，已非事實。其答語中又廣引董生《春秋繁露》及鄭君《禮運注》，大抵皆申明治太平之說，於譏二名亦無當也。竊謂《公羊》之著竹帛，在漢景帝時，去孔子已三百餘年。其得經之大義者固多，至於小小附會，亦誠所不免。仲孫何忌、魏曼多之可稱仲孫忌、魏多者，猶晉重耳之可稱晉重也。當時盟府亦豈譏重耳之二名，而必去其一乎？以此推測聖人徒令，王莽之流可以得其形似而已。且黃帝正名百物，《爾雅》所載草木鳥獸尚多。二名人有二名，何損太平公羊之義？必非聖意不可用。《公羊傳》文十四年《疏》云：「至漢公羊氏及弟子胡毋生等，乃始記於竹帛。」宣十二年《疏》云：「公羊子是景帝時人。」《疏》又引戴宏序，以公羊為公羊壽。說自可信。江藩《隸經文》謂「《公羊》興於漢初」〔註73〕，要不足據。〔註74〕

〔註69〕見元‧孔齊《靜齋至正直記》卷三《學士帽》。
〔註70〕「粒頂」，《靜齋至正直記》作「笠珠頂」。
〔註71〕眉批：「冠服。」
〔註72〕定公六年：「季孫斯仲、孫忌帥師圍運。此仲孫何忌也。曷為謂之仲孫忌？譏二名。二名非禮也。」哀公十三年：「晉魏多帥師侵衛，此晉魏曼多也。曷為謂之晉魏多？二名非禮也。」
〔註73〕江藩《隸經文》卷四《公羊先師考》：「《公羊》之學，興於漢初。」
〔註74〕眉批：「經義。公羊。」

哀十四年，《公羊傳》云：「制《春秋》之義，以俟後聖。」此大義也。自孔子以前，羲、黃、堯、舜、禹、湯、文、武，聖人皆在天子之位，故政教合於一而天下治。孔子有聖德而不為天子，其或繼周，文獻不足，上之所行不合民心，下之所用非遵時制，政之與教由此遂分。孔子蓋見於此，於是作《孝經》，修《春秋》。《孝經》所以垂萬世之教法也，《春秋》所以傳萬世之政法也，故曰「吾志在《春秋》，行在《孝經》」。《禮記·中庸》鄭《注》。又以《春秋》屬商，《孝經》屬參。《公羊》哀十四年《疏》引《孝經說》。二書既成，則雖後聖不作，而政法教法炳炳天壤，百世之下，猶可遵循，莫不尊親，故曰配天，其在是乎？然《孝經》文理易解，《春秋》則非授受不明。《公羊》之義，與《孟子》合，高出二《傳》，較然易知。說經之家通其大義，至其小失不必曲從，是在「好學深思，心知其意」者矣。〔註75〕

《傳》所謂「後聖」〔註76〕，非謂漢也。《傳》云〔註77〕：「末不亦樂乎？堯舜之知孔子」，亦非謂漢也。何《注》皆以漢釋之。漢德果如堯、舜乎？注經者何取曲學媚世乎？《疏》云：「孔子亦愛慕堯、舜之知，君子而傚之」，蓋不從《注》說也。〔註78〕

趙誠夫《東潛文稿·讀公羊傳說》〔註79〕云：「怪哉，《公羊》之妄也！甚哉，說《公羊》家之陋也！余姑置三正迭用，黜周王魯，與夫以貿戎為晉人，魯慶父為齊仲孫。違經乖實，不足以傳信後來。乃若昭公孫齊而曰『將弒季氏』，夫以君伐臣而稱之曰『弒』，《春秋》以道名分，何為者耶？何休又從而為之辭曰：『弒者，從昭公之辭以為如人君，故言弒。』立乎千載之下，指乎千載之上，昭公有人君季氏之心，其誰知之？夫季氏雖強，猶然魯大夫。昭公雖無能，固周公之裔，魯國之君也。公羊氏不啻至於再、至於三曰『弒之』、『弒之』。休也不能糾其繆而正其失，且溺於所惑，而亦曰『弒之』云爾。夫《左氏傳》有『王貳於虢』、『王叛王孫蘇』之文，世之摘斥之者不遺餘力。吾益不解何以獨寬於公羊氏也。」按：弒、殺二字，形聲相近。《傳》偶用假借字。邵公之言，則真繆說，趙氏糾之是也。《癸巳類稿》卷七

〔註75〕眉批：「又。公羊。」
〔註76〕見《公羊傳·哀公十四年》。
〔註77〕見《公羊傳·哀公十四年》。
〔註78〕眉批：「又。公羊。」
〔註79〕見《東潛文稿》卷下。

云〔註80〕：「弒者，畏忌之不敢直殺也。古語上下共之。」恐亦未然。〔註81〕

《永樂大典》今存於翰林院者，僅八百餘冊。余乙酉、丁亥在京時，志伯愚銳詹事方協辦院事，曾借讀三百餘冊。其可採之書，惟宋元地志為最夥。惜未募寫官，不能盡錄。惟集《經世大典》得六七卷，又鈔其詩文及說部之冷僻者得千餘紙，為《知過軒隨錄》而已。明初，《順天志》尚存數冊，付繆筱珊前輩鈔之。其時《順天府志》已成，未能補入。又《廣州府志》存者過半，李侍郎文田鈔存。他時當補讀所未竟者，宋元文獻猶可摭撦百一也。〔註82〕

《大典》中引書，必用硃圈斷句。卷末結銜有圈點，監生二人然往往有誤，詞曲尤甚。如卷二千四百七「梳」字下錄元姚牧菴集《玉梳贈內子》，《虞美人》詞云：「相輝瑜珥瑤釵鳳，寶翼蜻蜓動。新妝又得水蒼梳，人道秋風何物不瓊琚。人無玉質容何害，玉德斯堪愛。尚慙猶未十分全，聽取明年環佩戛璆然。」此詞句調顯然而圈者，以七字為一句，八句適盡，遂使「玉德斯堪愛尚慙」為句矣，可笑之甚。此卷圈點監生為徐克、松歐陽，而總校之高拱、瞿景淳亦似絕未寓目者。然即此可見明人詞學之疏矣。〔註83〕

元詹道傳《論語集注纂箋》卷九引傅杏溪《九穀考》云：「黍，今穄也。稷，今鮮粟也。稻，今晚禾也。梁，今糯粟也。豆，今黑豆也。小豆，今菉豆也。麻，今油麻。芇音孤，《周官‧太宰》釋云雕胡也。」此書在程易疇徵君之前。其以稷為鮮粟，則仍用班孟堅、服子慎之說。其以梁為糯米，亦用《說文》之義。易疇未引其書，而適用其名，當由未見此條耳。〔註84〕

陳蘭甫師《東塾文集‧與人論祝壽》〔註85〕一篇，以為宜「依亭林擇日之禮，行忠惠獻壽之儀」，義既美矣。惟云「自唐以來，以生日祝壽，濫推其故，當由爾時人之紀年以生日為增一歲」，則恐未然也。《魏志‧朱建平傳》〔註86〕云：「夏侯威為兗州刺史，年四十九。十二月上旬得疾，念建平之言，自分必死。至下旬轉差，垂以平復。三十日日昳，請紀綱大吏設酒，曰：『吾所苦漸平，明日雞鳴，年便五十，建平之戒，真必過矣。』疾動，夜半遂卒。」

〔註80〕見《癸巳類稿》卷七《書隱三年左傳後》。
〔註81〕眉批：「又。公羊。」
〔註82〕眉批：「圖籍。」
〔註83〕眉批：「又。詞。」
〔註84〕眉批：「經義。論語。」
〔註85〕見《東塾集》卷四《與人論祝壽書》。
〔註86〕見《三國志》卷二十九《魏書二十九‧方技傳》。

是古人歲盡增年之證。白香山《七年元日對酒》詩〔註87〕云：「眾老憂添歲，余衰喜入春。年聞第七秩，屈指幾多人。」元微之《除夜酬樂天》〔註88〕云：「莫道明朝始添歲，今年春在歲前三。」是唐人亦以歲盡增年也。〔註89〕

　　董桂新《讀書偶筆》〔註90〕卷二十云：「生日開筵，古無此俗。《顏氏家訓》〔註91〕言：『江南風俗，兒生一朞，為制新衣，盥浴裝飾，男則用弓矢紙筆，女則刀尺針縷，並加飲食之物及珍寶服玩，置之兒前，觀其發意所取。親表聚集，因成宴會。自茲以後，二親若在，每至此日，常有飲食之事。無教之徒，雖已孤露，其日皆為供頓。醼暢聲樂，不知有所感傷。梁孝元年少之時，每八月六日載誕之辰，常設齋講。自阮修容薨後，此事亦絕。』是生日之制起於齊梁之間。」錢辛楣《養新錄》卷十九云：「《冊府元龜》載唐開元十八年以八月五日為千秋節，著之甲令，布於天下，咸令宴樂，休假三日。群臣以是日獻甘露醇酎，上萬歲壽酒。此帝王生日上壽之始。」〔註92〕

　　陳蘭甫師《聲律通考》，余為校譌字數條，皆即付刻工改正。惟卷四一條師黏之壁上，未及改定而疾作。今錄於後。《通考》云〔註93〕：「鄭譯之八十四調，周宣帝時已獻於朝矣。《周書·斛斯徵傳》〔註94〕云：『宣帝嗣位，鄭譯乃獻新樂。十二月各一笙，每一笙用十六管。帝令與徵議之，徵駁而奏，帝頗納焉。』案：十二笙即十二均也，十六管即十二律加四清聲也。每一笙十六管，轉為七調，十二笙則八十四調也。惟斛斯徵所駁，不知云何，蓋與蘇夔、何妥二說相去不遠也。」廷式案：斛斯徵駁議，《北史》列傳四十九徵附《斛斯椿傳》載之，其辭曰：「《禮》云：『十二律轉相生，聲五具在十六焉。』六律十二管，還相為宮。然詳一笙十六管，總一百九十二管，既無相生之理，又無還宮之義。臣恐鄭聲亂樂，未合於古。」又云：「案譯之所為，不師古始。若以月奏一笙，則鍾鼓諸色，各須一十有二。雅樂之備，已充廟庭，今若益之，於何陳列？」云云。「聲五具在十六焉」何？當有譌字。「十六」疑當作

〔註87〕見唐·白居易《白氏長慶集》卷六十四。
〔註88〕宋·蒲積中《歲時雜詠》卷四十一。
〔註89〕眉批兩字不清，或是「師說」。
〔註90〕董桂新《讀書偶筆》二十卷，有清同治五年婺源賜硯堂刻本，俟訪。
〔註91〕見南北朝·顏之推《顏氏家訓·風操篇六》。
〔註92〕眉批：「風俗。」
〔註93〕清·陳澧《聲律通考》卷四《梁隋八十四調考》。
〔註94〕見《周書》卷二十六。

「六十」〔註 95〕。蓋謂五聲轉生六十律，古義具在，毋庸用八十四調也。師以為與蘇夔說相近，是也。至云「雅樂之備，已充廟庭，方當更闢階墀，增修廊宇」，則枝辭耳。〔註 96〕

《太平御覽》卷六百十八引伏滔《北徵記》曰：「皇天場〔註 97〕北，古時陶穴。晉時有人逐狐入穴，行十里許，得書二千餘卷。」是當時得書不止魏安釐王冢也。又一百八十引《郡國志》曰：「虢州楊震宅，西有龍望原，南崖有大尉公藏書窟。太元初，人逐獸入穴，見古書二千餘卷。」〔註 98〕

俗用字，各省皆隨聲而造。張介侯《續黔書》卷五云：「黔南各郡，訟牒多俗字，亦有字書所載而音讀迥異者。」余按：廣東亦然。如唔讀如謨，鼻音，作不字用；乜讀密，作何字用是也。又《續黔書》：「孖讀為鴉，言水之分流者也。」則借作椏字，古人或徑作三鴉字。廣東則讀孖如媽，與《廣韻》、《集韻類篇》音滋迥異，而用為聯並字，則與《玉篇》「雙生子」之訓為引申義尚不相遠。如兩人打槳之小艇，即呼為孖舲艇是也。〔註 99〕

《太平御覽》卷六百九十七引《晉令》曰：「士卒、百工履色無過綠青白，婢履色無過紅青，古儈古會切。案：原文如此。「古儈」，「古」字疑誤衍。賣者皆當著巾，帖額題所儈賣者及姓名，一足著黑履，一足著白履。」按：巾題姓名及所業，似近時腰牌之類。施之儈賣，極有益於市令。惟兩履異色，則不必行耳。又卷七百五十六引《晉令》曰：「欲作漆器物賣者，各先移主吏者名乃得作。皆當湰漆著布骨〔註 100〕。器成，以朱題年月姓名。」此條猶有古人物勒工名以考其成之意。〔註 101〕

《國策地名考》援據雖多，發明甚少，不獨非《禹貢錐指》之比，乃轉不及張宛鄰、孔葒谷《戰國釋地》之簡要也。必非程春海侍郎作。〔註 102〕卷首

〔註 95〕《禮記・月令》鄭玄《注》：「十二律轉相生，五聲具終於六十焉。」
〔註 96〕眉批：「述師說。」
〔註 97〕「場」，《太平御覽》作「塢」。
〔註 98〕眉批：「周禮。」
〔註 99〕眉批：「方言。」
〔註 100〕「骨」，《太平御覽》作「器」。
〔註 101〕眉批：「冠服。」
〔註 102〕程恩澤作《國策地名考》，未見有質疑者。錄數則如下：
　　　　清・陳慶鏞《籀經堂類稿》卷二十《龍泉寺檢書圖記》：
　　　　歆程侍郎春海先生，器宇汪洋，為學根抵兩漢師說。余向心往久之。乙未，
　　　　以少司徒掌農政，余為其屬，在公詢及「蒙器齋格」，命親就講席。余時適
　　　　有王伯厚《詩考》之校，質疑得是正。且眱及天文地理與夫古儀器、制度、

倉頡、史籀、軺書，精意窮源達委，聆若發蒙。余請公箋讀之。公謂《開元占經》徵引多古書古義，嘗從事數年，以抄本魚魯烏焉，屢欲加讎校，役於公事，未暇舉。《戰國策》自漢劉子政校定，至宋嘉祐間，已多散佚。今所傳皆出曾南豐重校本。高誘《注》，隋時止存廿一篇，今僅存十篇。鮑彪《注》行，而高氏《注》芟棄，擅易篇第學者病之。然世有剡川姚伯聲本，頗稱完善，端緒尚可尋。曩元和顧氏廣圻嘗欲倣杜征南於《左氏春秋》之意，撰為《戰國策釋例》五篇：一曰疑年譜，二曰土地名，三曰名號歸一圖，四曰詁訓微，五曰大目錄。因思晉杜預有《春秋地名》，宋王伯厚有《詩地名考》，國朝若閻伯詩之《四書釋地》，胡朏明之《禹貢錐指》，梁處素之《左傳補釋》，與地皆有誤述。唯《國策》地里向無專書，乃與溧陽狄孝廉子奇搜羅舊籍，創為體例，課為《國策地名考》一書，並參酌古今圖說，繪為分圖合圖，以補高誘、鮑彪、吳師道諸家所未備，稿犢成而未質正大定。余聞之而歎。公之修學考古，實事求是，其功當不在班孟堅《地里志》、酈善長《水經注》下。夫古重九能之士，其一「山川能說」。史載潘京辨武陵郡名，崔慰祖答地理十餘事，裴子野知白題滑國所出，李百藥識琅邪劉稻所本，賈耽圖天下郡國，劉敞以松亭徑路質虜使，當時著為美談。矧《國策》為先秦舊書，上以按《禹貢》山川、《春秋》地號沿革異同，下以證漢魏晉唐地名變遷，郡縣更置，城聚趨徙，胥於是書為關鍵焉，盍梓之以惠來學？公曰：「待補苴，請為定。」邇言猶在耳，而公竟以丁酉秋七月遘疾，薨於位。越九日，停櫬於都之城南龍泉寺。儀徵阮相國師慮遺籍散棄，命其家檢所著錄，並率鏞與汪孟慈憙孫、何子貞紹基就寺中校之。公所課經，說天文，說古器，說曆，落積於簏，難卒理。惟《國策地名考》二十卷，抄錄完帙，得檢以俟諸剞劂氏。夫公於經、史、子、集、金石、說文，旁及九流、七略，靡不淹貫，地志特一斑耳。其推步占星，常合時事，道光十五年，歲在乙未，木火同度，公謂當有火災，已而果驗。前奉詔纂修《春秋左傳讀本敘錄微義》，以賈、服《注》正杜氏之譌，俾讀《春秋》者得所宗仰。視學黔中，嘗刊岳本《五經》，頒之庠，以為多士式。詩集之梓行於世者，有《北湖唱酬集》、《橡繭詩》數十首，此外吟詠甚夥，異日搜輯合梓，當為來學惠。鏞得聞公緒餘，故即公之所學者言之。至其經濟，則職在太史，當傳之不朽，不復贅。今為繪檢書圖，藏置龍泉寺中，以誌景仰公之意，並以誌相國師之愛惜人才，提唱之功為大也。是為記。道光十有九年正月既望。

清‧何紹基《東洲草堂文鈔》卷四《龍泉寺檢書圖記》：

歙縣少司農師程公既卒之明月，儀徵相國師阮公，約同人集龍泉寺，檢其遺書。先一日，基以告於公之孤德咸，德咸泣而言曰：「先公於辯論經史六書古義及天文地志，箚記最夥，詩古文詞亦為之甚勤，顧不自存省，其僅未散失者雜置書簏中，往往無首尾題識。它日從容整理，稍就次弟，當乞阮公鑒定，今苦卤迫促未遑也。顧辱公及諸君子存錄之，盛心不可以負，有《戰國策地名考》二十卷，迄寫粗畢矣。德咸斬焉衰絰，不敢躬詣。明日將浼宗人鎮北，先持正於阮公。」同人既集，鎮北持書來，公披繹久之，歎曰：「疵纇有未滌者，然既博且精。聞尚無副墨本，余雖欲為審定，未忍遽攜持去。」屬鎮還於其孤，且謂曰：「諸君其急為校讎，使無遺憾。余雖老，幸及為覆邾而弁言以行。胡朏明《禹貢錐指》、全謝山《地理志稽疑》後，此其盛業

矣。並其他箸作，當成大集，司農其可以不朽。」

烏乎！京師才士之藪，魁儒碩生，究樸學能文章者，輻湊鱗比，日至有聞。至於網羅六藝，貫串百家，又巍然有聲名位業，使天下士歸之，如星戴斗，如水赴壑，在於今日，惟儀徵及司農兩公而已。然儀徵以文章經術，受三朝殊遇，歷歷封圻，入躋宰輔，儒生勳績，彪炳人寰。司農繼先公蘭翹少宗伯後，兩世入直書房，督學典試，頻膺使命，齮用甫殷，迄未足以行其志。儀徵公所箸《揅經室集》、《十三經校勘記》等書，手付剞劂。又刻《宋本十三經注疏》、《皇清經解》諸巨冊，普惠天下學者。司農則詩文各種既未寫定，即此二十卷成書，亦未知付梓何日。儀徵公久得末疾，日有歸志。承學之士謂京師中儒林祭酒繼儀徵者，惟司農。乃司農年不中壽，偶攖溼疾，遽歸道山。儀徵公年逾七旬，神明不衰，且勤勤焉檢其遺書，流連而太息之。噫！秉資之異，學術之大，精神意量包含斟把之闊且遠，司農視儀徵亦幾如驂之靳矣。信屈殊勢，豐嗇殊形，修短異數，如是其不相伴也。豈非天哉！豈非天哉！

儀徵少年通籍，蚤負隆譽。由乾隆至道光六十年間，海內覃經講學之儒，皆其先後所師友，或其門下士，又或其再傳弟子。司農之起，後二十餘年，乾隆時老師宿儒，未及見者已多矣。然基久處京師，所及交若劉丈申甫、潘丈少白、陳秋舫、龔璱人、魏默深、陳碩甫、江鐵君、徐廉峰、管異之、陳東之、徐君青、鄭芝香、俞理初、汪孟慈、陳頌南、張彥遠、許印林、沈子敦、黃蓉石、張石州諸君，大抵皆兩公所識習而矜賞之也。基自為弟子員，出司農之門。及成進士，改庶常，儀徵公實為館師。兩公居相鄰，基與璱人、孟慈、頌南諸君過從遊侍，輒跡輒相屬。今司農已矣，儀徵既告歸邗上，文選一樓，如靈光魯殿。因念基所及交諸君者，前後數十輩，或既逝且老；其尚未至於此者，或浮沉郎署，或留滯公車，或汎濫江湖。如有箸述，早付殺青。天時人事，茫茫汗汗，知誰為後死，當檢其遺書者哉！讀斯圖，不禁為吾師雪涕向天，深悲之而復幸之也。

清·陳康祺《郎潛紀聞二筆》卷五：

程侍郎為阮文達公再傳弟子，例稱門人。文達入相，與侍郎結鄰，尚以暇相講習。文達校《毛詩》「有椒其馨」，「椒」字訛「茮」字，其訛久在六朝，罕可相證者。持示侍郎，侍郎謂：「《詩》『茮芬孝祀』，《韓詩》作『馥芬孝祀』。『馥』字，毛、韓兩見，形聲不謬，於六書為加一證。」侍郎又謂近人治算，由九章通四元，可謂發明絕學，而儀器罕有傳者，乃與鄭君復光有修復古儀器之約。又嘗深究《開元占經》，謂道光七年木火同度，當有火災，果驗。吉地案發，因水之故，曹文正問古有之乎？侍郎對：「水齧王季墓，見棺之前和，見《呂覽》。」所撰《國策地名考》，謂孟津在河北，非今孟津縣，亦非古河陽縣；蒲反非舜都，乃衛蒲邑，以嘗入秦仍歸，故曰蒲反。其援據博洽如此，文達甚韙之。世盛稱侍郎詩文。康祺謂侍郎亦漢儒實事求是之學，不墜師門家法者也。

清·譚瑩《樂志堂詩集》卷十二《程春海侍郎蒲澗賞秋圖作於壬辰九月同集者十一人今惟余在耳梁馨士儀部購得囑補題時戊午重陽日也〔十一人：陳範川、李繡子兩山長，吳石華、曾勉士兩廣文，儀墨農、侯君謨、孟蒲生三孝廉，居少栂、段劬秋兩茂才，暨侍郎與余也〕》四首其二：

春海侍郎及阮文達序二篇，與狄子奇後序，蓋出一手〔註103〕。文筆猥鄙之甚，

菖蒲舊宅也無存，無處登臨且閉門。夐絕古今推此會，重刊著撰試同論。〔數
年來，嘗重校刊侍郎遺集及《國策地名考》兩書。〕似聞傷亂劉琨語，誰罪
談兵杜牧言。歎逝憐才兼感遇，心魂難定賦招魂。
清‧李元度《國朝先正事略》卷四十四《鮑覺生先生事略》附程恩澤傳：
先生學識超時俗，六藝九流，皆深思而得其意。工篆法，熟精許氏學。督學
貴州，時勸士民育蠶，其利大行於民。又重刻岳珂《五經》以訓士。及奉詔
纂修《春秋左氏傳》，推本賈、服，不專守杜氏一家言。所著述惟《國策地
名考》二十卷已定本，餘多未成書，不自料其年不永也。

〔註103〕　胡玉縉亦持此論。《許廎經籍題跋》卷二《國策地名考書後》（《續四庫提要
三種》第509～511頁）：
《國策地名考》二十卷，歙縣程恩澤撰，溧陽狄子奇箋。恩澤字雲芬，號春
海，嘉慶辛未進士，官至工部右侍郎。子奇字叔穎，號惺垣，舉人。是編以
張琦《釋地》簡略，因舉《國策》中地名七百餘事，先列原文，次鮑彪、吳
師道注，次博採群說為之考辨，而一以當時府、廳、州、縣實之。其敘次列
國，俱仍原書舊第，而各國地名則先都城，次山川關隘，次大都，次小邑，
次宮觀臺榭，不拘文之先後，悉以地之方位為斷。至魯、鄒之屬，則以諸小
國統之；楊越、甌越之屬，則以諸夷國統之；介乎疑似而不能定其某地屬某
國者，如山東、西山、河、濟之屬，以諸國隙地統之；或以國、或以邑而知
其得姓受氏之始者，如申、呂之屬，以諸國姓氏地統之；其補遂、涿鹿及彭
蠡、洞庭之屬，以古國及古邑統之。首有凡例十四則，並列十二圖，體例完
密，義據賅洽，為讀《國策》者不可少之書。中如「營邱」下引《史記》「營
邱邊萊」，以證營邱之非臨淄；「夜邑」下引《說苑》作「掖」，謂田單所封
為今掖縣，非古不夜縣；「葵邱」下引馬宗槤在鄆之說，謂非在汾陰，均極
精塙。非祇以孟津在河北，非今孟津縣，亦非古河陽縣；蒲反非舜都，乃衛
邑，以嘗入秦，後仍歸衛，故謂之蒲反，如阮元撰墓詰銘所稱已也。他如以
西漢水為東至重慶府城北入江，東漢水為歷湖北鄖西等處，足杜常璩、酈道
元諸說之糾紛；以無窮為即無終，「窮」與「終」通，非精小學者不能有此
解；以吳師道引京相璠「高都非在上黨」之說，為與京意正相反，而其說不
可易，尤見讀書精細；以「晉下」為猶穀下、歷下之謂，非晉之下地，可謂
名通；一以「上地」為上郡之地，一以「上地」為上黨之地，融會本文為說，
亦直截了當。惟「山陽」下，以今陝西商州山陽縣係明成化間置，實為秦地，
當有所據，此以後證古，似乖著書之體；「寧」下引《書錄解題》「是時秦初
取韓上黨」云云，似誤以他書為《解題》，亦屬疏舛。狄氏箋，大致於徵引
舊說之未及疏通、未及辨正者，為之申駮，亦頗簡戵，用雙行夾註，隨文分
繫於其下，尤便省覽。而「滎澤」下引《左傳》杜注「熒陽」，以馬熒亦從
「火」，此隱匡程說，其言固是，但熒陽外，熒澤、熒雒等字，古亦無從「水」
者，段玉裁《古文尚書撰異》考之甚詳，此尚僅知其一。「負海」下引《漢‧
食貨》、《五行》二志，以為實有其地，不知《班志》亦泛指地之背海者而言，
趙岐《孟子‧離婁》篇注亦有「諸馮、負夏、鳴條，皆地名，負海也」之語。
「鄄」下引杜注「東郡鄄城」，以為晉無東郡，不知杜注《左傳》時尚未分
東郡為濮陽國。「嘗」下引洪頤煊《經義叢鈔》「常與棠通」之說，不知《叢

張石洲謂嫁名者之厚誣，信然。〔註104〕

黃梨洲《明司馬澹若張公傳》云〔註105〕：「公銜疏裏中，入白堂官。堂官，長垣王永光也，固攻東林者。其人有權術，亦不欲寄乾兒門客之虎落。得公疏，竟奏之。」是明制庶僚言事亦須堂官代奏也。〔註106〕

蕪湖繆闓著《律呂通今圖說》及《律易原音》數種，大意以為律呂清濁，並成黃鐘律八十一。林鐘五十四，合仲呂二十七為八十一；太簇七十二，合無射九為八十一；南呂四十八，合夾鐘三十三為八十一；姑洗六十四，合夷則一十七為八十一。至應鐘之四二六六，無損益之可施，於是並大呂之三八三四為八十一，而定蕤賓之律。其立說甚巧，然沿《竟山樂錄》〔註107〕之說，謂律呂僅有七調，今之上尺四合等字即古之律呂。於是說《周禮》則必不可通，遂謂旋宮之法自周失傳。然則果何據而論樂乎？此所謂「臧三耳」〔註108〕，

鈔》為嚴傑編，此乃嚴輯其《讀書叢錄》說，安得張冠李戴。然全書於名同實異、名異實同，及一地而數國共之者，剖晰甚細，狄箋亦往往互相發明，二者各有小失，無害大體也。此伍氏粵雅堂本，有狄氏前、後序，又有程自序及阮元序，詳其語氣，皆係贗品話。阮序大致依傍所撰墓誌，而云「是書少農為其綱，孝廉為其目」，全乎與書不相應，即元未細閱，亦斷不至如此語。程《序》尤委瑣，起筆云「道光庚寅，余主講鐘山，或以溧陽狄惺垣先生《孔孟編年》見示，繙閱再四，歎其必傳，亟請相見」，與狄《後序》稱「以年家子禮拜程春海先生於鐘山書院，執所刻《孔孟編年》為贄」不符。狄書以進謁時自奉，今乃云他人以狄書見示，程始請見。即恩澤健忘，亦斷不至是。張穆為恩澤遺集序，曰「既恐殘斷之稿並歸蕩落，又懲夫嫁名偽撰者之厚誣公也」，蓋即指此。伍崇曜《跋》以兩序或議非程、阮筆，而曰「不知何據」，又曰「張序當必有所指，安得起石州而問之」，由未細審而一決之耳。

〔註104〕眉批：「輿地。」
另，張穆，字石州，其《𦙅齋文集》卷三《程侍郎遺集初編序》：「穆既恐殘斷之稿並歸蕩落，又懲夫嫁名偽譔者之厚誣公也，爰偕公門人何編修紹基排比為賦一卷，詩四卷，又凡稿艸之失題者及詩餘、試帖，共為一卷，碑誌、哀誄、駢儷、雜著之文五卷，總題曰《程侍郎遺集》，而敘其緣起如此，以詒公知，兼志餘痛云。道光二十五年三月既望序。」
〔註105〕見明·黃宗羲《南雷文定》卷十。
〔註106〕眉批：「掌故。」
〔註107〕清·毛奇齡《竟山樂錄》，有文淵閣四庫全書本。
〔註108〕漢·孔鮒《孔叢子》卷四《公孫龍第十二》：
公孫龍又與子高泛論於平原君所，辨理至於臧三耳。公孫龍言臧之三耳甚辨析，子高弗應，俄而辭出。明日復見，平原君曰：「疇昔公孫之言信辨也，先生實以為何如？」答曰：「然。幾能臧三耳矣。雖然，實難。僕願得又問於君：今為臧三耳，甚難而實非也；謂臧兩耳，甚易而實是也。不知君將從

甚難而實非也。〔註109〕

近時論樂者，陳蘭甫師《聲律通考》為通古知今之學。戴鄂士音分古義為精義，入神之學。若加以西洋聲學之理，精製樂器，審求元音，其去古人當不甚遠。紛紛論先天，論太極，無當於樂也。

《太平御覽》七百五十四引《世說》曰：「劉真長始見王丞相，時暑月，丞相以腹熨彈棊局。問曰：『何如乃瀞？』吳人以冷為瀞也。音楚敬切。劉既出，人問見王公何如。劉曰：『未見他異，惟作吳語耳。』」〔註110〕「何如乃瀞」，卷三十四引《語林》作「何乃淘淘」，字亦音楚敬切。余謂瀞、淘皆清字之別體耳。《曲禮》：「冬溫而夏清。」《釋文》：「清，才性反。字從冫，冰冷也。本或作水旁，非也。」《呂氏春秋‧有度篇》：「冬不用簞，非愛簞也，清有餘也」，即此字〔註111〕。〔註112〕

《御覽》一百九十九引《陳留風俗傳》曰：「周成王戲其弟桐葉之封，周公曰：『君無二言。』遂封之於唐。唐侯常慎其德，其詩曰『媚茲一人，唐侯慎德』是也。」此圈稱所見詩異文也。范家相、馮登府錄《詩》異文，皆失載。〔註113〕

易而是者乎？亦其從難而非者乎？」平原君弗能應。明日，謂公孫龍曰：「公無復與孔子高辨事也，其人理勝於辭，公辭勝於理辭。勝於理，終必受詘。」
〔註109〕眉批：「音律。」
〔註110〕按：此則原出《世說新語‧排調第二十五》，作「何乃淘」。
〔註111〕清‧宋翔鳳《過庭錄》卷八《冬溫而夏清》：
《曲禮》：「冬溫而夏清」。「清」字，鄭無注，《疏》亦不釋。《音義》：「清，七性反。字從冫，冰冷也。本或作水旁，非也。」按《文選》謝宣遠《答靈運》詩：「夕霽風氣涼，閒房有餘清。」李善《注》：「何敬祖雜詩曰：『閒房來清氣。』」《呂氏春秋》曰：『冬不用簞，清有餘也。』」又按：張景陽《雜詩》：「秋夜涼風起，清氣蕩暄濁。」又《莊子‧人間世篇》：「爨無欲清之人。」郭象《注》：「對火而不思涼。」《音義》：「清，七性反。字宜從冫。從氵者，假借也，清涼也。」又《呂氏春秋‧有度篇》：「夏不衣裘，非愛裘也，暖有餘也。冬不用簞，非愛簞也，清有餘也。」高誘《注》：「清，寒。」又按《周語》：「火見而清風戒寒」，則清並有寒義。又按《春秋繁露‧四時之副篇》：「春暖以生，夏暑以養，秋涼以殺，冬寒以藏。暖暑清寒，異氣而同功。」又云：「若暖暑清寒，當其時不可不出也。」是清與涼同義，字並水旁。合之謝詩，清與盈、寧成情韻，則亦不讀七性反也。故昔人多言清風清露清夜，並取清涼之義，則《曲禮》一本作水旁者是。
〔註112〕眉批：「小學。」
〔註113〕清‧勞格《讀書雜識》卷七《水經注》：
《水經注》：「滍水，東逕應城南，故應鄉也，應侯之國，《詩》所謂『應侯

偶閱海寧周松靄《十三經音略》〔註114〕，於古韻概乎未之有聞，蓋毛西

順德』者也。又南逕應城西。《地理志》曰：『故父城縣之應鄉也。周武王封其弟為侯國。』應劭曰：『《韓詩外傳》稱周成王與弟戲，以桐葉為圭，曰：吾以封汝。周公曰：『天子無戲言。』王乃應時而封，故曰應侯，鄉亦曰應鄉。』按：《呂氏春秋》云：『成王以桐葉為圭，封叔虞，非應侯也。』《汲郡古文》：『殷時已有應國，非成王矣。』〔趙云：「《呂氏》下是臣瓚說，見《漢志》注。師古曰：『武王之弟自封應國，非桐圭之事。應氏之說，蓋失之焉。』又據《左氏傳》云『邘、晉、應、韓，武之穆』，則應侯武王之子，又與《志》說不同。」〕

案：以應侯為成王弟，是《韓詩》說。《御覽》〔封建部二〕引《陳留風俗傳》曰：「周成王戲其弟桐葉之封，周公曰：『君無二言。』遂封之於唐。唐侯常慎其德，其詩曰『媚茲一人，唐侯慎德』是也。」「唐」字當係後人妄改。然考《續漢書・郡國志》，潁川郡父城縣有應鄉，〔杜預《左氏傳集解》：「應國在襄陽城父縣西南。」《後漢書・馮異傳》，《注》引杜《注》，作襄城城父。〕不屬陳留，當考。

〔註114〕清・李慈銘撰，由雲龍輯《越縵堂讀書記》：

《周松靄遺書》　清周春輯

閱《周松靄遺書》。首為《十三經音略》十二卷，以《大學》、《中庸》別合《論》、《孟》，標為四書。《爾雅》之後，又有《大戴禮》一卷。實為十四經。前有秦小峴侍郎、阮儀徵太傅兩序。其書以陸氏《釋文》為主，而專執字母以繩古經，隔標交互，辨晰豪發。《詩》則極言吳才老葉音之確。故儀徵之序，頗致微詞。然尚知參考《說文》，亦不敢過違鄭《注》。又自言向有《爾雅補注》三十卷，採輯頗廣，今併入此書，故較他經為繁。其中審音定義，亦頗有所發明，蓋拘守等韻，不失為一家之學者。末附上座主錢文敏、答錢竹汀與盧抱經與邵二雲等五書，皆力詆並時漢學諸家，而於亭林、百詩尤加深斥，則置之不論可耳。

（下略）

同治辛未（一八七一）三月二十六日

胡玉縉《許廎經籍題跋》卷一《十三經音略書後》（《續四庫提要三種》，第483～485頁）：

《十三經音略》十三卷，海寧周春撰。春有《爾雅補注》，已書於後。是書辨別經音，大致本陸氏《釋文》，參以《說文》、《玉篇》、《廣韻》、《五經文字》諸書，而一以字母為歸，其舊音不誤者不載，故曰《音略》。凡吳棫、陳第、顧炎武、毛奇齡諸家音學書，概加痛斥。計《易經》至《大戴禮》共十四經，《大學》、《中庸》入《四書》，不入《禮記》，而云「十三經」者，從通稱也。目錄第十一卷《爾雅》下注云「《直音正誤》附」，今粵雅堂本《正誤》為十二卷，《大戴禮》為十三卷，伍崇曜《跋》不言離析卷篇，又附書五首不入卷內，蓋皆原第如是也。考玄應《一切經音義》，載《大般涅槃經》有「字音」十四，又有「比聲」二十五，在今《華嚴經》四十二字母之前。守溫三十六字母，大指參酌《涅槃》而有所去取，唐末及宋初尚未盛行，自鄭樵、沈括輩推闡其術，用以取反切，未嘗不稱便利。然古今音聲遞變，有三代之音、有漢魏之音、有六朝之音，必執之以繩古書，則每多扞格。此書

辨正音讀，字必審音，音必歸母，頗為精細，惟於古音及聲近相叚字，往往不得其通。如《易‧履卦》「愬愬」，馬作「虩虩」；《震卦》「虩虩」，荀作「愬愬」；《儀禮》「鞠窮」，《論語》作「鞠躬」；必強別其音。又以《詩》「匍匐」，《禮記》作「扶服」，謂「上音蒲，則下音蒲北翻；若上音符，則下服字仍如字」，區畫益嚴，隔閡益甚。其引《詩‧北風》及《何人斯》以證「車」字有兩讀，則「車」字古祇讀「居」，《何人斯》「車」與舍、盱韻，「舍」當讀如「舒」，安得反音「盱」為「許茄翻」？猶之「華」本讀如「敷」，故「王姬之車」、「君子之車」皆與「華」韻，「有女同車」與華、琚、都韻，尤為切證，不得讀「華」為「呼瓜翻」。春駁炎武說，謂「舍必音舒，何以別古聲如居、今聲近舍」？不知《釋名》所稱「今聲」，指漢言，不指《詩》言。其以《說文》「䙔，讀若池」為已括兩音之理，「祥，讀若普」為「普」猶之「滂」，謂「讀如普音之泮」，則許書如「玖，讀若芑，或曰若人句脊之句」，誠有兩音，今「䙔」下但云「讀若池」，何以見其括兩音？凡《說文》「讀若」之例，或取正音，或取轉音，「祥」讀若「普」，乃取其轉音，何以見讀如「普」音之「泮」？此皆泥字母為釋，不得不為是曲說，於是泛引「若」、「興」諸字，以為「讀若」非謂即讀此字。又引「凶」、「夒」諸字，以為論韻不論音。其不可通處，則或云舌、齒相混，或云微差一母，膠固之極，遂至謬妄。甚且強《三百篇》以就字母，舉「誰謂鼠無牙」等句，謂「葉韻有聲無字，其字宜如何呼法？」尤令人失笑。推之今人讀「濡」、「縞」並如「舒」，讀「脛」如「經」，讀「濮」如「僕」之類，本諸諧聲，實未為失，而以為因偏傍而誤，殊弗思言字母不如言雙聲，知雙聲而反切乃得其真，若字母則恒多牴牾。即如同一「骨」聲，而「滑」、「鶻」見母，「鋗」、「駽」曉母，「鞘」、「琄」匣母，「娟」「蜎」影母，「捐」喻母，春既謂「不解有此分別」；同一「夒」聲，而從「女」影母，從「竹」喻母，從「目」、從「弓」曉母，從「足」溪母，從「走」、從「邑」郡母，春又謂「由夒字之音不真，以致偏傍亦雜出無定音，皆非正音」。然則其他一切字，奚為必斷斷持守，絲毫不假乎？此亦可以矛陷盾者矣。《《書》釋文》「陂音祕，舊本作頗，音普多翻」，此「陂音祕」三字，衛包等改後增入，「舊本」云云，為陸氏原文。乃謂「唐初早有作『陂音祕』之說，明皇亦有所本」，未免倒置。《爾雅釋文》「救，亡婢翻。郭，敷靡翻。孫，敷是翻」。此雖並用輕重交互出切，與釋典無涉，且玄應《音義》所載《華嚴經》終於五十八卷，初不見字母之說。今所傳八十一卷者，為實叉難陀所譯，出於唐中葉，又在玄應後（本錢大昕《潛研堂問答》）。乃謂「爾時釋典早入震旦，其法已傳，特知之者尟，至《華嚴》而始顯，齊、梁間方大行」，亦乖事實。又「蚣，《說文》思弓翻。蚣，《說文》息忠翻」，此所引當出《音隱》。《隋志》載《說文音隱》四卷，不著撰人名氏，《顏氏家訓》中亦間引《音隱》，乃謂「不知何人所添」，又屬失考。至「書韻」一條，偽古文並列；《論語》「參乎」，既知古人名、字相配，曾子字子與，「參」當作「七南翻」，而謂「今從朱子本《釋文》，音所金翻亦不害」，猶為小失矣。錢大昕《潛研堂文集》有《答周松靄同年書》，謂其「於吳才老、朱子已不免於訾議，何有於亭林？此所不敢附和」。又云「承索拙序，自愧才非玄晏，不足以增太沖聲價，故遲回久之，無以下筆」。即指是書，蓋實有所不滿。阮元序云：「讀其書者，能由經音以考字母，由字母以

審韻譜，由韻譜而協諸足故而協，則聲音之道自此通，經學之指歸亦可自此而窺。」其意亦以為未協雅故也。陳壽祺《左海經辨》有《釋扶服》一篇，力詆其室而不可通，以為其他不勝辨，尤切中是書之失。然春學有根柢，迥異空疏。李慈銘《桃華聖解盦日記》云：「其中審音定義，亦頗有所發明，蓋拘守等韻，不失為一家之學。」「一家之學」四字，足為定評，善學者取其博而去其偏，亦何嘗一無裨益歟。

《十三經音略》附伍崇耀跋：

右《十三經音略》十二卷，國朝周春撰。案：春字松靄，海寧人。乾隆十九年進士，官岑溪縣。《瀛舟筆談》稱松靄博學好古，為海寧人所重。海寧向無書院，阮文達題其額曰安瀾，延松靄為院長。《定香亭筆談》稱杭州石刻，近年仁和趙晉齋、海寧周松靄各得唐墓誌一。而王蘭泉《湖海詩傳》復錄其《次湘管聯吟韻》一詩。殆亦喜蒐羅金石，兼嫻篇什者。是書專考經音，附錄答錢竹汀與盧抱經等各書，於顧亭林、閻潛邱、戴東原諸君子詆之幾無完膚。故錢竹汀《潛研堂文集》有《答周松靄同年書》，謂其「於吳才老與朱子已不能免於訾議，又何有於亭林？此所以不敢附和也」云云。又云「承索拙序，自媿才非元晏，不足以增太沖聲價，故遲回久之，無以下筆」。即謂是書也，皆大有微詞。而附錄答竹汀第二書又有「讀大刻文集內右與春書，開卷益良多，曷勝感荷」云云，殆竹汀亦知其倔強，故書成而實未及寄歟？然著書千古事，非一家之私言。潘稼堂《類音》一書，且不必株守其師顧亭林之說，而況松靄乎？阮文達序稱其「字必審音，音必歸母，謹嚴細密，絲毫不假」，又稱其「掇拾諸家，詳密博辨，殆亦考群經音韻必不可廢之書矣」。咸豐甲寅夏盡日南海伍崇耀跋。

清·錢大昕《潛研堂集》文集卷三十七《答周松靄同年書》：

久未奉書左右，伏想撰述日富，道遠不獲追隨講席，聞所未聞，良深悵罔。大制《十三經音略》，於聲音清濁開合之理，剖析入微。唯是方音師授各殊，足下所指誤讀之字，敝鄉即有未誤者，尺素不能覼縷也。前聞足下深詆亭林顧氏古音，而以吳才老葉韻為善，私億足下尊崇考亭，不欲立異耳。今讀《毛詩葉音補正》一篇，於朱《傳》駁辨極多，即以服葉蒲北反言之，扶服讀匐匐，經典既有明證，轉輕脣為重脣，於字母亦無觝背。再以《有狐》、《侯人》、《六月》諸篇證之，服與職德同韻，亦復何疑。而足下必改符弗反，以從本母。夫三十六母出於唐末，又在陸法言、孫愐之後，足下既知六朝後出之書，不可以繩《三百篇》，又何必以晚出之字母繩《三百篇》耶？足下所譏於亭林者，特謂其不講字母。今才老與朱子已不能免於訾議，則又何責乎亭林，此僕之所以不敢附和也。承索拙序，自愧才非玄晏，不足以增太沖聲價，故遲回久之，無以下筆。伏唯垂宥。

亦有極為推重者，如清·秦瀛《小峴山人集》文集卷三《十三經音略序》：

近乃得見周松靄先生所著《十三經音略》，雖知識惷陋，不能窺見奧窔，而其考據精博，則昭然共曉者。蓋先生是書以陸氏《釋文》為權輿，參以《說文》、《玉篇》、《廣韻》、五經文字諸書，而審定古今異同，一以字母為主，殫精覃思，積數十年而後成，是非學之弸而力之頤不足以與乎？此余為敘之，將以廣其傳於天下。其他見於凡例者不具書。

河之支派也。惟其《與邵二雲論爾雅雙聲書》〔註115〕所列十不可解，則中其失者八九，不知二雲聲音之學何以粗疏至此，真所謂授人口實也。〔註116〕

王惲《玉堂嘉話》〔註117〕云：「宋校正《禮部韻說》，『廿』字本音入，今人作二十字用。」按：廿字今皆讀如念，惟廣東尚多讀入聲。〔註118〕

汪剛木《四聲切韻考補正》〔註119〕以侵、寢、沁、緝、覃、感、勘、合、談、敢、闞、盍、鹽、儉、豔、葉、添、忝、㮇、帖、嚴、儼、釅、葉、咸、豏、陷、洽、銜、檻、鑑、狎、凡、范、梵、乏等韻為有開口，無合口。不知此諸韻皆合口音也。今江西南康、贛州兩府及廣東通省讀以上各韻皆合口，可證古人以咸凡與寒刪異者，正為此耳。剛木浙人，不曉各省方音，故有此誤。〔註120〕

〔註115〕《十三經音略‧附錄》：
> 去冬十二月，舍姪彥國家書來，承寄大刻《爾雅正義》。雖浮沉未到，然心感先謝。此書於友人處借看，援據精博，可壓倒邢叔明，拙著《廣疏》可以不成矣。但所注雙聲處，不能無疑。竊謂注《爾雅》，本不必論雙聲。若以雙聲論之，則《釋詁》一篇有七十餘條，《釋言》一篇有四十餘條，其餘悉數難終，何得掛一漏百乎？且如云丁當雙聲，義存乎聲，蓋割雙聲、義存乎聲，何以謂之義存乎聲？不解一也。肯可與丁當，蓋割一例，乃一以為義存乎聲，一以為聲轉為義。不解二也。門滿亦與丁當，蓋割一例，乃一以為雙生，一以為聲之轉。不解三也。昌梁疊韻，何以謂之雙聲？不解四也。蕭離去以千里，亦為雙生。不解五也。假誠迴不相謀，何以亦為聲之轉？不解六也。泥寅喉舌懸殊，何以謂之聲近？不解七也。釱鉉本喉音相近，何以烏冔皆其轉聲？不解八也。輔字上聲乃云輔為扶胥合音，似可讀輔為平。不解九也。薜茢固同母字，乃云薜為茅蒐合聲，似薜字可入尤韻。不解十也。舍姪於音韻之學，亦能粗通大略，日前令其面陳，竝祈指教。忽得耿蘭之報，痛何可言！未知此論曾達於左右否。著書千古事，非一人之私言，諒俯鑒芻蕘，不怪其戇也。茲附應姪鉾之便，匆匆再布，不宣。

〔註116〕眉批：「小學。音韻。」

〔註117〕見元‧王惲《玉堂嘉話》卷四。

〔註118〕眉批：「又。」

〔註119〕李慈銘撰，由雲龍輯《越縵堂讀書記》：
> 《江氏四聲切韻表補正》　清汪曰楨撰
> 閱汪剛木〔曰楨〕《江氏四聲切韻表補正》，江氏酷信守溫三十六字母之學，謂七音不得稍有出入，而尚調調停古音，以祈古今相濟。剛木則謂音等韻者，不必復言古音，而謂周、沈之配合四聲，天造地設，不容再出私意。其中糾正江說甚多，且改其所表之等次及入聲之分配，實自為一家之書也。
> 光緒辛巳（一八八一）閏七月十六日

〔註120〕眉批：「又。」

　　李富孫《校經廎文槀·瀛洲道古錄跋》〔註121〕云：「朱竹垞先生在翰林時，以翰苑掌故諸書俱蕪陋可笑，欲別撰《瀛洲道古錄》，自分職以來，訖明崇禎之季，未果成。予嘗於其家見有稿本二十三冊，皆從各書中鈔錄，自史類以及明人集部，無不搜採。內有《明實錄》數冊，當是入直時所鈔，其字跡不甚雅，想即先生所謂楷書手筆也。間有先生自錄者，其國子監等圖，係西畟所寫，並無前後次第，亦未分列門類。《年譜》云此錄分九門，未審何據。且予又見編成第一冊，以『建置』為首，從黃帝立史官始，先生手題曰《瀛洲道古錄》，底本並多所增易，而『建置』一門，《年譜》反不載入，殆未見此本也。聞畢秋帆尚書撫陝時，曾向先生元孫富平令休承鈔得一本，思欲緝成。今見所鈔二十餘冊，已散歸桐鄉馮氏，亦並未為排纂也。恐此書終於逸失，因箸其詳如此。是書後歸阮雲臺師，亦未嘗補輯成書。『建置』一門畢，鈔本闕。」〔註122〕

　　按：此書兵燹後不知尚有傳本否。〔註123〕余於壬辰秋冬間，曾與合肥蒯禮卿〔註124〕前輩光典。力請於掌院，續修詞林典故，以存典制，而不可

〔註121〕見清·李富孫《校經廎文稿》卷十八。

〔註122〕眉批：「圖籍。」

〔註123〕可參林振岳《朱彝尊佚稿〈瀛洲道古錄〉鉤沉》，《傳統中國研究集刊》第15輯，上海社會科學出版社2016年版，第174～179頁。

〔註124〕《清史稿》卷四百五十二《蒯光典傳》：
蒯光典，字禮卿，安徽合肥人。父德模，見循吏傳。光典幼慧，八歲能詩，隨父官江南，所師友多當代名儒，聞見日擴，名亦日起。其論學務明群經大義，而以六書、九數為樞紐，治六書則必求義類以旁通諸學，識雙聲以明假借。性強記，有口辯，尤熟於目錄掌故。有所論難，援據該洽，莫能窮也。光緒九年進士，授檢討。典貴州鄉試，與其副不相下，以狂倨見譏，然榜發稱得士。充會典館圖繪總纂，精密勝於舊。中東兵起，發憤上書，不報，遂乞假歸。總督劉坤一聘主尊經書院講席。光典念國勢弱，在列諸人惟鄂督張之洞有大略，又嘗所從受業師也，因往說之洞慎選才俊，習武備，為異日革新庶政之用。之洞韙之，卒不果，而聘為兩湖書院監督。二十四年，敘會典館勞，以道員發江南，創辦江寧高等學堂。大學士剛毅按事江南，司道百餘人同詣謁，獨延光典密室縱談國事，語切直。剛毅大憾，即議裁高等學堂。光典力爭，不能得，拂衣去。坤一兩解之，檄赴鹽城丈樵地。樵地者，故鹽場葦蕩也。年餘得可耕之地七萬五千頃，收入荒價亦鉅萬。領正陽關督銷局，歲增銷官引百數十萬。會之洞代坤一為總督，以江南財匱，用不足，議增貨釐。光典謂增新釐則病商，毋寧整齊鹽課。之洞因奏陳兩淮鹽事衰旺，謂：「北鹽視正陽銷數，南鹽視儀棧出數。光典為江南治鹽第一，督正陽既有績，請使主儀棧。期三年，成效必可睹。」詔允之。光典既蒞事，以輪船駐大江

得，況能道古乎！若能訪得金風亭長之書，當勉為編述，以成私家撰著耳。
〔註125〕

《太平御覽》一百七十六引《羊頭山記》云〔註126〕：「太學堂，洛陽南關陽門外，長十丈，廣三丈。堂前石經四部，本碑凡卅八枚，西《尚書》、《周易》、《公羊》十六碑，南《禮記》五碑，東《論語》三碑，有諫議大夫馬日磾，議郎蔡邕名〔註127〕。」〔註128〕

《四庫全書》金王寂集提要稱寂出守蔡州，未詳本末〔註129〕。余案：事

三要區，首金、焦，次三江口，次沙漫洲，輔以兵艇，私梟斂跡。始儀棧出數不足四十萬引，比三年，增引十餘萬，歲益課鹺銀百五十餘萬。乃益增募緝私兵隊，日夕訓練成勁旅，又於十二圩設學堂，建工廠，遂隱然為江防重鎮。三十二年，按淮揚海道，加按察使銜。寶應饑民劫米，令潛逃。適光典舟至，劃切諭解之。而揚州亦以饑民劫米告，詗知猾胥陰煽眾，即擒治胥。大吏怒，將窮其獄，以光典言得免。運河盛漲，光典先分檄河員增修堤，而自泊舟高郵守視。壩險工迭出，大吏以故事，視節候測水，檄啟壩，不為動。歷月餘啟二壩，七月杪乃啟三壩，下河六縣獲有秋。建言淮海災區廣，宜寬籌賑金，不宜設粥廠，使災民麕集，費不貲，且生事。與布政使繼昌議不合，會奉檄入都參議改定官制，遂去任。後江北賑事款絀而費糜，一如光典言。三十四年，命赴歐洲監督留學生。諸生不樂受約束，輒相訾警，歲餘謝職歸。詔以四品京堂候補，充京師督學局長。宣統二年，赴南洋提調勸業會，卒於江寧。

〔註125〕 眉批：「又。」
〔註126〕 《後漢書》卷六十下《蔡邕列傳下》，李賢《注》：「《洛陽記》曰：『太學在洛城南開陽門外，講堂長十丈，廣二丈。堂前《石經》四部。本碑凡四十六枚，西行，《尚書》、《周易》、《公羊傳》十六碑存，十二碑毀。南行，《禮記》十五碑悉崩壞。東行，《論語》三碑，二碑毀。《禮記》碑上有諫議大夫馬日磾碑、議郎蔡邕名。』」
〔註127〕 「名」，《太平御覽》作「銘」。
〔註128〕 眉批：「金石。」
〔註129〕 《四庫全書總目》卷一百六十六《集部十九·別集類十九》：
《拙軒集》六卷
金王寂撰。寂字元老，薊州玉田人，登天德二年進士，歷官中都路轉運使，諡文肅，《金史》不為立傳。元好問《中州集》載其詩入《乙集》中，而仕履亦僅見梗概。今以寂詩文所著年月事蹟參互考證，知寂自登第後，於世宗大定二年為太原祁縣令。十五年嘗奉使往白霫治獄。十七年以父艱歸。明年起復真定少尹，兼河北西路兵馬副都總管。遷通州刺史兼知軍事。又遷中都副留守。二十六年冬由戶部郎出守蔡州。二十九年被命提點遼東路刑獄。章宗明昌初召還，終於轉運使之職。而集中《謝帶笏表》有「世宗饗國，臣得與諫員」語，則又嘗為諫官。又有「群言交構，擠臣不測之淵」語，而《丁未肆眚詩》有「萬里湘累得自新」句。丁未為大定二十七年。《世宗本紀》

見《金史‧河渠志》〔註130〕，館臣偶失檢耳。〔註131〕

載是年三月辛亥，以皇長孫受冊肆赦，並與集合。是寂之刺蔡州，當以人言去國。而集中情事不具其顛末，莫能詳也。《中州集》稱寂著有《拙軒集》、《北遷錄》諸書。今《北遷錄》已失傳。而好問所選寂詩僅七首，又附見《姚孝錫傳》後一首，其他亦久佚不見。惟《永樂大典》所載寂詩文尚多，雖如好問所摘《留別郭熙民詩》諸聯及蔣一葵《長安客話》所紀《盧植墓詩逸句》，皆未見全篇，亦不能盡免於脫闕。而各體具存，可以得其什七矣。寂詩境清刻鐫露，有戛戛獨造之風。古文亦博大疏暢，在大定、明昌間卓然不愧為作者。金朝一代文士見於《中州集》者不下百數十家，今惟趙秉文、王若虛二集尚有傳本，餘多湮沒無存。獨寂是編幸於沉埋晦蝕之餘復顯於世，而文章體格亦足與《滹南》、《滏水》相為抗行。謹次第裒綴，釐為六卷。俾讀者攬其崖略，猶得以考見金源文獻之遺，是亦可為寶貴矣。
又，余嘉錫《四庫提要辯證》卷二十三：
嘉錫案：近人文廷式《純常子枝語》卷三云：「《王寂集》，《提要》稱寂出守蔡州，未詳本末。余案《金史》，事見《河渠志》，館臣偶失檢耳。」依檢《河渠志》云：「大定二十六年八月，河決衛州堤，壞其城。上命戶部侍郎王寂、都水少監王汝嘉馳傳措置備禦，而寂視被災之民不為拯救，乃專集眾以網魚取官物為事，民甚怨嫉，上聞而惡之，黜寂為蔡州防禦使。」寂所謂「群言交搆」、「萬里湖累」云云，蓋即指此事言之。施國祁《金史詳校》卷三下《河渠志》校語，考寂蔡州以後仕履，與《提要》此節同。至於引《章宗紀》，知寂以明昌五年正月致仕，〔《紀》云：「前中都路都轉使王寂薦三舉終場人蔡州文商。」施氏以其稱前字，故知已致仕。〕引《續夷堅志》「京娘墓」條，知其以攝禮部終，則《提要》所未詳也。
〔註130〕《金史》卷二十七《河渠志‧黃河》：「二十六年八月，河決衛州堤，壞其城。上命戶部侍郎王寂、都水少監王汝嘉馳傳措畫備禦。而寂視被災之民不為拯救，乃專集眾以網魚取官物為事，民甚怨嫉。上聞而惡之。既而，河勢泛濫及大名，上於是遣戶部尚書劉瑋往行工部事，從宜規畫，黜寂為蔡州防禦使。」
〔註131〕眉批：「正譌。」
另，此條下稿本有「安徽鮑老人傳治咳嗽方，用乾西瓜子殼四五十枚沖水，少加冰糖，服之可愈」一條，有刪除標識。

卷四〔註1〕

《漢書・藝文志》九流皆略有考見之書，惟陰陽家者流，則二十一家之書悉皆亡佚。余嘗推九流之說，蓋皆欲以治天下也。陰陽家者流既與儒、道、名、法並列，則與數術六種之書必不相類。班孟堅以為「蓋出於羲和之官，敬順昊天，曆象日月星辰，敬授民時」，尋繹其說，則《明堂陰陽》一篇乃古陰陽家之正宗也。《禮記》之《月令》、《管子》之《幼官》，乃陰陽家之遺說也。賈誼之《五曹官制》，殆此類也。其廣言之，則以一代之興必秉五德，由是而有《鄒子終始》、《黃帝泰素》諸書。蓋皆欲以陰陽家言定一朝之制作也。其所以異於兵陰陽家及數術六種者，必繇於此。章實齋《校讎通義》不得其故，奮然改作敘例，云「陰陽家者流，其原蓋出於《易》」〔註2〕云云。夫推本於《易》，已大非《漢志》原本官守之義。且如此，則與數術家何別歟？章氏精於目錄之學，何至此懵然不察歟？

實齋《校讎通義》自是確有心得，然亦有過於求深而不可從者。如謂《淮南鴻烈解》「當互見道家志，僅列於雜家，非也」〔註3〕。余謂實齋若以《淮南子》宗述虛靜，旨近《老》、《莊》，宜改部道家，尚足自成一義。若與雜家互見，則必無是理。雜家者流，「兼儒墨，合名法」，即道家亦何所不賅？若可專指一家，豈得復謂之雜乎？若必使其互見，則「兼儒墨，合名法」者又可盡使之互見於儒家、墨家、名家、法家乎？此特好為異論而已。

〔註1〕按：稿本題「純常子枝語」。稿本乙封題「純常子枝語　第四冊」。
〔註2〕見清・章學誠《校讎通義》內篇卷三《漢志諸子第十四》。
〔註3〕見《校讎通義》內篇卷三《漢志諸子第十四》。

又云〔註4〕：「農家託始神農。《書》之《無逸》、《詩》之《豳風》、《大戴記》之《夏小正》、《小戴記》之《月令》、《爾雅》之《釋艸》、《管子》之《牧民篇》、《呂民春秋‧任地》諸篇，俱當用裁篇別出之法，冠於農家之首者也。」余按：今時實齋所見者僅此，若漢時古籍具存，其言農事者當數倍於此，必皆裁篇別出，務求詳盡，則近於類書，非目錄家之學也。按：目錄家不當有裁篇別出之說。《漢書》偶有之者，在當時本各自為卷，非劉、班所裁也。

《文心雕龍‧章表篇》云：「按《七略》、《藝文》，謠詠必錄。章表奏議，經國之樞機。然闕而不纂者，乃各有故事而在職司也。」此可知《錄》、《略》不能求備之故。

《太平御覽》卷一百八十引《春秋內事》曰：「陰宅以日奇，陽宅以月偶。陰宅先內男子當令奇，陽宅先內女子當令偶，乃吉。陰宅內男子三人，陽宅內女子二人。」此條可補《宅經》之闕。〔註5〕

梁僧慧皎《高僧傳》卷五竺道壺《答丹陽尹書》云：「且荒服之賓，無關天台；幽藪之人，不書王府。幸以時審翔詳而後集也。」按：詳、翔同音假借，疑晉時《論語》別本。「翔」或作「詳」。〔註6〕

《太平御覽》卷六十三引《論語》曰：「暮春之月，春服既成。」按：包《注》明言「暮春」者，《御覽》不知何據。若用修文殿原文，則河北本也。〔註7〕

《御覽》一百九十二引《禮記‧曲禮上》曰：「登高不指，城上不呼。」「登高」，今本作「登城」。案：下文言「城上」，如上文是「登城」，則但言不指不呼足矣。以此推之，似作「高」義長。〔註8〕

《晉書‧藝術‧索紞傳》〔註9〕曰：「攻乎異端，戒在害己。」疑晉時《論語》別本有作「斯害己也」，故紞語用之。〔註10〕

錢易《南部新書‧己》曰〔註11〕：「釋提桓因者，忉利天王之號也。即帝釋二字，華梵雙彰。帝是華言，即王主義。釋乃梵字，此字譯云能。今言釋提

〔註4〕見《校讐通義》內篇卷三《漢志諸子第十四》。
〔註5〕眉批：「術數。」
〔註6〕眉批：「經義，論語。」
〔註7〕眉批：「又。」
〔註8〕眉批：「又。禮記。」
〔註9〕見《晉書》卷九十五。
〔註10〕眉批：「又。論語。」
〔註11〕見宋‧錢易《南部新書》卷六。

桓因者，梵呼訛略，其正合云『釋迦婆因達羅』。此云能天主。餘如《智度論》釋。」按：西洋人每稱天主能力義，蓋出此。〔註12〕

釋慧苑《華嚴經音義》卷一云：「釋迦因陀羅。釋迦，能也。因陀羅，主也，言其能為天主。」又云：「釋，百也。迦，施也。因陀羅，主也。言昔百度設大施會，令得作此天主，故云百施主也。」〔註13〕

隋智者大師《四念處》卷一云：「復有人言天主是世界主，始造吉凶。滅時，天還攝取。」按：此出《大智度論》中〔註14〕，語已錄入前冊。〔註15〕

唐澄觀《華嚴疏鈔》卷三十〔註16〕云：「帝釋弓者，舊云法命主義，取帝釋以法教命為天主故。今雲其弓，但一事耳。」〔註17〕

日本釋圓通《佛國曆象編》不信地圓地動之說，於天算所得甚牾。惟論回曆出於梵曆，乃確不可易。其言曰：「回曆所用十二宮，其名與象全同。梵曆其名曰白羊、金牛、陰陽、又曰夫婦。巨蟹、獅子、室女、又曰少女。天秤、天蠍、人馬、又曰弓宮。摩羯、寶瓶、雙魚。此十二宮名義原出《大集日藏經》，曰：『昔在殊致羅婆菩薩受龍王請，始說十二宮及星象曆數。』其他《摩登伽經》、《孔雀經》、《宿曜經》等往往說之。回曆全據之。又回曆法周天度三百六十而無餘分，每度六十分，每分六十秒，微纖以下咸準之。每宮三十度，官度起白羊節。氣以春分為歲首，推步七曜及羅計，以七曜紀日，不用甲乙。皆是梵法。又《唐書·曆志》〔註18〕云：『《九執曆》者，出於西域。九執者，梵曆中之一，蓋是瞿曇氏曆也。以開元六年，詔太史監瞿曇悉達譯之。斷取近距，以開元二年二月朔為曆首。立表測景，斷取近距，不用上元甲子。回回、西洋授時曆等皆據之。其以二月春分為歲首，與回曆同。度法有六十。回回、西洋並用之。月有二十九日，〔註19〕七百三分日之三百七十三。曆首有朔虛分百二十六。朔策及日周分者，印度諸曆、回、西曆等並皆不同。是由古今步算之疏密、里差等之異故也。周天三百六十度，無餘分。回、西並用之。日出沒分九百分度之十三。二月為時，六時為歲。印度

〔註12〕眉批：「經學」、「宗教」。
〔註13〕眉批：「又。」
〔註14〕南北朝·迦葉摩騰《大智度論》卷七十《佛母品第四十八之餘》：
　　　　有人言天主即世界始，造作吉凶，禍福天地萬物。此法滅時，天還攝取。
〔註15〕眉批：「又。」
〔註16〕見唐·釋澄觀《華嚴經疏》卷十三。「三十」當是「十三」之誤。
〔註17〕眉批：「又。」
〔註18〕見《新唐書》卷二十八下《曆志四下》。
〔註19〕《新唐書》此處有「餘」字。

諸國有六時、三時、四時不同。蓋如中南二竺，大抵近乎赤道之下，春秋二分，日在人之頭項，所以有三時、六時。三十度為相』，是即此耳。宮又名相。每宮三十度，回、西並用之。《曆學疑問補》〔註20〕二：『以周歲日躔勻分三百六十度，但彼以春分為太陽年第一月第一日。』其注云：『今回曆之太陽年，既以春分為歲首，則以仲春後半月為正旦。』又云：『然以其時，春分正在白羊。』此即據《宿曜》、《大集》等所說梵法也。《宿曜經》云：『二月春分朔，於時曜躔婁，日躔，婁也，既隨太陽宿度以立正朔，故知以節氣朔為朔。回曆太陽年之法，求太陽白羊宮第一日中心行度者是也。道齊，太陽在赤道最中。景正，赤道下之國，當二至，日中無影。月中，日夜停分故。氣和，陰陽停分。庶物漸榮，一切增長。故梵天拆為曆元。』印度、回回以春分為正旦，其義如是。《大集日藏經》云：『正月，支那二月。合角宿滿。是故印度呼二月為角月。此正月白羊之神主儻其月。』回曆蓋據之矣。又回曆推步羅睺、計覩，以測交食，此法亦起於印度。羅睺，支那翻曰障，障日月義。計覩，譯曰旗，表幟於蝕義。是中、印度之語，而非回回、西洋之語也。回、西、支那皆非其本朔法，則第因循守其名，不能以標譯名，故《大集》、《大日》、《熾盛光》等諸經，《攘災訣》、《梵天火羅》等宿曆之書，並皆存梵語，不翻轉之。及回回、西洋、支那元以來之諸曆，盡沿襲之，不能復變改也。又十二宮中，磨羯宮亦存梵語，余悉譯以為其邦語，蓋其邦無其物，不得以餘名當之可見已。凡上數條，曆法之肯綮而皆寫梵法，則回曆即梵曆，不皦如白日哉！」余按：佛國所用，即婆羅門曆，遠有淵源，宜為回回、西洋之所宗矣。〔註21〕

國朝康熙〔註22〕十四年四月，回回科秋官正吳明烜上疏，略言：「臣祖

〔註20〕見清‧梅文鼎《曆學疑問補》卷二。此處疑脫「卷」字。

〔註21〕眉批：「律曆。」

〔註22〕按：「康熙」乃「順治」之誤。

《清文獻通考》卷二百五十六《象緯考‧時憲》：

（順治）十四年十一月，命內大臣及部院大臣登觀象臺測驗。先是四月，回回科秋官正吳明烜疏言：臣祖默沙亦黑等，本西域人，自隋代來朝授官，經一千五十九載，專管星宿行度、吉凶推算、太陰五星凌犯、天象占驗、日月交食。即以臣科白本進呈著為例。順治三年，本監掌印湯若望諭：不必奏進。其所推七政書，水星二八月皆伏不見。今水星於二月二十九日仍見東方，又八月二十四日夕見，皆關象占，不敢不據實上聞。並上順治十四年回回科推算太陰五星凌犯書、日月交食天象占驗圖像。七月，又言湯若望推算天象舛謬三事：一遺漏紫炁，一顛倒觜參，一顛倒羅計。至是，內大臣等測驗水星不見議，吳明烜詐妄之罪援赦得免。

又，清‧王先謙《東華錄‧順治二十八》：

默沙亦黑等，本西域人，自隋代來朝授官，經一千五十九載，專管星宿行度、吉凶推算、太陰五星凌犯、天象占驗、日月交食。即以臣科白本進呈著為例」見《皇朝文獻通考》卷二百五十六。云云。按：千餘年之世官，何以不見他書紀載？尚當再考。其言湯若望推算天象舛謬之事，為遺漏紫炁及顛倒觜參、羅計，後紫炁雖竟不用，自康熙九年始，將紫炁星不入七政書，後《協紀辨方書》仍添入。而羅睺、計都遂依古法改正。至乾隆十七年，《御製儀象考》成仍用古說。觜宿在前，參宿在後，正用明烜之說，則明烜於天象亦可謂能率由舊章者矣。〔註 23〕

　　京師崇文門俗呼為哈達門，或以為海岱之誤。〔註 24〕非也。元張思廉《玉笥集‧宛平主簿驄馬歌》〔註 25〕，自注云：「南馳至南橋，越塹而過，俯身就韁。韁比及手，已馳過樞密院街矣，遂縱轡至哈達門而回。」「哈達」二字，蓋沿元時舊語。〔註 26〕

（夏四月庚辰），革職欽天監回回科秋官正吳明炫奏：臣祖默沙亦黑等一十八姓，本西域人。自隋開皇己未年為曆元，抱其曆學，重譯來朝，授職曆官，歷一千五十九載，專管星宿行度、吉凶推算、太陰五星陵犯、天象占驗、日月交食。即以臣科白本進呈御覽著為定例。順治三年，本監掌印湯若望諭臣科：凡日月交食及太陰五星陵犯、天象占驗，俱不必奏進。臣查若望所推七政曆，水星二八月皆伏不見。今水星於二月二十九日仍見東方，又八月二十四日夕見，皆關象占，不敢不據推上聞。乞皇上立臣內靈臺以存臣科，庶絕學獲傳。並上順治十四年回回科推算太陰五星陵犯書一部、日月交食天象占驗圖像一本，事下所司。
《清史稿》卷二百七十二《湯若望傳》：
欽天監舊設回回科，湯若望用新法，久之，罷回回科不置。十四年四月，革職回回科秋官正吳明炫疏言：「臣祖默沙亦黑等一十八姓，本西域人。自隋開皇己未，抱其曆學，重譯來朝，授職曆官，歷一千五十九載，專管星宿行度。順治三年，掌印湯若望諭臣科，凡日月交食及太陰五星陵犯、天象占驗，俱不必奏進。臣察湯若望推水星二八月皆伏不見，今於二月二十九日仍見東方，又八月二十四日夕見，皆關象占，不敢不據推上聞。乞上復存臣科，庶絕學獲傳。」並上十四年回回術推算太陰五星陵犯書，日月交食、天象占驗圖像。別疏又舉湯若望舛謬三事：一、遺漏紫炁，一、顛倒觜參，一、顛倒羅計。八月，上命內大臣愛星阿及各部院大臣登觀象臺測驗水星不見，議明炫罪，坐奏事詐不以實，律絞，援赦得免。
〔註 23〕眉批：「星象。」
〔註 24〕清‧朱一新《京師坊巷志稿》卷上：「崇文門大街。〔京師崇文門，俗沿元稱曰哈達門，或訛海岱。〕」（第 395 頁）
〔註 25〕見元‧張憲《玉笥集》卷四。
〔註 26〕眉批：「掌故」、「方言」。

孫承澤《春明夢餘錄》卷三〔註27〕云：「元之南城，周圍五千三百二十八丈，即金之故基也。金之遺址尚在，所謂土城關是也。人呼崇文門為海岱，宣武門為順承，阜成門為平則，仍元之舊也。」按：元十一門，有順成、平則，無海岱。孫氏亦未能詳晰也。《順天府志》以為哈達大王所居之街，故呼為哈達門。〔註28〕

章宗源《隋書經籍志考證》僅存史部，詳覈可觀，〔註29〕然書非定本，故遺漏尚多。余今就地理一類，略補其目。如楊華《徐州記》，《太平御覽》四十二。《西山記》、《初學記》卷八。《臨陵縣記》、《初學記〔註30〕·地部》。《華山記》、《初學記》卷五。《四夷縣地記》、《御覽》一百六十八。郭仲產《秦州記》、《御覽》一百六十七。郭仲產《仇池記》、《御覽》一百九十七。《沅川記》、《潮州記》、并見《初學記》卷八。《南朝宮苑記》、《御覽》一百九十六、一百九十七兩引之。皆其所遺也。其他考證尚有疏誤，不復覼縷。〔註31〕

明劉錫玄《掃餘之餘·寄弟》〔註32〕己未夏。云：「時事至此，而朝議之參差、主心之澹漠猶復如此。賈生在今日，當必匭笑嬉怡，不復作攢眉想，況涕哭耶？涕哭施於將然不必然之際，所以為洛陽英少耳。若事在不可收拾，而

〔註27〕見清·孫承澤《春明夢餘錄》卷三《城池》。又見孫承澤《天府廣記》卷四《城池》。

〔註28〕眉批：「又。」

〔註29〕李慈銘《越縵堂讀書記》史部目錄類：

《隋書經籍志考證》　　清章宗源撰

閱章氏《隋書經籍志考證》，自史部正史類史記至雜傳類顏之推《冤魂志》止，其經、子、集三部皆已亡，即史部亦不載每篇敘錄之文，而移地理譜系簿錄三類本居末者為第六第七第八，在舊事之前，或章氏有意改定，或稿本傳寫偶亂，皆不可知。前有錢警石識語，謂嘉慶末其從兄衍石鈔自何夢華家，今因以得傳也。其中引證極為詳博，遠非王伯厚《漢藝文志考證》之比，間亦列志未著錄之書，則仍王氏例也。

光緒戊寅（一八七八）四月十三日

〔註30〕見《初學記》卷七。

〔註31〕眉批：「正譌」、「目錄」。

〔註32〕見明·劉錫玄《掃餘之餘·尺牘》。

《四庫全書總目》卷一百七十九·《集部三十二·別集類存目六》：

《掃餘之餘》三卷附《歸塗閒紀》一卷

明劉錫元撰。錫元字玉受，長洲人。萬曆丁未進士，官至貴州提學僉事。是集第一卷《庚夏七發》，記其庚申中夏病疫事；二卷為序記、簡牘、雜文；三卷為雜文，乃其官祠部時考驗眾僧雜作。附《歸塗閒紀》一卷，則記其官黔中苗亂事，大抵多作佛家偈語，間涉俳體。

尚以一定之天意歸咎於築舍之群謀達識謂何？雖然，若果具達識，而不肯以無聊之極思，姑塞此一定之天意，則從古豈有冷腸之豪傑哉？吾生平遇小小不如意，常作忼慨悲歌。至今日而眼中意中覺得風恬浪靜景色，任在叢矛萃戟中，不妨神通遊戲者。前此痛罵狂禪，不意駸駸欲借狂禪作正果，自亦不解此何祥也。」按：明人理學大半兼禪，然亦朝廷政治驅之使然。余嘗謂六朝佛學之盛，亦由於士大夫禍難之多。宋時政崇寬大，則儒學眾矣。錫玄字玉受，萬曆丁未進士。〔註33〕

　　光行之線與聲行之線略相似也，然聲非養氣不傳。而傳光之理，則西人至今不能質言其故，強名之以以脫而已。余嘗謂大地之物，皆本於地，惟光則本於天。人之性光，與日同體，非地上所有之物也。《易》曰〔註34〕：「本乎天者親上，本乎地者親下」，言性質之異也。〔註35〕

　　《春秋元命包》曰：「腦之為言在也，人精在腦。」《御覽・人事部十六》〔註36〕。按：「在」者，察也，此言腦能察物，實開西學之先。「恖」字從囟，蓋以此也。余嘗謂「人精在腦」之言，為三代以前之通訓。「兒」字為囟未合，「囟」字為囟已死也。囟從乂，乂者，交午之象也。由從十，十者，數之終也。其形則各值四方，不相往來也。《說文》多三代以前古言古義，不宜盡以經典所用繩之。〔註37〕

　　《鹽鐵論・相刺篇》云：「紂之時，內有微、箕二子，外有膠鬲、棘子。」盧召弓《群書拾補》云：「棘子當即箕子。」按：箕子已見上文，盧說誤也。《莊子・逍遙遊篇》：「湯之問棘。」《釋文》引李頤云：「湯時賢人。又云是棘子」。蓋殷之賢臣有棘子者，故莊生寓言及之也。《論語》「棘子成」〔註38〕，疑即其後。〔註39〕

　　《鹽鐵論・和親篇》往復皆有理致，足以盡後來之變。余尤愛其篇末說《詩》曰：「《詩》云：『酌彼行潦，挹彼注茲。』故公劉處戎狄，戎狄化之；太王去豳，豳民隨之。」蓋能知挹注之義，斯可以采菽中原矣。〔註40〕

〔註33〕眉批：「佛學。」
〔註34〕見《周易・乾・文言》。
〔註35〕眉批：「科學。」
〔註36〕見《太平御覽》卷三百七十五《人事部十六・腦》。
〔註37〕眉批：「小學。」
〔註38〕見《論語・顏淵第十二》。
〔註39〕眉批：「諸子」、「正譌」。
〔註40〕眉批：「諸子。」

　　《南方草木狀》非嵇含作，含未至廣州。又書中引劉涓子〔註41〕，是晉末人。余於《補晉書藝文志》已詳言之。惟其書於廣州草木風俗記載極確，大抵唐以前人作〔註42〕。其「抱香履」一條，引東方朔《瑣語》，未知所出，豈

〔註41〕晉·嵇含《南方草木狀》卷上：

藥有乞力伽兖也，瀕海所產，一根有至數斤者。劉涓子取以作煎，令可丸，餌之長生。

〔註42〕《四庫全書總目》卷七十《史部二十六·地理類三》：

《南方草木狀》三卷

晉嵇含撰。含事蹟附載《晉書·嵇紹傳》。考《隋志》、《舊唐志》俱有含集十卷，〔《隋志》云其集已亡，但附載郭象集下，《舊唐志》仍著錄。〕而不載此書，至《宋志》始著錄。觀此書載指甲花自大秦國移植南海，是晉時已有是花。而唐段公路《北戶錄》乃云指甲花本出外國，梁大同二年始來中國。知公路未見此書，蓋唐時尚不甚顯，故史志不載也。諸本但題譙國嵇含，惟宋麻沙舊版前題曰「永興元年十一月丙子，振威將軍、襄陽太守嵇含撰」云云。載其年月仕履，頗為詳具。蓋舊本如是，明人始刊削之。然《晉書·惠帝本紀》，永寧二年正月，改元永安，七月改建武，十一月復為永安。十二月丁亥，立豫章王熾為太弟，始改永興。是永興元年不得有十一月。又永興二年正月甲午朔，以干支推之，丙子當在上年十二月中旬，尚在改元前十二日，其時亦未稱永興。或其時改元之後，並十二月一月皆追稱永興，而輾轉傳刻，又誤十二月為十一月歟？惟《隋志》稱廣州太守嵇含，而此作襄陽太守。考書中所載，皆嶺表之物，則疑襄陽或誤題也。其書凡分草、木、果、竹四種，共八十種。敘述典雅，非唐以後人所能偽，不得以始見《宋志》疑之。其本亦最完整。蓋宋以後花譜、地志援引者多，其字句可以互校，故獨鮮訛闕云。

又，余嘉錫《四庫提要辯證》卷八（第377～381頁）：

南方草木狀三卷〔晉嵇含〕

考《附志》、《舊唐志》俱有含集十卷，〔原注，《隋志》云其集已亡，但附載《郭象集》下，《舊唐志》仍著錄。〕而不載此書，至《宋志》始著錄。觀此書載「指甲花自大秦國移植南海」，是晉時已有是花。而唐段公路《北戶錄》乃云：「指甲花本出外國，梁大同二年始來中國。」知公路未見此書，蓋唐時尚不甚顯，故史志不載也。

嘉錫案：賈思勰作《齊民要術》引用此書甚多，其為北魏以前人著作甚明，至隋、唐之間，又見引於《藝文類聚》、《文選注》、《法苑珠林》等書，足徵其書久已盛行。即崔龜圖注《北戶錄》亦引其漏蔻一條，〔見卷三。今本作豆蔻。〕則段公路之未及援引，不過偶然未見，不得謂其不顯於唐也。惟是題作嵇含，則實無所據。文廷式《補晉書藝文志》卷四云：「案此書文筆淵雅，敘述簡淨，自是唐以前作，然以為嵇含則非也。案《晉書·忠義傳》，劉弘表含為廣州刺史，未發，會弘卒。含素與弘司馬郭勱有隙，夜掩殺之。〔案：含依劉弘於荊州，未發見殺，是死於荊州也。〕又《抱朴子·自敘》云『故人譙國嵇居道，見用為廣州刺史，乃表請洪為參軍，遣先行催兵，而居道於後遇害。』是含實未至廣州，不得為此書也。又案《南方草木狀》乞力伽一條

云:『劉涓子取以作煎』。涓子，東晉末人，遠在嵇含後，是書非含作益明矣。」
此論可謂精覈。然則《齊民要術》諸書所引，未定為何人所作也。《要術》、
《類聚》、《文選注》、《珠林》引此書，皆作《南方草物狀》，《御覽》猶二名
兼用。今以各書所引，參互考驗，文義相同，知其實是一書。〔詳見後考。〕
《文選》卷二十七《美女篇》注引《草物狀》曰：「珊瑚出大秦國，有洲在漲
海中。」《御覽》九百八十八引《草物狀》曰：「赤土出踴山下，在石中，採
好色赤者，雜丹中，朱膠漆器。」又《北堂書鈔》卷一百四十六引《南方草
木記》曰：「採珠人取珠柱肉作鮭也。」疑亦此書之文。以此諸條觀之，乃知
其書本兼紀嶺南草木物產，故曰《草物狀》。今本分草木果竹四類，而無其他
物產，即此已可知其非原書矣。〔說詳見後。〕
諸本但題譙國嵇含，惟宋麻沙舊版前題曰：「永興元年十-一月丙子，振威將
軍襄陽太守嵇含撰」云云，載其年月仕覆，頗為詳具，蓋舊本如是，明人始
刊削之。然《晉書・惠帝本紀》，永寧二年正月，改元永安，七月改建武，十
月復為永安。十二月丁亥，立豫章王熾為太弟，始改永興。是永興元年，不
得有十一月。又永興二年正月甲午朔，以干支推之，丙子當在上年十二月中
旬，尚在改元前十二日，其時亦未稱永興。或其時改元之後，並十二月一月
皆追稱永興，而輾轉傳刻，又誤十二月為十一月歟？惟《隋志》稱廣州太守
嵇含，而此作襄陽太守，考書中所載皆嶺表之物，則疑襄陽或誤題也。
案：《書錄解題》卷八云：「《南方草木狀》一卷，晉襄陽太守嵇含撰。」〔《通
考》卷二百五同。〕宋刻《百川學海》本所題，亦全與麻沙本合，知宋時各
本皆如此。丁國鈞《補晉書藝文志》卷二云：「案含傳，永興初除中庶子，道
阻未應召，尋授振威將軍襄城太守，是則舊題『襄陽』實『襄城』之誤。」
其說是矣。然此書實非隋、唐人所見之舊，今本署銜，蓋後人以此書託之嵇
含，遂依據本傳，約略題之如此。故按其歲月，訛舛非一，亦不獨「襄城」
之誤為「襄陽」也。〔含拜襄城太守，後奔鎮南將軍劉弘於襄陽，今本蓋涉此
而誤。〕《隋書・經籍志》云：「梁有廣州刺史《嵇含集》一卷、錄一卷，亡。」
《提要》乃訛為廣州太守，廣州是州非郡，安得有太守乎？《隋志》舉其所
終之官以題其集，著錄之體，固當如此，《提要》據此，遂謂含嘗官廣州，故
紀嶺表之物，不知含元未嘗至廣州也。
其書凡分草木果竹四類，共八十種。敘述典雅，非唐以後人所能偽，不得以
始見《宋志》疑之，其本亦最完整，蓋宋以後花譜地志援引者多，其字句可
以互校，故獨鮮訛闕云。
案：《南方草物狀》既歷為六朝唐人所引用，是當時確有其書，則雖不見於隋、
唐《志》，固不足致疑。然余嘗就今日所傳之本，反复考之，而知其非原書也。
《齊民要術》卷十凡引《草物狀》十九條，〔餘卷未引。〕其劉樹子、〔亦見
《御覽》九百七十引《草物狀》。〕鬼首、〔亦見《御覽》九百十四引《草木
狀》。以後凡引作《草木狀》者，皆省去書名。〕桷子、〔亦見《御覽》九百
七十二引《草物狀》。〕由梧竹、〔亦見《御覽》九百七十一引。〕憂殿、〔此
條在注中，作《草木狀》，亦見《御覽》九百八十引《草物狀》，又見《大觀
本草》十二引。〕沈藤、〔亦見《藝文類聚》八十二引《草物狀》，作浮沈藤，
又見《御覽》九百九十五引。〕眊藤、〔不見他書。〕筒子藤、〔亦見《類聚》
八十二引《草物狀》，作含蘭子藤，又見《御覽》九百九十五引，作簡子藤。〕

《汲冢瑣語》當時或以為東方朔所作歟？〔註43〕

《袁州府志》藝文類記唐時袁人箸述，在《新唐志》外者，有彭雲搆《通玄〔註44〕經解》、鄭谷《國風正誤》、盧肇《盧子史錄》、《逸史》、彭蟾《廟堂

野聚藤、〔亦見《類聚》及《御覽》，卷同上。〕都咸樹、〔不見他書。〕都桶樹、〔《御覽》九百六十自《魏王花木志》轉引《草物狀》。〕夫編樹、都昆樹、〔二條均不見他書。〕等凡十三條，皆不見於今本。又引甘儲、〔《御覽》九百七十四引同。〕椰、〔《御覽》九百七十二引同。〕檳榔、〔《御覽》九百七十一引同。〕橄欖、〔《御覽》九百七十二、《大觀本草》二十三陳藏器引，並同。〕豆蔻、〔《北戶錄》卷三注引、《御覽》九百七十一引《草物狀》並同，豆蔻作漏蔻。〕凡五條。今本雖有其目，而文字乃大異，甚者幾無一字之相合，計《要術》所引十九條中，與今本同者，僅益智子一條耳。〔《類聚》八十七、《御覽》九百七十二引《草物狀》並同。〕夫古書輾轉傳鈔，殘闕佚脫，事所常有，原不足怪。獨不解此五條者，何以諸書之所引，適為今之所闕，而今本之文又適不為諸書所引用耶？

且今本每條，皆首尾完具，竟不似有所闕佚，則又何也？吾疑此書在南宋時已斷爛失次，好事者得其殘本，嫌其不完，乃取《嶺南草木》鈔撮他書以足之，而不能博覽群籍，徵其佚文，故其間亦往往有與古書所引相合者，而此數條，則適在所闕之內，遂至牴牾百出也。即以今本檳榔一條言之，凡一百六十三字，僅「以扶留藤古賁灰合食，則滑美」二句，與《要術》所引用合，其餘上下文皆不同，似雜取《要術》及《御覽》所引他書連綴為之者，〔自首至「綴數十實」，凡八十字，乃《御覽》引《林邑記》之文。又自「實大如桃李」至「堅如乾棗」三十餘字，乃《要術》及《御覽》所引《異物志》之文，繼以「扶留藤」二句。又次「下氣消谷」四字，亦出《異物志》。再次「自彼人以為貴」至「相嫌恨」二十一字，乃《要術》、《御覽》所引《南州八郡志》之文。僅「味苦深，出林邑，一名賓門藥餞」十二字，不知出何書耳？〕此必出於別一記廣州物產之書，緝此書者漫鈔入之，以補闕，而不悟《齊民要術》中之自有原文在也。《御覽》卷九百八十二引《南方草物狀》曰：「棧蜜香出都昆，不知棧蜜香樹若為，但見香耳。」今本乃謂蜜香、棧香等八物，同出一樹，吉其花葉形色甚詳。夫既不知若為棧蜜香樹，何從識其花葉耶？此尤其與原書相牴牾者，可以知其決非古本也。除《齊民要術》所引者外，《藝文類聚》卷八十二引其蒟藤一條，〔凡已見《要術》者不復出。〕《文選注》引其珊瑚一條，〔見前。〕《法苑珠林》卷三十六引其耕香一條，〔亦見《御覽》九百八十二。〕《大觀本草》卷十二引其藿香一條，〔掌禹錫及蘇頌《圖經》兩引之，亦見《御覽》九百八十二。〕《太平御覽》卷九百六十引其文木一條、卷九百八十八引其赤土一條，〔凡已見他書者不復出。〕皆不見於今本。是此書之殘闕，必在唐、宋之間，自南宋以後，則諸書所引者，同於今本矣。茲第就余瀏覽所及者，略一舉之，其佚脫已不為少，而《提要》謂此本最為完整，獨鮮訛闕，是但見宋以後之花譜地志，而未考之古書也。

〔註43〕眉批：「正譌」、「目錄」。
〔註44〕「玄」，底本作「元」。

高抬貴手》。按：當即《廟堂丞鏡》等書。集部有張為《主客圖》、楊虁《冗書》及《冗餘集》等。〔註45〕

中國儒書與天竺梵典，其理截然不同。而自晉以來，以儒為釋，沙門多先通儒籍而後出家。故譯經講義多用六經諸子之字，而天竺之梵典，其本意或不可知矣。自宋以來，以釋為儒，賢人君子往往先習禪宗而後講學。〔註46〕故語錄、文集每雜三藏五宗之義，而中國之儒術，其流別益不可知矣。余嘗欲取釋藏中用儒籍與儒門中雜禪學者，詳搜廣集，勒成一書，以著其變易之跡。惜人事紛冗，未暇為之。度辯章學術者，必有樂乎此也。〔註47〕

梁慧皎《高僧傳》卷四：「竺法雅，河間人。少善外學，長通佛義。時依雅門徒，並世典有功，未善佛理。雅乃與康法朗等，以經中事數擬配外書，為生解之例，謂之格義。及毗浮、曇相等，亦辯格義，以訓門徒。」

《朱子語類》卷〔註48〕云：「張無垢九成。始學於龜山之門，而逃儒以歸於釋。宗杲語之曰：『左右既得把柄，入手開導之際，當改頭換面，隨宜說法，使殊塗同歸，則住世出世間，兩無遺憾矣。』用此之故，凡張氏所論著，皆陽儒而陰釋，其離合出入之際，務在愚一世之耳目。」

〔註45〕眉批：「圖籍」、「目錄」、「入後袁人著作條」，即本卷「吾袁州唐時最盛」一條；「此條接……（按：字漫漶不清）吾袁一條之後」。

〔註46〕清・羅聘《我信錄》卷下《宋儒多從禪學中來》：
既登洙泗之堂，何妨更入乾竺之室。宋之大儒有著腳佛門者，若指其人，則人人皆似，姑略言之。入寺講習終其日茹素者，程伊川也。入寺必拜佛者，邵堯夫也。捨宅為寺者，王介甫也。日課拜觀音大士者，尹和靖也。見得佛與聖人合者，呂希哲也。書《心經》贈僧者，司馬溫公也。問道與大慧者，呂東萊也。長慶寺修冥福者，程明道也。晚溺於佛者，邢明叔也。讀《大藏》三年者，黃山谷也。著《屏山十論》者，劉子翬也。以前路資糧為念者，呂居仁也。後來看佛書者，呂與叔也。勸溫公學佛者，呂晦叔也。論《維摩經》者，晁說之也。以佛旨解《論語》者，游定夫也。解《金剛經》者，朱晦庵也。解《楞嚴經》者，蘇子由也。作投機偈者，呂正己也。序入傳燈者，陸象山也。跋《蓮經・普門品》者，真西山也。序《中峰廣錄》者，揭傒斯也。作《庭前柏樹子頌》者，張子韶也。謂孔子與佛氏之言相為終始者，劉元城也。攜彌陀畫相一軸為西方公據者，蘇子瞻也。
另，可參陳登原《國史舊聞》卷三十五第四一八條《宋儒與佛道》（第368～372頁），舉例頗多。

〔註47〕眉批：「佛學。」

〔註48〕「卷」下原有一空格，不標書目。
按：此語不見《朱子語類》，實出宋・朱熹《雜學辨・張無垢中庸解》。

以上二條儒釋相混之顯然者，錄之以著其概。

《日知錄》謂古人非史官不為人作傳〔註49〕。按：曹肇作《曹毗傳》，《陶淵明集》中有《孟嘉傳》，是作傳不必史官也。〔註50〕

《四庫提要》「道家類」云：「《關尹子》，周尹喜撰。案：《經典釋文》載喜字公度，未詳何本。」今案《列子‧黃帝篇》：「列子問關尹」，張湛《注》云：「關令尹喜字公度，著書九篇。」元朗之言蓋出於此。〔註51〕

嚴鐵橋編《全上古三代秦漢三國晉南北朝文》，網羅極博，審定極精，洵奇作也。廣州刻本未竣工，余曾代校齊梁數冊。然亦有偶誤者，余《補晉書藝文志》曾細檢之。有晉人而誤錄入宋人者三人。一孔璠之，鐵橋云：「爵里未詳，疑是琳之兄弟。」余案《類聚》八十二引璠之《艾賦》、《艾贊》，不題時代。《隋‧經籍志》晉人集中有古軍參軍孔璠集二卷，《唐志》作孔璠之。璠之可單稱璠，猶劉簡之之可單稱劉簡，何瑾之之可單稱何瑾也，六朝人多此例。一張委，鐵橋云：「爵里未詳。案《御覽》列於顏延之後，殷琰前，知是宋人。」余案《隋志》，晉人中有祕書郎張委集五卷，即其人，鐵橋偶失檢也。一張野，鐵橋云：「仕晉入宋，官爵未詳。」余案鐵橋以野為宋人，實沿《隋志》之誤。據《蓮社高賢傳》，野卒於義熙十四年，實未嘗入宋也。明馮惟訥《詩紀》以張望〔註52〕伏系之為宋人，亦誤。〔註53〕

〔註49〕《日知錄》卷十九《古人不為人立傳》：

列傳之名始於太史公，蓋史體也。不當作史之職，無為人立傳者。故有碑、有志、有狀而無傳。梁任昉《文章緣起》言傳始於東方朔作《非有先生傳》，是以寓言而謂之傳。《韓文公集》中傳三篇：《太學生何蕃》、《圬者王承福》、《毛穎》。〔又有《下邳侯》、《革華傳》是偽作。〕《柳子厚集》中傳六篇：《宋清》、《郭橐駝》、《童區寄》、《梓人》、《李赤》、《蝜蝂》。《何蕃》僅採其一事而謂之傳，王承福之筆皆微者，而謂之傳；《毛穎》、《李赤》、《蝜蝂》則戲耳，而謂之傳，蓋比於稗官之屬耳。若段太尉，則不曰傳，曰逸事狀，子厚之不敢傳段太尉，以不當史任也。自宋以後，乃有為人立傳者，侵史官之職矣。《太平御覽》書目列古人別傳數十種，謂之別傳，所以別於史家。

〔註50〕眉批：「論史。」

〔註51〕眉批：「諸子。」

〔註52〕清‧嚴可均《全上古三代秦漢三國六朝文》全晉文卷一百三十五：「張望。望為征西將軍，有集十二卷。」明‧馮惟訥《古詩紀》卷六十四《宋第十》錄張望，注：「一作晉人」。

〔註53〕眉批：「文學。文」、「正譌」、「著述」、「此條當與第十冊第廿九頁合」。

　　《全晉文》愍帝《寒食散論》，注云：「《世說‧言語篇》，《注》引秦丞相《寒食散論》。」〔註54〕案此乃宋秦承祖之誤。承祖醫書，《隋志》箸錄甚多。鐵橋以愍帝曾嗣封秦王，為丞相，因以入之，非也。近人編《世說引書目錄》者，亦未能考正。〔註55〕

　　《論語》書法，有讀之而可悟者。如「孟武伯問：『子路仁乎？』子曰：『由也，千乘之國，可使治賦』」〔註56〕。是武伯稱其字，而夫子名之也。「求也何如」，「赤也何如」，邢《疏》云：「武伯問辭。」然武伯既不名子路，則其不名冉有、公西華可知也。古人記人語言，不必字字悉求吻合也。知此則《左傳》稱陳桓公、田成子，不必以為謬誤矣。〔註57〕

　　《論語‧顏淵篇》：「子張問崇德辨惑。」按：夫子四十而後不惑，惑之難辨甚矣。子曰：「愛之欲其生，惡之欲其死。既欲其生，又欲其死，是惑也。誠不以富，亦祇以異。」案：此節包《注》、鄭《注》、邢《疏》及朱子《集注》皆不能通之。余別有一通，雖不合漢、宋儒說，庶幾備皇《疏》之又一解也。竊意愛、惡皆當就己身言。「愛之欲其生」，猶神仙家之求長生也。「惡之欲其死」，猶釋氏之以涅槃為極樂也。「既欲其生，又欲其死」，則如《老子》既云「長生久視之道」，又云「吾之大患，在吾有身」之類是也。「誠不以富」，富，福也，言此誠不足致福，適所以求異而已，故「知者不惑」。〔註58〕

　　《禮記‧雜記上》，《正義》曰：「案：《聖證論》云『范宣子之意，以母喪既練，遭降服大功則易衰』」云云。齊次風疑《聖證論》為《禮論》之訛〔註59〕，殆非也。《聖證論》，《隋志》箸錄張融評本。宣子之說，蓋張融所採耳。《太平御覽》三十七引《聖證論》曰：「孔鼂云：『能吐生百穀謂之土。』」此即孔鼂答馬昭語，豈可復疑王肅引孔鼂乎？〔註60〕

〔註54〕見清‧嚴可均《全上古三代秦漢三國六朝文》全晉文卷八，下云：「案：愍帝嗣封秦王，為丞相，姑附此，俟攷。」
〔註55〕眉批：「文學」、「正譌」。
〔註56〕見《論語‧公冶長第五》。
〔註57〕眉批：「經義。論語。」
〔註58〕眉批：「經義。論語。」
〔註59〕《清通志》卷一百六《校讎略》：
　　　　《聖證論》是魏時王肅所撰，范宣子即東晉范宣，在肅之後，何緣得引之？觀後文「為妻父母在不杖不稽顙」，《疏》引《禮論》范宣子申語，知《聖證論》當係《禮論》之訛。
〔註60〕眉批：「經義。禮記。」

釋慧琳《大藏音義》卷八十云：「翳說羅，唐言貴，即高麗國也。共事雞神，首戴雞翎，故云雞翎貴也。」按：此言雞翎，則非豎插之雉尾也。今制花翎，蓋始於此。《唐會要》卷一百云：「蝦夷善弓矢，插箭於首」，疑亦雞翎之類。

唐陳黯《華心篇》〔註61〕云：「大中初年，大梁連帥范陽公得大食國人李彥升，薦於闕下，天子詔春司考其才。二年，以進士第名顯，然常所賓貢者不得儗。」是唐時大食國人且有登第者。若崔致遠之高麗人，崔彥撝之新羅人，皆入唐登第，則同文之國固不足異矣。《太平廣記》五十三引《續仙傳》：「金可記，新羅人，賓貢進士。」〔註62〕

孫承澤《春明夢餘錄》云〔註63〕：「洪武十七年，定鄉會試。其高麗、安南、占城等國，如有經明行修之士，各就本國鄉試，許貢赴京師會試，不拘額數選取。」又云〔註64〕：「洪武辛亥，高麗國人入試者三，金濤二甲第五，授

〔註61〕見宋・李昉《文苑英華》卷三百六十四、清・董誥《全唐文》卷七百六十七。

〔註62〕眉批：「入唐□外國人一條。」

〔註63〕見孫承澤《春明夢餘錄》卷四十一《禮部三・貢院》。
按：此舉並非始於洪武十七年。
明・王世貞《弇山堂別集》卷八十一《科試考一・初設科舉條格詔》：
洪武三年五月初一日，奉天承運皇帝詔曰：……所有合行事宜，條列於後：
一高麗國、安南、占城等國，如有經明行修之士，各就本國鄉試，貢赴京師會試，不拘額數選取。

〔註64〕見孫承澤《春明夢餘錄》卷四十一《禮部三・貢院》。
按：此係節引。早見於王世貞《弇山堂別集》卷十八《奇事述三・外國人進士》，曰：
洪武辛亥，高麗國人入試者三，金濤登三甲第五，其國之延安人也，授山東安丘縣丞，歸為其國相。景泰五年甲戌進士，黎庸，交阯清威人；阮勤，多翼人，勤仕至工部左侍郎。天順四年庚辰，阮文英，慈山人；何廣，扶寧人。成化五年己丑王京，嘉靖二年癸未陳儒，俱交阯人，儒仕至右都御史。
《春明夢餘錄》文與《弇山堂別集》同，惟「翼」作「翌」。
另，清・俞樾《茶香室叢鈔》茶香室四鈔卷十六《明初高麗士亦與會試》：
國朝孫承澤《春明夢餘錄》云：洪武十七年，始定鄉試在子、午、卯、酉年秋八月，會試在辰、丑、未、戌年春二月。其高麗、安南、占城等國，如有經明行修之士，各就本國鄉試，許貢赴京師會試，不拘額數選取。然則明制外國人皆得應試，不止高麗一國也。
又云：洪武辛亥，高麗國人入試者三，金濤三甲第五，其國之延安人也，授山東邱縣丞，歸為其國相。成化五年己丑王京，嘉靖二年癸未陳儒，俱交阯人，儒至右都御史。
與文氏所言近同，疑文氏據此轉錄。

山東邱縣丞，歸為其國相。成化五年己丑王京，嘉靖二年癸未陳儒，俱交趾人，儒官至右都御史。」是明時用才猶及外國，有唐代遺風焉。〔註65〕

　　晁公武《讀書志》語錄類列別集之後，總集之前，後世多不從之。然別裁之意，要自可見。〔註66〕

　　《讀書志》卷十：「《周子通書》一卷，周敦頤茂叔撰。茂叔師事鶴林寺僧壽涯，以其學傳二程，遂大顯於世。此其所著書也。」按：公武於張子厚比之孟軻、揚雄〔註67〕，而於茂叔不置一詞，蓋深致不滿之意。且於無垢《心傳》〔註68〕，不言其出於宗杲〔註69〕，而於《通書》獨謂其出於壽涯，疑未盡得其實也。

　　《讀書志》道家類有文如海《莊子疏》十卷。按：《輿地紀勝〔註70〕·潼川府路》：「梓州洗筆池，在中江縣天霸山，唐道士文如海注《莊子》，於此洗筆。」如海，蓋梓州人。

　　《肇論》〔註71〕：「旋嵐偃嶽而常靜。」「嵐」字已見於此。《大藏音義》謂始於後魏，非也。然《肇論》「嵐」字似作大風解，與後世山色之義不同。

〔註65〕眉批：「掌故。」
〔註66〕眉批：「目錄。」
〔註67〕宋·晁公武《昭德先生郡齋讀書志》卷第三上：
　　　　《正蒙書》十卷
　　　　右皇朝張載子厚撰。張舜民嘗乞追贈載於朝，云：「橫渠先生張載著書萬言，名曰正蒙。陰陽變化之端，仁義道德之理，死生性命之分，治亂國家之經，罔不究通。方之前人，其孟軻揚雄之流乎！」
〔註68〕《昭德先生郡齋讀書志》卷第五下：
　　　　《無垢先生心傳錄》十二卷
　　　　右張文忠公九成字子韶之說也，甥於恕編。公以紹興三年狀元及第，歷禮部侍郎兼侍講，謫居南安十四年，手不停披。歲久，庭跡依然，公題於柱曰：「予平生嗜書，老來目病，執書就明於此者，十四年矣。倚立積久，雙跌隱然，可一笑也。」因自號橫浦居士。寶慶初，贈太師，追封崇國公，謚文忠云。
〔註69〕宋·陳振孫《直齋書錄解題》卷三：
　　　　《語孟集義》二十四卷
　　　　朱熹撰。集二程、張氏及范祖禹、呂希哲、呂大臨、謝良佐、游酢、楊時、侯仲良、周孚先，凡十一家。初名《精義》，後刻於豫章郡學，始名《集義》。其所言外自託於程氏而竊其近似之言以文異端之說者，蓋指張無垢也。無垢與僧宗杲遊，故云爾。
　　　　另可參本卷「《朱子語類》卷云」一條。
〔註70〕見宋·王象之《輿地紀勝》卷一百五十四。
〔註71〕見晉·釋僧肇《肇論·物不遷論第一》。

又《左傳》僖三十二年杜《注》:「兩山相嶔。」《釋文》云:「嶔,許金反。本或作嵐,力含反。」則「嵐」字實「嶔」之別體,從山風聲。《後漢書》〔註72〕·宦者·張遜傳》有「掖庭令畢嵐」。又《〈水經·沔水〉注》〔註73〕云:「漢水又東逕嵐谷北口,嶂遠溪深,澗峽險邃,氣蕭蕭以瑟瑟,風颰颰而飀飀,故川谷擅其目矣。」是後魏解「嵐」字仍謂風也。《文選》謝靈運《晚出西射堂》詩〔註74〕:「夕曛嵐氣陰。」李善《注》:「夏侯湛《山路吟》曰:『道逶迤兮嵐氣清。』《埤蒼》曰:『嵐,山風也。』嵐,綠〔註75〕含切。」此後人用山嵐字之所本。〔註76〕

宋翔鳳《過庭錄》卷十曰〔註77〕:「《公羊》昭十五年《疏》云:『何氏之說,以資為取。云云之說在《孝經疏》。又定四年《疏》亦曰:『云云之說具於《孝經疏》。』按:此兩《疏》則有《公羊疏》,又有《孝經疏》。《公羊疏》不著撰人名氏,宋董逌以為徐彥,《隋·經籍志》有《孝經講疏》六卷,徐孝克撰。孝克或彥字,然不可考矣。」余案:文二年《疏》又云:「其天子九虞者,《異義》『《左氏》說』亦有成文。云云之說,具《左氏傳疏》。」然則疏《公羊》者,豈又疏《左氏》乎?未可據此斷為孝克也。〔註78〕

李貽德《左傳賈服注輯述》極精博〔註79〕,然遺漏尚多。余以袁鈞集《鄭

〔註72〕見《後漢書》卷七十八。

〔註73〕見北魏·酈道元《水經注》卷二十七。

〔註74〕見《文選》卷二十二。

〔註75〕「綠」,《文選》作「祿」。

〔註76〕眉批:「詁」、「條與第九冊卅八頁合」。兩句似前分別缺一「訓」、「此」字。

〔註77〕清·宋翔鳳《過庭錄》卷十《徐氏孝經疏》:
公羊昭十五年,《疏》云:「何氏之意,以資為取,言取事父之道以事君,所以得然者,而敬同故也。以此言之,則何氏解《孝經》與鄭稱同,與康成異矣。云云之說在《孝經疏》。」〔卷廿三。〕又定四年《疏》云:「何氏之意,以資為取,與鄭異。鄭《注》云:『資者,人之行也。然則言人之行者,謂人操行也。』云云之說具於《孝經疏》。」〔卷廿五。〕按:此兩《疏》,則注《孝經》者又有鄭稱。《公羊疏》不著撰人名氏,〔《隋·經籍志》同。〕宋董逌以為徐彥,近人以為徐遵明。詳《疏》則有《公羊疏》,又有《孝經疏》,《隋·經籍志》有《孝經講疏》六卷,徐孝克撰。孝克或彥字,然不可考矣。

〔註78〕眉批:「經義」、「公羊」。

〔註79〕清·李貽德《春秋左氏傳賈服注輯述》二十卷,見《續修四庫全書》第125冊。卷首有朱蘭序、劉恭冕序。朱蘭曰(388頁):「次白所著錄甚多,而《賈服注輯述》尤所經意,旁通曲證,使古誼昭若發蒙。」劉恭冕曰(388頁):「於是先生所著《左傳賈服注義》始見於時。其書援引甚博,字比句櫛,於

氏佚書》服注本校之，則隱公一世，次白所遺者三條，一條出《儀禮·士昏禮》疏），兩條出《詩·擊鼓·序》疏。袁陶軒所遺者一條，出《詩·伐木》疏。足見集佚書之難。為《左氏》之學者，當摭李氏所遺及後漢人左氏佚說，而博採周秦諸籍以證之，庶乎可振素臣〔註80〕之緒而奪征南之席矣。〔註81〕

盧陵朱祖義子由《直音傍訓周易句解》十卷，怡府精抄本也。然有句解及音，而無傍訓，不可解。其音訓釋矜慎，在朱申《孝經句解》之上。子由，元人，錢辛楣《補元史藝文志》箸錄。〔註82〕

盛伯希祭酒宗室盛昱。藏《毛詩》四卷，每半葉六行，每行十七字。先錄小序，次錄詩，次錄朱子集傳，小字分行寫。其訓詁則注經文之旁，雜用毛、朱。每卷首但題《毛詩》卷幾而已。不知何人所撰，蓋當時讀本也。伯希定為朱升《旁注》。余按：升所注《尚書》，於旁注外又有夾註，且每卷皆標題旁注字，與此書格式不同。又，升《旁注詩經》八卷，卷數亦不合。孫佩南知縣葆田。疑為元李恕書，大抵近是。錢辛楣《補元史藝文志》有李恕《毛詩音訓》四卷，自注云：「黃丕烈云：『《經義考》別有《毛詩詁訓》四卷，似是一書重出。』」蓋此書本未標名，故或以為音訓，或以為詁訓，或以為

義有未安者亦加駁難。雖使沖遠復生，終未敢專樹征南之幟而盡棄舊義也。」另，劉毓崧《通義堂文集》卷四《李次白先生〈春秋左氏傳賈服注輯述〉後序》：

是此書緣起，實因遊通奉之門。〔徐《傳》云：「其在金陵時，孫廉使輯漢魏之說經者，為《十三經佚注》一書，命同志諸人分任之。君著有《春秋左傳賈服注輯述》若干卷。」〕而編次體裁，則與太史為近。書中引用孫說，稱為孫先生；〔卷六《僖四年傳》「昔召康公」條，卷十六《昭九年傳》「辰在子卯」條，並引孫先生《疏證》云云。〕引用洪說，稱為洪氏；〔卷四《莊元年傳》「絕不為親」條，《九年傳》「及堂阜而稅之」條，卷七《僖二十六年傳》「虁子」條，卷十《成十七年傳》「懼不敢占也」條，並引洪氏亮吉云云。〕因有受業未受業之分。而宗旨所存，則二公皆其生平願學。故此書實事求是，由古訓以通大義微言，凡《春秋》與《周禮》表裏，《左傳》與《國語》、《公》、《穀》異同，賈、服兩家與經傳子史符合者，一一溯其原委。自天文、五行、輿地、職官、名物、度數，莫不條分縷析，疏通證明。至於杜《注》與賈、服相違者，《正義》多曲從杜說，則必為之權衡時地，揣測事情，援古義以表微，掃浮詞以解惑。不啻發蒙振落，摧陷廓清，洵可謂《左氏》之功臣。景伯、子慎有靈，必當引為知己。

〔註80〕晉·杜預《春秋經傳集解·春秋序》：「說者以為仲尼自衛反魯，脩《春秋》，立素王，丘明為素臣。……而云仲尼素王，丘明素臣。」

〔註81〕眉批：「經義。左傳。」

〔註82〕眉批：「目錄。」

旁注矣。恕字省中，廬陵人。又按：明葉文莊公《菉竹堂書目》有《詩李恕音訓》三冊〔註83〕。《新安文獻志》稱升所「作諸《旁注》，離而觀之則逐字為訓，合而誦之則文義成章」〔註84〕。按：實後世貫珠之類，與此亦不合也。〔註85〕

明黃廷美《雙槐歲鈔》卷一〔註86〕云：「楓林先生朱允升，升。休寧人。博綜群書，皆有旁注。早從資中黃楚望遊，偕同郡趙汸受經。」此書當以黃氏家法求之，即知果為朱作否矣。

錢氏《補元史藝文志》特立譯語類，列小學之末，體例最善，深得《隋志》之意。惟《遼史》：耶律倍曾譯《陰符經》，見本傳〔註87〕；《元史·世祖紀》〔註88〕：至元十九年四月己酉，刊行蒙古畏吾字所書《通鑑》。二書當入此門，錢氏失載。〔註89〕

《大唐西域記》卷一云：羯霜那國「字源簡略，本二十餘言，一木作三十餘。轉而相生，其流漸廣。初有書記，豎讀其文，遞相傳受，師資無替」。按：字源當即字母。其云「豎讀」，則與《史記》所記畫革旁行者不同，不知是何等文字也。又覩貨邏國「字源二十五，言轉而相生，用之備物，書以橫讀，自左向右」，此則必係字母併合之法矣，但非梵書耳。〔註90〕

《智論》云：「一切字皆是無字，能作一切字。」〔註91〕此言以音併合而成也。

唐張說《蘇摩遮》詩云〔註92〕：「摩遮本出海西胡，琉璃寶服紫髯胡。」又云：「繡裝拍額寶花冠，夷歌妓舞借人看。自能激水成陰氣，不慮今朝寒不寒。」似蘇摩遮即潑寒胡之戲。又按慧琳《一切經音義》卷四十一云：「蘇幕遮，西戎胡語也，正云颯磨遮。此戲本出西龜茲國，至今由當作猶。有此曲，此國渾脫、大面、撥頭之一也。或作獸面，或象鬼神，假作種種面具形狀，或

〔註83〕明·楊士奇《文淵閣書目》卷一亦著錄《詩李恕音訓》一部三冊。
〔註84〕見朱同《朱學士〔升〕傳》，載明·程敏政《新安文獻志》卷七十六《行實·勳賢》。
〔註85〕眉批：「目錄。」
〔註86〕見明·黃瑜《雙槐歲鈔》卷一《楓林壬課》。
〔註87〕見《遼史》卷七十二《宗室列傳·義宗傳》。
〔註88〕見《元史》卷十二《世祖本紀九》。
〔註89〕眉批：「目錄。」
〔註90〕眉批：「繙譯」、「方言」。
〔註91〕見宋·僧法雲編《翻譯名義集》卷十三《四十二字篇第五十一》。
〔註92〕唐·張說《蘇摩遮》五首，見《張說之文集》卷十。此處所引見第一、二首。

以泥水霡灑行人，或持羂索搭鉤捉人為戲。每年七月初，公行此戲，七日乃停。土俗相傳云：常以此法攘厭，驅趁羅剎惡鬼食啗人民之災也。」按：今滿洲典禮跳神之紗帽，一作撒麻太太，蓋出於此。紗帽、撒麻，皆颯磨之轉音也。姚元之《竹葉亭雜記》作「薩嗎」〔註93〕，吳桭臣《寧古塔記略》作「義馬」〔註94〕。〔註95〕

今歐羅巴人稱中國為氈擎，或為占泥，皆支那之轉音。近時言譯語者，以支那當為秦字之合音。中國惟秦威烈最盛，故西人至今以稱中土。余則謂若作秦音，正當是姚秦之秦，非始皇也。姚秦譯經最多，天竺人以支那譯其國名，西洋又從印度譯之，故展轉不可知耳。又案：唐李長者《華嚴經論》卷二十六云：「震旦國亦曰支提那國，此云思惟，以其國人多所思慮，多所計度，故以立其名，即是今漢國也。」據此則支那為支提那之省文，其名乃印度人強名中國者。竊恐不然。又《法苑珠林》卷九引《佛本行經》稱：「大秦國書為邪寐尼書。」邪寐尼亦秦字之轉音矣。英人稱中國，音與邪寐尼近。

《論語》：「有能一日用其力於仁矣乎？我未見力不足者。蓋有之矣，我未之見也。」朱子《注》云：「有之謂有用力而力不足者，但我偶未之見耳。」愚以為不當如是說。「有之」之「有」字，與上文「有能」之「有」字緊相承

〔註93〕清‧姚元之《竹葉亭雜記》卷三：

　　滿洲跳神，有一等人專習跳舞諷誦祝文者，名曰薩嗎。〔亦滿洲人。〕跳神之家，先期具簡邀之，及至，摘帽向主家神座前叩首。主家設供獻黑豕畢，薩嗎乃頭戴神帽，身繫腰鈴，手擊皮鼓，即太平鼓，搖首擺腰，跳舞擊鼓，鈴聲鼓聲，一時俱起。鼓每抑揚擊之，三擊為一節，其節似街上童兒之戲者。薩嗎誦祝文，旋誦旋跳。其三位神座前。文之首句，曰伊蘭梭林端機，譯言三位聽著也；五位前文之首句，曰孫札梭林端機，譯言五位聽著也。下文乃某某今擇某某吉日云云。其鼓別有手鼓架鼓俱係主家自擊，緊緩一以薩嗎鼓聲為應。薩嗎誦祝至緊處，則若顛若狂，若以為神之將來也。誦愈疾，跳愈甚，鈴鼓愈急，眾鼓轟然矣。少頃，祝將畢薩，嗎復若昏若醉，若神之已至，憑其體也，卻行作後僕狀。主家預設椅對神置，扶薩嗎坐於椅，復作閉氣狀。主人於時叩神前，持杯酒灌豕耳，豕掙躍作聲。主家乃闔族喜，曰：「神聖領受矣。」乃密為薩嗎去鼓脫帽解鈴，不令鈴鼓少有響聲。薩嗎良久乃蘇，開目則閤然作驚狀，以為己之對神坐之無禮也，急叩謝神，徐起賀主家。禮畢，眾乃受福。薩嗎，即古之巫祝也。其跳舞，即婆娑樂神之意。帽上插翎，蓋即鷺羽鷺翿之意也。必跳舞，故曰跳神。二十年前余嘗見之。今祭神家罕有用薩嗎跳祝者，但祭而已，此亦禮之省也。

〔註94〕清‧吳桭臣《寧古塔記略》：「請善誦者名叉馬，向之念誦。」作「叉馬」，與文氏不同。

〔註95〕眉批：「繙譯」、「方言」、「此條與第九冊四十三頁合」。

接。言蓋有一日用其力於仁者，我特未之見耳。若如朱《注》，似未盡合勉人為仁之意。何平叔《集解》：「孔曰：『謙不欲盡誣時人，言此言字疑。不能為仁。故云：為能有耳，我未之見也。』」邢《疏》曰：「蓋有能為之者矣，但我未之見也。」與余意同。〔註96〕

《新唐書·藝文志》醫術類有蘇游《鐵粉論》一卷，此古人服鐵之證。〔註97〕

朱蘭坡《茶說》云：「據《茶經》引司馬相如《凡將篇》有『荈詫』，王褒《僮約》有『陽武買茶』之語，是漢世有之。《茶經》又引《晏子春秋》『食脫粟之飯，炙三弋五卵茗菜』，是春秋時有之。況《爾雅》為周公作，已明著於篇。郭《注》云：『樹小似梔子，冬生葉，可煮作羹飲。』今茶樹高或數丈，小僅數尺，葉正類梔子。雖茶荼字分古今，要之其由來久矣。」《小萬卷樓文集》卷八。所考甚詳博。又謂東坡詩以「茗飲出近世」〔註98〕為非。按：蘭坡所引各條，曰炙，曰煮作羹，則非作茗飲可知。東坡所言，亦未為誤也。唐楊曄《膳夫經》云：「茶，古不聞食之。近晉、宋以降，吳人採其葉煮，是為茗粥。至開元、天寶間，稍稍有茶。至德、大曆遂多，建中以後盛矣。」此正與東坡說合。余未見《膳夫經》〔註99〕，此據《續談助》卷五所引。然《博物志》已有「飲真茶令人少眠睡」之說，是晉時已有茗飲矣。倪二初《讀書記》卷七云〔註100〕：「古無飲茶之法。所謂飲者，漿人所掌六飲是也。自茗飲行而諸法廢矣。漿人共賓客之稍禮，以今法況之，如言賜茶然。」〔註101〕

吾袁州，唐時最盛。嘉慶、道光間，先曾祖融谷公曾與友人集袁州唐人集十六卷刊行。余按：《新唐書·藝文志》集部錄袁州人箸述，有袁皓《碧池書》三十卷、原注云：「袁州宜春人。龍紀集賢殿圖書使，自稱碧池處士。」鄭谷《雲臺編》三卷、又《宜陽集》三卷、字守愚，袁州人。為右拾遺。乾寧中以都官郎中卒於家。盧肇《海潮賦》一卷、又《通屈賦》一卷、《注林絢〈大統賦〉》二卷、字子發，袁州人。咸通歙州刺史。劉松《宜陽集》六卷、松字酷美，袁州人。集其州天寶以後詩四百七十篇。唐稟《貞觀新書》三十卷、稟，袁州萍鄉人。集貞觀以前文章。《崇文總目》：

〔註96〕眉批：「經義。論語。」
〔註97〕眉批：「醫術」、「飲食」。
〔註98〕見《東坡詩集注》卷十四《問大冶長老乞桃花茶栽東坡》。
〔註99〕見唐·楊曄《膳夫經手錄》。
〔註100〕見清·倪思寬《二初齋讀書記》卷七。
〔註101〕眉批：「飲食。」

《大統賦》，林絢撰，盧肇注，安裕重箋。又《崇文總目》：劉松《宜陽錄》六卷。《宋志》十卷。〔註102〕

《唐摭言》卷十五云：「陳象，袁州新喻人。唐、宋時，新喻皆屬袁州。為文有西漢風骨。著《貫子》十篇。」《南部新書·癸》云：「彭蟾，宜春人也。著《鳳池本草廟堂丞鏡》一百二十卷。廣明亂後遺墜。」〔註103〕

黃徹《䂬溪詩話》云〔註104〕：「《漁樵閒話》載唐末有宜春人王轂，以歌詩擅名。嘗作《玉樹曲》，略云：『璧月夜，瓊樓春，蓮舌泠泠詞調新。當時狎客盡豐祿，直諫犯顏無一人。歌未闋，晉王劍上黏腥血。君臣猶在醉鄉中，一面已無陳日月。』此調大播人口。轂未第時，常〔註105〕於市廛中。見有同人被無賴輩毆擊，轂前救之，揚聲曰：『莫無禮，便是解道君王猶在醉鄉中，一面已無陳日月。』亡賴者聞之，慚謝而退。」〔註106〕

《高僧傳三集·梁四明山無作傳》〔註107〕云：「至廬陵三顧山，檀越造雲亭院，豫章創南平院，請作主持，皆拂衣而去。前進士唐棻作藏經碑，述作公避請之由。」按：無作卒於梁開平中，年五十六。棻與之同時，則棻亦唐末進士也。棻及第在唐昭宗乾寧元年，見徐松《唐登科記考》。〔註108〕

樊昆吾名封。廣州駐防漢軍，欽賜副榜貢生。卒年九十二。阮文達學海堂弟子也。《南海百詠續編》記明末王興事，可補《小腆紀傳》諸書所未詳。其詞曰：「浮江五馬日紛爭，賸水殘山孰主盟。天步既移人事舛，傷心窮島一田橫。」自注：「興，番禺人。少為農，短小精悍，智計過人，人呼為繡花針。明亡，散家

〔註102〕眉批：「目錄」、「《崇文總目》：『《大統賦》二卷，林絢撰，盧肇注，安裕重箋。』《崇文總目》：『劉松《宜陽錄》六卷。』《宋志》十卷」，檢《宋史》卷二百九《藝文志》著錄劉松《宜陽集》十卷。
〔註103〕眉批：「目錄。」
〔註104〕見宋·黃徹《䂬溪詩話》卷二。
宋·何溪汶《竹莊詩話》卷十三《雜編三》亦錄王轂《玉樹曲》，稱：《百斛明珠》云：唐末有宜春人王轂者，以能詩擅名於時。嘗作《玉樹曲》云云。此詩大播於人口。轂未第時，嘗於市廛中，忽見同人被無賴輩毆打，轂前救之，揚聲曰：「莫無禮，識吾否？吾便是解道『君臣猶在醉鄉中，面上已無陳日月』者。」無賴輩聞之，斂手慚謝而退。
〔註105〕「常」，《䂬溪詩話》作「嘗」，是。
〔註106〕眉批：「文學」；「《全唐詩》未有王轂，當補入」，有刪除標識。王轂見《全唐詩》卷六百九十四，稱：「王轂，字虛中，宜春人。乾寧五年進士第，官終尚書郎。集三卷，存詩十八首。」
〔註107〕見宋·釋贊寧《宋高僧傳》卷三十。
〔註108〕眉批：「掌故。」

財，納亡命，以謀恢復，四方歸之。初屯花山，迨紹武被殺，乃盤踞文村。文村為廣、肇交界，與新會、新寧、開平、恩平、陽春、陽江六縣毗聯，處萬山之中，四鄰大洋，危險僅通一徑。興築寨其中，奉聿鍵之弟朱聿鐈為主，仍用永曆年號，四出攻掠。時官軍方戡定瓊南，未暇及此一隅也。順治十三年，粵地大定。七月，平南王親率兵討之。顧其山川，彼逸我勞，乃分阸其運道，作長圍之勢。相持半載，王遣人招之降，不聽。至冬，島中糧且盡，興遣其子五人齎明之印勅令箭，至大營約降。王大悅，許之，厚遣五子歸。興乃大集島眾，慟哭歔欷，諭以天命有歸，宜降以救民命。己乃於是夜舉家自焚死。聿鐈亦吞腦片死。餘眾遂降。平南王大義之，收其燼，以一品禮葬之河南之箕村。粵人書其碣，曰皇明虎賁將軍縣伯電輝王公偕同節元配張氏一品夫人暨十五庶夫人之墓。王厚待其五子，至通顯焉。」〔註109〕

《宋文鑒》卷一百十二錄范文正公《上相府書》云：「今孫、吳之書，禁而弗學，苟有英傑，授亦何疑。前代名將，皆洞達天人，嗣續忠孝。今可於忠孝之門，搜智勇之器，堪將材者，密授兵略，歷試邊任。使其識山水之向背，歷星霜之艱難，一朝用之，不甚顛沛，十得三四，亦云盛矣。」一百十五又錄劉原父《與吳九論武學書》云：「戰國之時，天下競於馳騖。於是乎有縱橫之師，技擊之學，以相殘也，若之何其傚之。且昔先王務教冑子以道，而不及武者，非無四夷之患，誠恐示民以佻也。」按：立武學不得謂「示民以佻」。原父優游侍從，目覩升平，不及文正之遠識也。文正書又云：「今相府勞一日之思，絕百代之恥，無使中原見新羈之馬，赤子入無知之俗，則天下幸甚！」其言沉痛。靖康之變，正坐不思之故耳。古人綢繆牖戶之心，固如是乎！〔註110〕

《晉書·食貨志》不載鹽法，惟《北堂書鈔》一百四十六引《晉令》云：「凡民不得私煮鹽，犯者四歲刑，主吏二歲刑。」又引《晉中興書》：「太元三年，詔曰：鹽者，國之大利。」以此推之，知晉時所行皆官鹽，至東晉則大資國用矣。又《晉書·職官志》云：「鹽鐵金銀銅錫，始平之竹園。別都宮室園囿，皆不為屬國。」知西晉時制，侯王不得擅鹽鐵之利。此皆足補《食貨志》之闕也。晉有臨邛火井河東鹽，見《博物志》。郭璞有《鹽池賦》，《藝文類聚》錄之。又《御覽》八百六十五引《晉太康地記》曰：「梓潼縣出傘子鹽」；《廣志》曰：「鹽多側於海濱，但未此千里相比耳。河東有印成鹽，西方有石子鹽，皆生於水。北湖中有青鹽，五原有紫鹽，波斯

國有白鹽，如細石子。」又一百六十三引《晉太康地記》曰：「安邑有司鹽都尉，別領兵五千。」《御覽》七百五十七引裴淵《廣州記》曰：「東官郡煮鹽，織竹為釜，以牡蠣屑泥之，燒用七夕一易。」《〈水經·江水〉注》〔註111〕引王隱《晉書·地道記》曰：「入湯口四十五〔註112〕里，有石煮以為鹽，石大者如升，小者如拳，煮之水竭鹽成，蓋蜀火井之倫，水火相得乃佳矣。」《太平廣記》三百九十九。引《博物志》云：「火井一所，縱廣五尺，深二、三丈。在蜀都者，時以竹板木投之以取火。諸葛丞相往觀視後，火轉盛熱。以盆著井上，煮鹽得鹽。後人以家燭火投井中，即滅息，至今不復然也。」《廣記》又引《陵州圖經》云：「陵州鹽井，後漢仙者沛國張道陵之所開鑿，周廻四丈，深四十尺，置竃煮鹽，一分入官，二分入百姓家。因利所以聚人，因人所以成邑。」

　　先祖壯烈公歷廣東府州縣十四任所，至以發潛德、善風俗為己任，著於民口，無俟廷式之稱揚。今錄《宜亭詩草》數章，以著梗概。《弔東安故令尹邱公》，自注云：「公名隅，字搏九，號止菴。福建上杭舉人。順治三年，由海豐訓導陞署。甫下車，明季把總朱家臣先叛，被脅，不屈，全家遇害。道光十一年，余詳請建祠，置田供祀，並弔以詩。」詩云：「王師猶未到荒阪，叛賊先來脅邑侯。七品官纔居幾日，一家人已共千秋。長子希郁，次希奇，並遇害。有君去國難回首，隨地酬恩且斷頭。魂魄同歸何處所，祇今憑弔淚空流。」《弔故懷遠將軍羅公》，自注云：「公名文舉，東安人。由行伍為肇協把總，以勇敢聞，洊陞守備。康熙十四年，吳三桂叛，遣眾攻廣西藤縣甚急。公往堵剿，賊圍之三帀，曰：『吾昔有敢戰名，今為敢死時矣。』身先士卒，所向披靡，戰七晝夜，救援不至，與都司劉志高同遇害。十六年，追贈懷遠將軍，晉秩游擊，諡英惠，予祭葬，蔭一子。墓在茶洞望軍山。知縣黃道焜奉行勒石。道光十一年，余建復忠義孝悌祠，為公詳請入祀。」詩云：「藤縣城邊賊合圍，將軍一騎獨先馳。爭名恰值留名日，敢死今為效死時。報國捐軀千古節，以身捍患幾人知。為修祠廟還追祀，豈僅茶山勒墓碑。」〔註113〕

　　《蕙畝拾英集》，《宋史·藝文志》著錄。〔註114〕余從《永樂大典》中集得

〔註111〕見《水經注》卷三十三。
〔註112〕「五」，《水經注》作「三」。宋·王應麟《玉海》卷一百八十一《食貨》亦引王隱之說，亦作「三」。
〔註113〕眉批：「掌故。」
〔註114〕卞東波《宋代詩歌總集新考》（《中國韻文學刊》2013年第2期）依據《永樂大典》《歲時廣記》《天中記》對《蕙畝拾英集》做了鉤稽和評述。

數條，大抵皆婦人詩也。亦有一二條錄男子詩，茲不悉載。具錄於後，備續玉臺者採擇焉。張熙妻王氏作《西湖曲》：《菩薩蠻》。「橫塘十頃琉璃碧，畫樓百步通。南北沙暖睡鴛鴦，春風花艸香。　閒來撐小艇，劃破樓臺影。四面望青山，渾如蓬萊按：當作嶨。間。」《永樂大典》卷二千二百六十五。馬氏詞，余嘗聞馮上達教授云：「曩在京，見友人韓擇中，親老貧甚，久不得志，其妻有詩寄云：『力戰文場不可遲，正當捧檄悅親闈。要看鵲噪凌晨樹，莫使人譏近夜歸。』」蓋近時有《聞登第曲》云：「鵲噪凌晨樹，鐙開昨夜花。」而唐杜羔妻聞羔下第詩云：「良人的的是奇才，何事年年被放回。而今妾面羞君面，君若歸時近夜來。」故用此二事激之。韓得詩，益勤膇幾。翌歲登科。馬氏復作五十六字寄之，止記頷聯云：「果見金泥來報喜，料無紅紙去通名。」末句云：「歸遺直須青黛耳，畫眉正欲倩卿卿。」唐人初登第，以泥金帖子報喜於家。裴思謙登第後，以紅箋名紙謁平康。歸遺，乃東方朔事。畫眉，張敞事。卿卿，王渾妻事。其該洽如此。卷一萬四千三百八十九。白紙詩。士人郭暉因寄安問，誤封一白紙去。細君得之，乃寄一絕云：「碧紗窗下啟緘封，片紙從頭徹尾空。應是仙郎懷別恨，憶人長在不言中。」同上。　此卷尚有黃公舉妻詩，以其詞近褻，故不錄。其書則甚佳。蜀婦田氏嘗有詩云：「桂枝若許佳人折，須作人間女狀元。」卷五千一百五十七。〔註115〕

　　姜堯章《續書譜》云〔註116〕：「真書以平正為善，此世俗之論，唐人之失也。唐人以書判取士，士大夫字畫類有科舉習氣。顏魯公〔註117〕作干祿字書，是其證也。矧歐、虞、顏、柳前後相望，故唐人下筆應規入矩，無復晉魏飄逸之氣。」余謂本朝試事，鄉、會場外，皆重書法，故士大夫作字亦合規矩者多，而生趣逸氣轉不及明人也。道光以來，益復挑剔偏旁，呵責筆誤，雖略合《說文》，而唐宋以來相傳之書法益盡失矣。唐太宗命虞世南、歐陽詢教習楷法。〔註118〕

其後，陳曉蘭《〈蕙畝拾英集〉遺文考》（《北京大學中國古文獻研究中心集刊》2015年第1期）亦有考論，該文摘要稱：
《蕙畝拾英集》是一部主要載錄女性詩詞、言語及相關本事的宋代著作，今雖亡佚，然有若干內容為宋、元、明典籍所引用。本文通過對《永樂大典》《歲時廣記》及《天中記》等書所引錄的遺文材料的逐條考述，以探究此書的內容特點與編纂情況，並冀以對宋代女性文學創作以及宋代女性文學文獻有更多的瞭解。
〔註115〕眉批：「文學。詩詞」、「『馬氏詞』三字標題」。
〔註116〕見宋・姜夔《續書譜・真》。
〔註117〕眉批：「當作元孫。」
〔註118〕眉批：「論書。」

　　米芾《海嶽名言》云：「開元以來，緣明皇字體肥俗，始有徐浩以合時君所好，經生字亦自此肥。開元以前古氣，無復有矣。」〔註119〕余嘗謂唐明皇《脊令頌》為趙文敏書法之所本，而蘇靈芝〔註120〕之肥俗則遠過季海〔註121〕者也。

　　錢曾《讀書敏求記》〔註122〕：「《魯班營造正式》六卷。略說云：班，周時人。妻雲氏。居江西隆興府，地名市縱。予觀其規矩繩尺，誠千古良工之範圍。然此等書皆後人偽作，非真出於班也。」此書余未見，今世所行《魯班經》二卷，則略於規矩準繩，而詳於日月禁忌。其偽造之技倆，又出古人下矣。工藝之書，惟李明仲《營造法式》獨為雅製。《永樂大典》又有《梓人遺制》四卷，余曾見之，惜未鈔錄。中國工政不講，西人乘其弊而入，固有由矣。

〔註119〕宋・張邦基《墨莊漫錄》卷六：
　　本朝能書，世推蔡君謨。然得古人玄妙者，當還米元章。米亦自負如此。嘗有《論書》一篇及雜書十篇，皆中翰墨之病，用雞林紙書贈張大亨嘉甫，蓋米老得意書也。今附於此。
　　《論書》云：（下略）
　　此處所引即《論書》中文，未提《海嶽名言》。
　　另，清・俞樾《茶香室叢鈔》茶香室四鈔卷十五《杜工部論書》：
　　《海嶽名言》又云：「開元以來，緣明皇字體肥俗，始有徐浩以合時君所好，經生字亦自此肥。開元以前古氣，無復有矣。」
　　文氏或從此轉引。
〔註120〕宋・佚名《宣和書譜》卷十《執筆帖》：
　　蘇靈芝，儒生也，史亡其傳。……靈芝行書有二王法，而成就頓放，當與徐浩雁行，戈腳復類世南體，亦善於臨倣者。在唐人翰墨中，固不易得，蓋是集眾善而成一家者也。
　　宋・魏泰《東軒筆錄》卷十五：
　　唐初字書得晉宋之風，故以勁健相尚。至褚、薛則尤極瘦硬矣。開元、天寶已後，變為肥厚。至蘇靈芝輩，幾於重濁。故老杜云「書貴瘦硬方有神」，雖其言為篆字而發，亦似有激於當時也。
　　清・康有為《廣藝舟雙楫》卷二：
　　唐世書凡三變。唐初，歐、虞、褚、薛、王、陸並轡疊軌，皆尚爽健。開元御宇，天下平樂，明皇極豐肥，故李北海、顏平原、蘇靈芝輩並趨時主之好，皆宗肥厚。元和後，沈傳師、柳公權出，矯肥厚之病，專尚清勁，然骨存肉削，天下病矣。
〔註121〕《舊唐書》卷一百三十七《徐浩傳》：
　　徐浩，字季海，越州人。……浩少舉明經，工草隸，以文學為張說所器重，調授魯山主簿。……肅宗即位，召拜中書舍人，時天下事殷，詔令多出於浩。浩屬詞贍給，又工楷隸，肅宗悅其能，加兼尚書左丞。玄宗傳位誥冊，皆浩為之，參兩宮文翰，寵遇罕與為比。
〔註122〕見清・錢曾《讀書敏求記》卷二《史》。

　　利津李竹朋知府，佐賢。先大夫甲辰鄉試座師也。著《古泉滙》六十四卷，精博之至，〔註123〕非翁樹培、翁書有稿本，存李木齋前輩處，余曾見之。倪模〔註124〕諸家所及。又有《吾廬筆談》八卷，第六卷為《續觀古閣泉說》，中一條云：「藏泉家垂永久者鮮。翁宜泉所藏，早經易主。劉青園後人振齋於海豐任內殉難，古物蕩然無遺。顧湘舟之泉，吳門破後，不知作何歸宿。呂堯仙之泉，毗陵破後，聞已散佚。杭城失守，戴文節之泉亦無下落。惟吳我鷗後人號小鷗者，聞尚好古，可喜也。吾鄉初渭園所蓄，早歸他氏；劉燕庭所藏，今亦散出。惟吳子苾後人仲飴庾生，雖於泉非專門，然能世其家學；王戟門、鍾麗泉兩家後人，皆能謹守勿失；則不易得者也。」今竹朋先生之卒僅二十餘年，

〔註123〕寒冬虹編《文物要籍解題》（第85～86頁）：

古泉滙

五集六十四卷　　（清）李佐賢編　清同治三年李氏古泉書屋刻本　二十冊

李佐賢，字竹朋，生於清嘉慶十二年（1807），卒於清光緒二年（1877年）利津人，道光十五年進士，道光二十四年授翰林院編修。好古泉、璽印，有《古泉滙》、《得壺山房印寄》等著作傳世。

是書為集錄和研究古代錢幣的重要古錢學著作，釐為首集四卷，元集十四卷，亨集十四卷，利集十八卷，貞集十四卷，凡五集六十四卷。

首集四卷分別為：卷一、凡例；卷二、總目；卷三、歷代著錄、李氏古泉臆說；卷四、節錄翁樹培、戴熙、劉喜海、鮑康各家泉說。

元集十四卷依歷史年代為序，收錄古代布泉，大體可分方足、尖足、圓足、空首等類。

亨集十四卷依歷史年代為序，收錄古代刀泉，大體可分齊刀、明刀、列國尖首刀、列國異品刀等類。

利集十八卷所收皆方孔圓泉，按照周秦至明的順序，依歷史年代為序，並注明歷朝泉幣之正偽。

貞集十四卷收錄歷代異泉雜品，大體可分無考正品、無考別品、變體奇品、厭勝天品、厭勝吉語、厭勝生有、神聖仙佛、打馬錢、花紋、泉範等類。

每集之內，先以類分，再以品分，凡收錄五千餘品，有貝幣、布幣、刀幣、圓錢、方孔圓錢，種類形制繁多。每品均圖其形、考其文、確定正偽。部分只有其名無圖形者，皆為作者未目驗者，附於各類各品之末。

是書包含古今，收羅宏富，選訂精嚴，排列有序，既詳而博，既精而確，傳世泉幣圖譜，無有逾之。

李佐賢後將此書收入《石泉書屋全集》。

〔註124〕清·劉錦藻《清續文獻通考》卷二百七十四《經籍考十八》著錄翁樹培《古錢匯考》八卷、倪模《古今泉略》三十二卷。

另，可參容庚《記翁樹培古泉匯考及古泉匯》（載曾憲通編選《容庚選集》，第434～439頁）、王貴忱《翁樹培及其泉學遺著》（載王貴忱《可居叢稿》增訂本，第353～356頁）。

而家藏書畫多歸他人。有彭文勤《消寒圖》，一時名人題跋甚多，竹朋先生舊藏也，今歸高陽李尚書，余曾見之。泉貨亦皆散失，宜其豫為發慨也。然當時承平日久，好古之士得專心藏弄，而周布齊刀日出不窮，亦可見當時之盛也。〔註125〕

《春秋緯》言「宮商為姓」〔註126〕，京房以吹律定姓〔註127〕。自是之後，迄於南宋，凡言相墓及祿命者，必問其姓所納之音。余嘗舉舊說如曾納徵音，趙納約〔註128〕音，皆見宋人說部。問人，多不能言其故。按：《舊唐書‧呂才傳》曰：「近世巫覡妄分五姓，如張王為商，武庾為羽，似取諧韻。至於以柳為宮，以趙為角，又復不類。或同出一姓，分屬宮商；或複姓數字，莫辨徵羽。此則事不稽古，義理乖僻者也。」是呂才已不知其說。又按：王觀國《學林‧雙聲疊韻》一條卷八。有云：「東方喉聲為木音，西方舌聲為金音，南方齒聲為火音，北方脣聲為水音，中央牙聲為土音。」按：五方之說本之《玉篇》卷末沙門神珙《四聲五音九弄反紐圖》，蓋以喉聲木音為納音角舌聲，金音為納音商齒聲，火音為納音徵脣聲，水音為納音羽牙聲，土音為納音宮也。《欽定同文韻統》卷六。云：「喉音屬宮，齒音屬商，牙音屬角，舌音屬徵，脣音屬羽，半齒音屬半商，半舌音屬半徵」，與此說異。錢辛楣《養新錄》卷五〔註129〕。云：「神珙《辨五音法》：宮舌居中，宮、隆、居、闉。商開口張，書、余、商、陽。角舌縮卻，古、伍、角、岳。羽撮口聚，羽、矩、於、俱。徵舌柱齒，徵、里、陟、力。與今字母多異。」《通志‧七音略‧內外轉圖》則以幫、滂、并、明、非、敷、奉、微為羽音，端、透、定、泥、知、徹、澄、孃為徵音，見、溪、群、疑為角音，精、清、從、心、邪、照、穿、牀、審、禪為商音，影、曉、匣、喻為宮音，來、日為半徵半商。黃公紹《韻會》又以見、溪、群、疑、魚為角，端、透、定、泥為徵，幫、滂、并、明為宮，非、敷、奉、微為次宮，精、清、心、從、邪為商，知、徹、審、澄、孃為次商，影、曉、麼、匣、喻、合為羽，來、日為半徵半商。於《隋書‧經籍志》所載《五音相墓圖》、《五姓墓書》不知何

〔註125〕眉批：「金石。」
〔註126〕《太平御覽》卷七十六《皇王部一》、卷三百六十《人事部一》：「《春秋演孔圖》曰：『正氣為帝，間氣為臣，宮商為姓，秀氣為人。』」
〔註127〕漢‧班固《白虎通德論》卷八《姓名》：
　　　　聖人吹律定姓，以記其族人。
　　　　宋‧鄭樵《通志》卷三十《氏族略第六‧改氏第二》：
　　　　京房本姓李，吹律定姓，改為京氏。
〔註128〕「約」，刻本缺，據稿本補。
〔註129〕見《十駕齋養新錄》卷五《紐弄》。

者相合也。竊謂隋時尚無字母之說，疑神珙所列五方者近之。今惟湖南所行曆書，尚附五姓之說。〔註130〕

《楚詞・天問篇》：「啟棘賓商，九辯九歌。」按：《山海經・大荒西經》云：「夏后開上三嬪於天，得九辯與九歌以下」，是其事。「棘」與「亟」通。「商」字，蓋「帝」字之誤。

今鳥有名婆餅焦者，辛稼軒詞作婆餅焦〔註131〕，范石湖詩集作蒲餅焦〔註132〕。卷二十五。《唐會要》卷九十八：「林邑國有結遼鳥，能解人語。」注云：「亦謂之結了鳥，蓋夷音訛也。」按：此當即白香山詩之秦吉了〔註133〕。〔註134〕

鄞袁鈞集《鄭氏佚書》，《駁五經異義序》云：「《公羊疏》，許慎作《五經異義》云云，又《禮記疏》云：「凡《異義》皆同《穀梁》之義」，許氏書可徵者如此。」余案：所引《禮記疏》大誤。《禮記・郊特牲》，《正義》云：「按《聖證論》及《異義》，皆同《穀梁》之義。」乃專指以日至為周郊，此誤及為凡遂，關全書義例。且許祭酒多用《左氏》、《公羊》說，何嘗盡同《穀梁》乎？故亟為正之。

《太平廣記》一百六十四。引《因語》：「當是「話」字之誤。唐玄〔註135〕宗問：『黃幡綽是勿兒得憐？』原注：是勿兒，猶言何兒也。對曰：『自家兒得人憐。』」按：此「是勿」字，即今俗語「什麼」字所本也。〔註136〕

《唐會要》七十七諸史目「巡察按察巡撫等使」，「巡撫」當是「宣撫」之誤。〔註137〕

《太平寰宇記》卷十八：「稷門。劉向《別錄》云：『齊有稷門，齊之城外有學堂，即齊宣王立學處也，故稱為稷下之學。』」此蓋學堂二字之始〔註138〕。〔註139〕

〔註130〕眉批：「音韻。」
〔註131〕宋・辛棄疾《稼軒長短句》卷十《玉樓春》：「三三兩兩誰家娘，聽取鳴禽枝上語。提壺沽酒已多時，婆餅焦時湏早去。」
〔註132〕《石湖居士詩集》卷二十五《枕上聞蒲餅焦》（第355頁）。
〔註133〕唐・白居易《白氏長慶集》卷四《秦吉了》：
秦吉了，出南中，彩毛青黑花頸紅。耳聰心慧舌端巧，鳥語人言無不通。
〔註134〕眉批：「鳥獸。」
〔註135〕「玄」，原作「元」。
〔註136〕眉批：「方言。」
〔註137〕眉批：「正譌」、「制度」。
〔註138〕《漢書》卷八十九《循吏傳・文翁》，顏師古《注》：「文翁學堂於今猶在益州城內。」
〔註139〕眉批：「學校」、「制度」。

　　杜樊川《寄小姪阿宜詩》〔註140〕云:「第中無一物,萬卷書滿堂。家集二百編,上下馳皇王。多是撫州寫,今來五紀強。」據此,是唐時書籍寫本,已多出於撫州。由宋至國朝,撫州人業書,是其專門,近時乃稍衰矣。〔註141〕

　　唐徐郎《周易新義》三卷。「太和元年六月,直講徐郎〔註142〕上《周易新義》三卷。」見《唐會要》〔註143〕。宋呂祖謙《古易音訓》晁氏引之。〔註144〕

　　陰弘〔註145〕道《周易新論傳疏》一卷。見《新唐志》。

　　《皇朝文獻通考·四裔考》「日本」一條云〔註146〕:「有《吾妻鏡》一書,五十二卷,始安德天皇治承四年,訖龜山院天皇文永三年,凡八十七年事,識其小而略其大。李言恭撰《日本考》,國書、土俗頗詳,而世系弗晰。」按:二書《四庫提要》皆不錄其目,未詳何故。翁廣平有《吾妻鏡補》,余亦未見。吾妻,日本地名。〔註147〕

〔註140〕見清·馮集梧注《樊川詩集注》卷一《冬至日寄小姪阿宜詩》。
〔註141〕眉批:「圖籍」、「掌故」。
〔註142〕「郎」,《唐會要》作「鄮」。而王應麟《玉海》卷三十六《藝文》、《經義考》卷十五引《唐會要》,均作「郎」。
〔註143〕見宋·王溥《唐會要》卷三十六《修撰》。
〔註144〕眉批:「目錄」、「入唐人經學條」。
〔註145〕「弘」,底本作「宏」。
　　　　清·朱彝尊《經義考》卷十四著錄陰弘道《周易新論傳疏》,注:「弘或作洪。」
〔註146〕係節錄朱彝尊之說。
　　　　清·朱彝尊《曝書亭集》卷四十四《跋吾妻鏡》:
　　　　《吾妻鏡》五十二卷,亦名《東鑑》,撰人姓氏未詳。前有慶長十年序,後有寬永三年國人林道春後序,則鏤版之歲也。編中所載,始安德天皇治承四年庚子,訖龜山院天皇文永三年七月,凡八十有七年。歲月日陰晴必書,余紀將軍執權,次第及會射之節。其文義鬱轕,又點倭訓於旁,繹之不易,而國之大事反略之,所謂不賢者識其小者而已。外藩惟高麗人著述往往流入中土,若鄭麟趾《高麗史》、申叔舟《海東諸國紀》以及《東國通鑑史略》諸書,多可攷證。日本職貢不修,故其君長授受次第,自勨然所紀外,相傳頗有異同。臨淮侯李言恭撰《日本考》,紀其國書、土俗頗詳,而國王世傳未明晰。合是編以勘《海東諸國紀》,則不若叔舟之得其要矣。康熙甲辰,獲觀是書於郭東高氏之稽古堂。後四十三年,乃歸插架,惜第六、第七二卷失去。慶長十年者,明萬曆三十二年。寬永三年者,明天啟四年也。
〔註147〕眉批:「目錄。」

卷五〔註1〕

　　晉王延秀有《感應傳》，其書久佚。近人彭蘭臺作《二十二史感應錄》〔註2〕，取裁雅正，可繼《法苑珠林》之事證矣。其緒論一則云：「列史五行

〔註1〕按：稿本題「純常子枝語」。稿本乙封題「純常子枝語　第五冊」。
〔註2〕清・彭希涑《二十二史感應錄》，有《叢書集成初編》本。卷首有彭紹升序、
　　　自序。
　　　清・彭紹升序：
　　　《春秋》者，史家之祖也。《春秋》紀災異，所以著天人感應之故甚明。左氏
　　　因而傳之，凡國之廢興、人之生死、事之成敗，必先原其善惡得失之所由，
　　　而究其所終極，如立竿睹影，持鏡取形，無豪髮之爽。其人也，其天也，其
　　　皆一心之自為感應也。自周以降，二千年間，史家記載，事變日出，不可殫
　　　窮，而有不變者存焉。由不變者觀之，則天人感應之故可得而詳矣。然感應
　　　之故，有可知，有不可知。善者祥，惡者殃，此其可知者也。善者不必祥，
　　　惡者不必殃，此其不可知者也。夫使天之與人判然其相格也，冥然其不相關
　　　也，是則古來感應之故，類不足憑，乃共可知者，固已章章矣。即其可知者
　　　而推之，天之與人，誠若是其相關，而未始相格也。必無有明於此而闇於彼
　　　者也，必無有通於此而窒於彼者也。然而善者不必祥，必其善有未至也。不
　　　然，彼其祥有不可見者矣。惡者不必殃，必其惡有未孰也。不然，彼其殃有
　　　不可見者矣。夫不可見則不可知矣。然而未始不可知，吾於其可知者知之其
　　　可知者，其不變者也。《太上感應篇》出於《道藏》，其書導人以修身立命之
　　　學，其恉足與《春秋左氏》相發。後之注者，多雜引稗官小說，不足徵信於
　　　世。兄子希涑閱二十二史，取其事應之顯著者，彙而錄之，分為二卷，將刊
　　　板以行，使人知天人感應之故，不以古今而異其豪髮，其於君子修身立命之
　　　學當有助焉。《易大傳》曰：「善不積不足以成名，惡不積不足以滅身。」夫
　　　君子之為善也，未始謂為善也，有去惡而已矣。去惡即善也，善之所由以積
　　　也。小人之為惡也，未始謂為惡也，有自以為善而已矣。自以為善即惡也，
　　　惡之所由以積也。是故君子日虛，小人日滿，虛者集祥，滿者集殃。其天也，
　　　其人也，其皆一心之自為感應而已矣，而何不可知之有？讀是書者，誠能反

躬自鑒，決去其惡，勉進於善，日積而不已，求自盡於其心焉，吾知天必有以應之矣。乾隆四十六年孟夏之月長洲彭紹升序。

按：彭紹升《二林居集》卷五亦有《二十二史感應錄敘》，無文末一句。

彭希涑《自序》：

自有載籍以來，勸懲之書多矣。其言感應之故詳矣，大要在使人止惡而進善。欲使人止惡而進善，必先有以起人之信心。信與不信，善惡之所自萌也。《太上感應篇》，載善惡條類纂詳，其旨通於六經，而其公案具在二十二史。後之為注釋者，多採取稗官說部、里巷傳聞，以為之證。使童驗婦豎見其書，聆其說，莫不形惕心惴，其為功於世教非淺。而當世士君子反有以文不雅馴，菲薄不屑視者，始以其事為不足信，繼且以其理為不足信。豈太上煌煌垂訓，可以勸愚眾，而不足以規學者哉？夫輕薄佻浮之子，偭規越矩者勿論矣。即其間有志進修者，傷德喪名之行，自問無之。而或勉其暫不能慎其常，矜於眾不能慊於獨，然則善何由而純，惡何由而盡？苟非取古昔記載，切於勸懲者，置之左右，反覆尋覽，曉然洞悉於感應之所由，不以初終隱顯而或二，又烏能奉身寡過而俯仰無愧怍也哉？希涑幼承家學，頗知嚮往。稍長，閱歷世故，益有契於感應之理。爰以讀史餘閒，擇其善惡事蹟，果報最著者，得一百八十餘條，編為二卷。子曰：「舉一隅不以三隅反，則不復也。」二十二史，無一事而非感應之證也。茲之所載，二十二史之一隅也。伊古及今，普天匝地，無一事而非感應之證也。二十二史，又古今感應之隅也。推之而稗官說部，里巷傳聞，苟由此而反之，其理明，其事確，又何不可信之有？吾願讀是書者，決志進修，為善去惡，如火之然，如泉之達。是書所錄之善，吾得取之以為善；所錄之惡，吾得反觀內鏡，務使根株之胥絕焉。然則太上垂訓之旨，其不在斯乎！彭希涑序。

另外，清·彭蘊章《歸樸龕叢稿》卷五《先世著述記》：

《二十二史感應錄》，先府君贈資政公輯。首列《太上感應篇》，博採前史為善降祥、為惡降殃報應之顯著者，以明感應之理為不爽也。

又卷十一《二十二史感應錄跋》：

《易》言「積善餘慶」，《書》言「作善降祥」，經訓昭垂尚矣。《太上感應篇》雖出《道藏》，而「禍福無門，惟人自召」本《春秋左氏傳》語。其所勸懲，皆切於民生日用，與道家諸書之尚符籙、講導引者不同。後人或援稗官野史及里巷傳聞為之詮證，不免為儒者所輕。余家自先五世祖侍講公以來，世守《文昌陰騭文》，以為束身寡過之資。先大夫少孤力學，刻意潛修，兼奉《感應篇》一書，嘗輯正史所載善惡報應之彰者若干條，曰《二十二史感應錄》，以明勸誡。刊版行世，垂六十年，吾吳及京師久已風行。今蘊章視學來閩，重刊以廣流傳，俾承學之士見。援引皆本於史傳，益以信《感應》之不誣。而檢束身心，以迎善氣，未必無功於世也。夫人為善為惡，未有不自知者。知為善而充之，善心日擴，善氣日臻矣。知為惡而縱之，噁心日熾，惡氣日盈矣。即此善惡之心，積而為吉凶之應，則不待庚申三尸之奏、月晦司命之言，而始邀天鑒也。此心之炯然難昧者，即謂之三尸司命可也。銅山西傾，洛鐘東應，以類相感，在物且然，而況於人乎！

清·王芑孫《淵雅堂全集》惕甫未定稿卷四《彭蘭臺遺詩序》：

余及事彭尚書，而與二林先生有忘年之契，因識諸彭群從。蘭臺當日年最少，

志有人變異形者。《後漢書》〔註3〕：『靈帝時，黃氏之母浴而化為黿，入於深淵，其後時出見。』《晉書》〔註4〕：『吳孫皓寶鼎元年，丹陽宣騫母年八十，因浴化為黿。』《宋史》〔註5〕：『衡湘間人有化為虎者。』夫心，形之主也。人之異於禽獸者，在心不在形。孟子曰〔註6〕：『夜氣不足以存，則其違禽獸不遠。』可以得輪迴之理矣。」按：錢辛楣先生《輪迴說》〔註7〕以為其弊必

以材敏愛於尚書，尤為二林所稱許。年十六，補諸生。又十年，舉於鄉。自尚書棄養，二林之學佛益專，蘭臺習其說，幾乎非西方之教勿言。……蘭臺平生著書有《淨土聖賢錄》、《二十二史感應錄》，大指不離乎佛。（下略）

〔註3〕見《後漢書》卷一百七。
〔註4〕見《晉書》卷二十九。
〔註5〕見《宋史》卷六十二。
〔註6〕見《孟子・告子上》。
〔註7〕清・錢大昕《潛研堂集》文集卷二《輪迴論》：

嗚呼！始為輪迴之說者誰乎？其欺天誣神，驅斯世而入於禽獸者乎？夫天地之生人，與生物同，而人獨靈於萬物者，以其有人倫也。五倫以孝為先，人無愚不肖未有不愛其父母者，以其身為父母之身也，故終其身而不敢忘父母。自有輪迴之說，而有今生之身，有前生之身，又有前乎前生之身，推之至於無可窮，皆即我之身即各有父母身。死之後又有來生之身，又有後乎來生之身，亦推之至於無可窮，亦即我之身而又各有父母。於是乎視父母如路人，不以為恩，而轉以為累。必出家學佛，而後可免於輪迴之苦。此其惑人計甚狡而言甚巧矣。而人之習其教者，昧其可孝可弟之心，甘為不孝不弟之事，靡然從之，千有餘年而不悟，可不為大哀乎！夫生死者，人之常，猶草木之春榮秋落也。形神合而有身，若色香合而為花。未聞花落而香留，安得身亡而神在？自眾庶挴生，方士以長生誘之，久而不驗，釋氏後入中國，乃謬悠其詞，以為形有去來，神無生滅，不受吾法，即墮輪迴之苦。驟聽之，似亦導人為善，而不知其教人以不孝不弟之為禍烈也。或曰：神氣歸於天，形魄歸於地，形與神既非一物，則神亦可不滅。曰：始死之際，魂魄相離，雖有升降之殊，終無久而不散者。先王知鬼神之情狀，故制祭祀之禮，使有所歸而不為厲。承祭者必其子孫，子孫與祖父氣相擅也。非其族弗祭，氣不屬也。若如釋氏所言，昔為張甲之父，今為李乙之子，風馬牛不相及矣，何以祭為？《易傳》曰：「積善之家，必有餘慶。積不善之家，必有餘殃。」禍福皆人所召，而作不善者禍及其身，甚則及其子孫。感應之理，昭然可信也。今其言曰前生作惡，今生受苦，是張甲之惡移禍於李乙之家，顛倒孰甚焉？此非導人為善，乃勸人為惡耳。且輪迴之權，誰實司之？將穹蒼自主之耶？抑將設官分曹，具簿籍置，胥徒一一校其違失，視下界官司繁劇且百倍耶？此其說難以欺三尺童子，而世之粗讀儒書者，亦或妄聽而深信之，是誠何心哉！先儒言老氏近於楊，釋氏近於墨，以予觀之，釋氏亦始終為我而已，惡睹所為兼愛者？彼其棄家而學道，並父母亦不暇顧，而唯求己之不入輪迴，是視己重於父母也。就使果證上乘，亦唯一己得大自在，於眾生何與焉？一生受人供養，自覺素餐，乃借普度眾生為辭，以誑惑檀越，詭言兼愛，實則為我也。

至父子不親，此特極言之耳，使天下之人知罪福之不虛。人心之危，實道心之微也。蘭臺引孟子之言，可謂深警。〔註8〕

宣城吳肅公《五行問》〔註9〕不信五行生剋之說，其詞辯慧。有一條云：

楊之為我，不肯損己以利天下，而釋則並取天下之利。墨之兼愛，猶曰施由親始，而釋則冤親平等。是其害尤甚於楊墨也。聖賢之求道，以明人倫也。棄人倫以求道，則非吾所謂道。聖賢之存心，存其孝悌之心也。捨孝悌以言心，則非吾所謂心。人生天地間，只有見在之身，夭壽不貳，修身以俟之。身存則道存，身沒則名存，名存道亦存也。前生、後生，於吾何與，安有輪迴之患哉？本無輪迴，而輒自恐怖，是為妄想。以輪迴恐怖人，是為妄言。蔑倫之人，天所不祐。忘親而求，免墮落乃真墮落也。雖日談心性，奚益？且夫田鼠為駕，爵入大水為蛤，物或有之。唯人獨否，人所以異於禽獸也。自有輪迴之說，而人且入於畜生矣，畜生亦轉而為人矣，人雖甚不肖，豈有甘心儕於禽獸者？禽獸知母而不知父，出家者並父母而遠之，其知識亦何異於禽獸哉！吾故曰是不足與深辨也。去其輪迴之想可矣。

〔註8〕眉批：「怪異。」
〔註9〕清・吳肅公《街南續集》卷一《答友人論五行書》：
僕不信五行，正以生剋之說為不可通耳，豈不知五行昉於《禹謨》，詳於《洪範》，而敢妄斥而廢之乎？《左》氏曰：「天生五材，民並用之。廢一不可，誰能去兵？」五行即五材也。天之生物，萬有不齊，其可通行者，槩而約之，惟五云爾。君子於其所不知，闕如也。足下教我以闕疑，是已。然不曰疑思問乎？僕《五行問》一書，冀天下之大、學者之眾，必有深知之而告我者，而無如窮年畢世，卒無其人也。一切醫卜、星相、堪輿、曆數、象緯，無不用之。即自命儒者，曾不致疑焉。始則相沿為習，既而附會飾非。《禮》曰：「疑事無質，直而弗有。」今於疑者，居然質而有之。夫質疑而有之，視弟之疑而問者，果孰為愈乎？張山來不以為謬而梓入叢書，獨以予《洪範》偶然序列之語為不然。山來以一二三四五即河圖之數，非偶然也，愚正以《河圖》與《易》不合，為大可疑耳。何也？一三五七九為天之生數，二四六八十為地之成數，《易》定之矣。一六合為水，二七合為火，三八合為木，四光合為金，五十合為土，《易》有之乎？一六水為北，二七火為南，三八木為東，四九金為西，五十土為中，果易理乎？蔡子注《洪範》，謂天一生水，地二生火，天三生木，地四生金，天五生土。夫水木何以天生？火金土何以地生？地有生乎？生成互易，益不可解。五行配位，其說始孔安國，而劉歆、楊雄、關朗及《乾鑿度》諸書術士流傳，而朱子以注《易繫》，余又不能已於問也。安得起漢宋諸君子而徧叩之？今《易》前列圖，乃邵子傳之，而朱子主之，豈非大可疑乎？足下據《繫傳》「帝出乎震」一章，以明相生之序，似矣。夫以五行配五方可也，若以為相生，則五方豈必以序而生者乎？是先生東南而後生西北耶？即四時由春而夏而秋冬，陰陽少壯推行以漸，非春生夏，夏乃生秋，秋生冬也。遂謂木生火，火生土，土生金，金生水乎？相剋之說，益不必辨。惟足下教之。
清・吳榮光《石雲山人集》文集卷二《經言五行有無生剋考》：
湘水校經堂課以經言有無五行生剋考命題，本宣城吳肅公《五行問》，其義肅公辯之詳矣。

「乾坤六子，聖人之說眩矣。佛氏言地水火風利，西氏言水火土氣，皆窺見水火土乃天地之大者，猶差勝五行之說。但佛之見未全利，西氏不知水火即是氣也。」按：此不特不信五行生尅，直不信五行耳。其云「乾坤六子」，乃門面語，實則暗襲西說以駁古書耳。不知中國聖人言五行，行者，日用行習之行，所以前民用也。不言地而言土者，地者大塊之全形，土者生人之日用也。不言風而言金木者，風發於天地而不可知，金木製於人而得其利也。此世間法也。佛言四大，但言其大而不可窮，謂四大之足以生人，而不言人之足以用四大，此出世間法也。吳氏不明儒書，不諳佛理，妄意揣量，欲盡蔑前人之典籍，所謂「愚而好自用」〔註10〕也。度後世無知之人，必有衍其說者，故明以辨之。〔註11〕

　　邵康節《皇極經世》言「五行之木，萬物之類也。五行之金，出乎石也」〔註12〕。遂以水火土石為四者，為盡地之體用。其謬本不足辯。且不知土石之同類，尤可憫笑也。朱竹垞《齋中讀書》詩〔註13〕云：「奈何洛下儒，侮聖不知懼。既與《洪範》殊，寧免彝倫斁」，譏之是也〔註14〕。

　　《黃帝內經·五運行大論篇》曰：「五行麗地。地者，所以載生成之類也。」此中國所以言五行之理。不言風者，以風為天氣，不在生成之類也。

　　楊筠松《天玉經》，偽書也。然其文有極不易解者。李若農侍郎曾為余言之，姑記於此。「江東一卦從來吉，八神四個一。」張皋文注云：「謂子癸午丁卯乙酉辛也。」李侍郎云：「江東一卦，東方之寅甲卯乙也，與北方亥壬子癸合八神，其中有四個一數者在焉。一者，水數也。《洪範》：『一曰水。』天一生水於北，故以東北八神為一卦。又曰天卦也。」「江西一卦排龍位，八神四個二。」皋文注云：「謂辰戌丑未乾坤艮巽也。」侍郎云：「江西一卦，西方之庚申酉辛也，與南方己丙午丁，亦合八神，其中有四個合二數。二者，火數也。《洪範》：『二曰火。』地二生火於南，故以西南八神為一卦，又曰地卦也。」

〔註10〕見《中庸》。
〔註11〕眉批：「術數」、「五行」。
〔註12〕見宋·邵雍《皇極經世書》卷十四《觀物外篇下》。
〔註13〕見朱彝尊《曝書亭集》卷二十一《齋中讀書十二首》之四。
〔註14〕錢大昕《十駕齋養新錄》卷十六《辨邵堯夫水火土石》：
　　沈作喆《寓簡》謂五行者經世之用，紀歲時，行氣運，不可闕一。邵堯夫《皇極經世》用揚雄之四數，加以本無之一，而去其本有之二，為不合於古。朱錫鬯《齋中讀書詩》第四首云：「奈何洛下儒，侮聖不知懼。用三去其二，變一成百牾。」蓋用沈氏說，注家未有引此者。

「南北八神共一卦，端的應無差。」臯文注云：「謂甲庚壬丙寅申巳亥也。」侍郎云：「南北八神者，丑艮辰巽未申戌乾，此四支皆主寄於他隅，乃天五之所生也。」又云：「《天玉》一書，千言萬語，總言二關而已。《撼龍經》曰：『吉地須有逆流案，有案直鬚生本幹。』有逆案則水口從上手轉出，斷無出位之患矣。此《天玉》由巒頭而作理氣之大旨也。」

錢文子《補漢兵志》〔註15〕曰：「至於中興，並尉職，《後漢志》：建武六年，省諸郡都尉，並職太守，無都尉之役。省關都尉，唯邊郡往往置都尉及屬國都尉。材官騎士，還復民伍。《世祖紀》：建武七年，詔罷輕車騎士、材官、樓船士及軍假吏，令復民伍。蓋長從募士多，而郡國之兵壞矣。」陳文粹注引應劭《漢官》曰：「自郡國罷材官騎士之後，官無警備，實啟戎心。一方有難，三面救之。發興雷震，煙蒸電激。一切取辦，黔首囂然。不及講其射御，用其戒誓。一旦驅之以即強敵，是以每戰常負，王旅不振，張角懷挾妖偽，遅邁搖盪，八州併發，煙炎絳天，牧守梟裂，流血成川。爾乃遠征三邊殊俗之兵，非我族類，忿鷔縱橫，多僵良善以為己功，財貨糞土。哀夫民氓遷流之咎，見出在茲。不教而戰，是謂棄之。跡其禍敗，豈虛也哉？」余謂此不懲亡秦之弊，而又下開西晉、北宋之禍者也。又按《馬防傳》〔註16〕：防將「諸郡積射士三萬人擊羌」。《安帝紀》〔註17〕：「永初三年秋七月，海賊張伯路等寇略緣邊九郡，遣侍御史龐雄督州郡兵討破之。九月，雁門烏桓及鮮卑叛，敗五原郡兵於高渠谷。元初三年，蒼梧、鬱林、合浦蠻夷反叛，遣侍御史任逴督州郡兵討之。又建光元年初，置漁陽營兵。」《注》引伏侯《古今注》曰：「置營兵千人也。」《順帝紀》〔註18〕：「永建元年十月，告幽州刺史，令緣邊郡增置步兵，列屯塞下。」《桓帝紀》〔註19〕：「延熹三年九月，太山琅邪賊勞丙等復叛，遣御史中丞趙某《注》：「史闕名也。」持節督州郡討之。」《盧植傳》云〔註20〕：「靈帝中平元年，黃巾賊起，發天下諸郡兵征之。」然則雖罷材官騎士，而州郡之兵猶足以供征伐，故維持幾二百年，而不至如晉、宋受禍之烈也。〔註21〕

〔註15〕宋‧錢文子《補漢兵志》，有《清知不足齋叢書》本。
〔註16〕見《後漢書》卷二十四。
〔註17〕見《後漢書》卷五。
〔註18〕見《後漢書》卷六。
〔註19〕見《後漢書》卷七。
〔註20〕見《後漢書》卷六十四。
〔註21〕眉批：「論史」、「治略」。

　　宋尹源《唐說》〔註22〕曰：「世言唐所以亡，由諸侯之強。此未極於理。夫弱唐者，諸侯也。唐既弱矣，而久不亡者，諸侯維之也。」又云：「唐之弱者，以河北之強也。唐之亡者，以河北之弱也。」余謂論唐藩鎮者，當以此說為最確。源又云：「向使田承嗣守魏，王武俊、朱滔據燕、趙，如此雖梁祖之暴，不過取霸於一方耳，安能彊禪天下？」余以為使河北強，則契丹必不能得志，無論朱溫也。自古封建郡縣，得失互見，論者夢如。然封建之世，外患必不亟，流寇必不起，此論治者不可不知也。〔註23〕東漢及明，有封建之名，無封

〔註22〕見《宋史》卷四百四十二《文苑列傳四・尹源》。
〔註23〕顧炎武《日知錄》卷九《藩鎮》：
　　明代之患，大略與宋同。岳飛說張所曰：「國家都汴，恃河北以為固。苟馮據要衝，峙列重鎮，一城受圍，則諸城或撓或救，金人不敢窺河南，而京師根本之地固矣。」文天祥言：「本朝懲五季之亂，削除藩鎮，一時雖足以矯尾大之弊，然國以寖弱，故敵至一州則一州破，至一縣則一縣殘。今宜分境內為四鎮，使其地大力眾，足以抗敵，約日齊奮，有進無退。彼備多力分，疲於奔命，而吾民之豪傑者又伺間出於其中，則敵不難卻也。」嗚呼！世言唐亡於藩鎮，而中葉以降，其不遂並於吐蕃、回紇，滅於黃巢者，未必非藩鎮之力。宋至靖康而始立四道，金至興元而始建九公，不已晚乎！
　　尹源《唐說》曰：「世言唐所以亡，由諸侯之強，此未極於理。夫弱唐者，諸侯也。唐既弱矣，而久不亡者，諸侯維之也。燕、趙、魏首亂唐制，專地而治，若古之建國，此諸侯之雄者，然皆恃唐為輕重。何則？假王命以相制，則易而順。唐雖病之，亦不得而外焉。故河北順而聽命，則天下為亂者不能遂其亂；河北不順而變，則奸雄或附而起。德宗世，朱泚、李希烈始遂其僭，而終敗亡，田悅叛於前，武俊順於後也。憲宗討蜀平夏，誅蔡夷鄆，兵連四方而亂不生，卒成中興之功者，田氏稟命，王承宗歸國也。武宗將討劉稹之叛，先正三鎮，絕其連衡之計，而王誅以成。如是二百年，姦臣逆子專國命者有之，夷將相者有之，而不敢窺神器，非力不足，畏諸侯之勢也。及廣明之後，關東無復唐有，方鎮相侵伐者猶以王室為名。及梁祖舉河南，劉仁恭輕戰而敗，羅氏內附，王鎔請盟，於是河北之事去矣。梁人一舉，而代唐有國，諸侯莫能與之爭，其勢然也。向使以僖、昭之弱，乘巢、蔡之亂，而田承嗣守魏，王武后、朱滔據趙、燕，強相均，地相屬，其勢宜莫敢先動，況非義舉乎？如此，雖梁祖之暴，不過取霸於一方爾，安能強禪天下？故唐之弱者，以河北之強也；唐之亡者，以河北之弱也。或曰：諸侯強則分天子之勢，子何議之過乎？曰：秦、隋之勢，無分於諸侯，而亡速於唐，何如哉！」不獨此也，契丹入大梁，而不能有者，亦以藩鎮之勢重也。王應麟曰：「郡縣削弱，則戎翟之禍烈矣。」
　　《宋史》：「劉平為鄜延路副總管。上言：『五代之末，中國多事，惟制西戎為得之。中國未嘗遣一騎一卒遠屯塞上，但任土豪為眾所服者，封以州邑，徵賦所入，足以贍兵養士，由是無邊鄙之虞。太祖定天下，懲唐末藩鎮之盛，削其兵柄，收其賦入，自節度以下，第坐給俸祿。或方面有警，則總師出討；

事已,則兵歸宿衛,將還本鎮。彼邊方世襲,宜異於此,而誤以朔方李彝興、靈武馮繼業,一切亦徙內地。自此靈、夏仰中國戍守,千里饋糧,兵民並困矣。』」宋初之事,折氏襲而府州存,繼捧朝而夏州失。一得一失,足以為後人之鑒也。

賈昌朝為御史中丞,請陝西緣邊諸路守臣皆帶安撫蕃部之名,擇其族大有勞者為首帥,如河東折氏之比,庶可以為藩籬之固。

《路史・封建後論》曰:「天下之枉,未足以害理,而矯枉之枉常深。天下之弊,未足以害事,而救弊之弊常大。方至和之二年,范蜀公為諫院,建言:『恩州自皇祐五年秋至去年冬,知州者凡七換,河北諸州大率如是。欲望兵馬練習,安可得也!伏見雄州馬懷德、恩州劉渙、冀州王德恭,皆材勇智慮,可責辦治,乞令久任。』然事勢非昔,今不從其大而徒舉三二州為之,以一簣障江河,猶無益也。請以昔者河東之折、靈武之李,與夫馮暉、楊重勳之事言之。馮暉,節度靈武;而重勳世有新秦,藩屏西北。他日暉卒,太祖乃徙其子馮翊,而以近鎮付重勳。於是二方始費朝廷經略。折、李二姓,自五代來,世有其地,二寇畏之。太祖於是俾其世襲,每謂邊寇內入,非世襲不克。守世襲,則其子孫久遠家物,勢必愛惜,分外為防,設或叛渙,自可理討;縱其反噬,原陝一帥禦之足矣。況復朝廷恩信不爽,奚自而他?斯則聖人之深謀,有國之極算,固非流俗淺近者之所知也。厥後議臣遽以世襲不便,折氏則以河東之功,姑令仍世,而李氏遂移陝西,因茲遂失靈夏。國之與郡,其事固相懸矣。議者以太祖之懲五季,而解諸將兵權,為封建之不可復。愚竊以為不然。夫太祖之不封建,特不隆封建之名,而封建之實固已默圖而陰用之矣。李漢超齊州防禦監關南兵馬,凡十七年,胡人不敢窺邊。郭進以洺州防禦守西山巡檢,累二十年。賀惟忠守易,李謙溥刺隰,姚內斌知慶,皆十餘載。韓令坤鎮常山,馬仁瑀守瀛,王彥升居原,趙贊處延,董遵誨屯環,武守琪戍晉,何繼筠牧棣,若張美之守滄、景,咸累其任。管榷之得,賈易之權,悉以畀之。又使得自誘募驍通,以為爪牙,軍中之政,俱以便宜從事。是以二十年間,無西北之虞。深機密策,蓋使人由之而不知爾。胡為議者不原其故,遂以兵為天子之兵,郡不得而有之?故自寶元、康定,以中國勢力而不能亢一偏方之元昊;靖康醜虜,長驅百舍,直搗梁師,蕩然無有藩籬之限,卒之橫潰,莫或支持。由今日言之,奚啻冬水之冰齒。嗚呼!欲治之君不世出,而大臣者每病本務之不知,此予所以每咎徵、普,以為唐室、我朝之不封建,皆鄭公、韓王之不知以帝王之道責難其主,而為是尋常苟且之治也。」

《黃氏日抄》曰:「太祖時,不過用李漢超輩,使自為之守,而邊烽之警不接於廟堂。三代以來,待戎翟之得未有如我太祖者也。不使守封疆者久任世襲,而欲身制萬里,如在目睫,天下無是理也。」

藩鎮既罷,而州縣之任處之又不得其方。真宗咸平三年,濮州盜夜入城,略知州王守信、監軍王昭度。於是知黃州王禹偁上言:「《易》曰:『王公設險,以守其國。』自五季亂離,各據城壘,豆分瓜剖七十餘年。太祖、太宗削平僭武備。書生領州,大郡給二十人,小郡十五人,以充常從。號曰長吏,實同旅人;名為郡城,蕩若平地。雖則尊京師而抑郡縣,為強幹弱枝之計,亦匪得其中道也。蓋太祖削諸侯跋扈之勢,太宗杜僭偽覬望之心,不得不爾。

建之實，故不必論。〔註24〕

《全邊略記》卷十一〔註25〕：「明萬曆四十六年，南職方郎鄒維璉陳調募之害。大約謂召募一著，可為應卒之權宜，不可為接續之長策；可為遼左一面禦強敵〔註26〕，不可為天下州縣開大患。山西、冀北參政徐如翰極言民兵不可調，疏謂今日最宜罷者，無如各州縣之民兵。此輩生長田野，不識軍旅，一行抽取，嚇詐百出。及其督行，則仳離苦楚，尤不忍聞。」調募之弊如此。近時粵匪之役，始而徵調，繼而團練、召募，僅乃得克。蓋封建之世，武備必修，而吏治或壞；郡縣之世，吏治可餙，而武備必弛。此斷然之效矣。〔註27〕

《文子·微明篇》：「文子問曰：『為國亦有法乎？』老子曰：『今夫輓車者，前呼邪許，後亦應之。此輓車勸力之歌也。雖鄭衛胡楚之音，不若是之義也。治國有禮，不在文辯。法令滋彰，盜賊多有。』」按：老子言「禮者，忠信之薄」，此言「治國有禮」，非老子之旨。至於取譬輓車，則其意深矣。天下大器，群生眾蓄，豈一人智力所能御乎？前呼而後應，道在因民之力而盡民之情耳。此老子論法之大意，與申、商異。又《道德篇》：「老子曰：『法煩刑峻，即民生詐。』」《自然篇》云：「先王之法，非所作也，所因也。」又曰：「先王之制法，因人之性而為之節文。」《上義篇》：「老子曰：『天下幾按：幾猶豈也。有常法哉？當於世事得於人理，順於天道，詳於鬼神，即可以正治矣。』」《上義篇》云：「古之制有司也，所以禁民使不得恣也。其立君也，所以制有司使不得專行也。法度道術，所以禁民使不得橫斷也。人莫得恣，即道勝而理得矣，故反於無為。」按：此可知道德之流為刑法也。

文子雖出老子，〔註28〕而其原本忠孝，則儒家之大義也。《符言篇》云：

其如設法救世，久則弊生。救弊之道在乎從宜，疾若轉規，不可膠柱。今江淮諸州大患有三：城池墮圮，一也；兵仗不完，二也；軍不服習，三也。望陛下特紆宸斷，許江淮諸郡酌民戶眾寡，城池大小，並置守捉軍士，多不過五進人，閱習弓劍，然後漸葺城壁，繕完甲冑，則郡國有禦侮之備，長吏免剝掠之虞矣。」嗚呼！人徒見藝祖罷節度，為宋百年之利，而不知奪州縣之兵與財，其害至於數百年而未已也。陸士衡所謂「一夫從橫，而城池自夷」，豈非崇禎末年之事乎！

〔註24〕眉批：「論史。」
〔註25〕見明·方孔炤《全邊略記》卷十一《腹裏略》。
〔註26〕「強敵」，《全邊略記》作「群醜」。
〔註27〕眉批：「治略。」
〔註28〕《四庫全書總目》卷一百四十六子部五十六道家類：
　　　《文子》十二卷

「世治則以義衛身，世亂則以身衛義。死之曰行之終也，故君子慎一用之而已。」此孟子捨生取義之旨也。《道德篇》曰：「處大不溢，盈而不虧。居上不驕，高而不危。盈而不虧，所以辰守富也。高而不危，所以長守貴也。富貴不離其身，祿及子孫。」此用《孝經》語也。《自然篇》曰：「自古及今，未嘗變易，謂之天理。」「天理」二字，惟《樂記》與此書言之。《道原篇》尤多與《樂記》出入。《上義篇》曰：「死君親之難者，視死如歸，義重於身也。故天下大利也，比之身即小；身之所重也，比之仁義即輕。」此《論語》殺身以成人之旨也。是以「淡漠明德，寧靜致遠」〔註29〕之言，諸葛武侯取之〔註30〕；「善無小而不行，過無微而不改」〔註31〕之言，漢昭烈帝取之〔註32〕。誠以所言多當於理也。〔註33〕

晉張湛有《文子注》，隋、唐《志》皆不著錄，《文選注》獨引之。《文子》曰：「去其誘慕，除其嗜欲。」張湛曰：「遺其銜尚，為害真性。」《文選》卷十

案：《漢志》道家《文子》九篇，注曰：「老子弟子，與孔子並時，而稱周平王問，似依託者也。」〔案：此班固之原注，《讀書志》以為顏師古注，誤也。〕《隋志》載《文子》十二篇，注曰：老子弟子，《七略》有九篇，梁十卷亡。二志所載，不過篇數有多寡耳，無異說也。因《史記・貨殖傳》有范蠡師計然語，又因裴駰《集解》有計然姓辛字文子，其先晉國公子語，北魏李暹作《文子注》，遂以計然，文子合為一人。文子乃有姓有名，謂之辛鈃。〔案：暹注今已不傳，此據《讀書志》所引。〕案：馬總《意林》列《文子》十二卷，注曰：「周平王時人，師老君。」又列《范子》十三卷，注曰：「並是陰陽曆數也。」又曰：「計然者，葵邱濮上人，姓辛名文子，其先晉國公子也。」其書皆范蠡問而計然答，是截然兩人兩書，更無疑義。暹移甲為乙，謬之甚矣。《柳宗元集》有辨文子一篇，稱其旨意皆本老子，然考其書，蓋駁書也。其渾而類者少，竊取他書以合之者多。凡孟子輩數家皆見剽竊，峍然而出其類，其意緒文詞，又互相抵而不合。不知人之增益之歟，或者眾為聚斂以成其書歟？今刊去謬惡濫雜者，取其似是者，又頗為發其意，藏於家。是其書不出一手，唐人固已言之。然宗元所刊之本，高似孫《子略》已稱不可見，今所行者仍十二篇之本。別本或題曰《通玄真經》，蓋唐天寶中嘗加是號，事見《唐・藝文志》云。

〔註29〕《文子・上仁》：「老子曰：『非淡漠無以明德，非寧靜無以致遠。』」
〔註30〕三國・諸葛亮《諸葛武侯文集》卷一《誡子書》：「非澹薄無以明志，非寧靜無以致遠。」
　　　　「薄」，別本又作「洎」。
〔註31〕《文子・微明》：「故聖人之於善也，無小而不行；其於過也，無微而不改。」
〔註32〕見《三國志》卷三十二《蜀書二・先主傳》：「裴松之《注》：『《諸葛亮集》載先主遺詔，敕後主曰：勿以惡小而為之，勿以善小而不為。』」
〔註33〕眉批：「治略」、「諸子」。

三《注》〔註34〕。按：此注《道原篇》。《文子》曰：「三皇五帝輕天下，細萬物，上與道為友，下與化為人。」張湛曰：「上能友於道。『友』或為『反』。」卷二十一《注》〔註35〕。《文子》曰：「起師十萬，日費千金。」張湛曰：「日有千金之費。」卷四十《注》〔註36〕。案：此注《微明篇》。《文子》曰：「群臣輻湊。」張湛曰；「如眾輻之集於轂。」卷五十、五十三《注》〔註37〕並引之。此在李暹之先，惜不與所注《列子》並傳。〔註38〕

近人考《文子》者，並以為勦《淮南子》。〔註39〕然自是唐以前古書，所當存而不廢者也。

〔註34〕見張華《鷦鷯賦》。
〔註35〕見何劭《遊仙詩》。
　　　　另，引文見《文子·道德》。
〔註36〕見任昉《奏彈曹景宗》。
〔註37〕見卷一班固《東都賦》、卷三十六任昉《天監三年策秀才文》、卷五十沈約《恩倖傳論》。文氏所記有誤。
　　　　另，《文子》兩見「群臣輻湊」，分見《自然》、《上仁》。
〔註38〕孫星衍《問字堂集》卷四《文子序》（《續修四庫全書》第1477冊，第420頁）已有此說：
　　　　《文選注》引《文子》「群臣輻湊。」張湛曰；「如眾輻之集於轂也。」是湛注《列子》，亦注此書。而目錄家皆缺載。
　　　　另，章太炎《菿漢微言》（第52～53頁）：
　　　　《文子》九篇，本見《七略》，今之《文子》半襲《淮南》，所引《老子》亦多怪異，其為依託甚明。按《文選·奏彈曹景宗》注引《文子》曰：「起師十萬，日費千金」，張湛曰：「日有千金之費。」又《天監三年策秀才文》注引《文子》曰：「群臣輻湊」，張湛曰：「如眾幅之集於轂也。」則張湛曾注此書。今本疑即張湛偽造，與《列子》同出一手也。《隋書·經籍志》有《文子》十二卷，宜即此偽本。其書蓋亦附輯舊文，如偽《古文尚書》之為者，故「不為福始，不為禍先」二語，曹子建《求通親親表》已引之。子建所見當是《七略》舊本，而張湛摭拾其文，襍以偽語耳。
〔註39〕亦有認為《淮南子》勦《文子》。
　　　　如孫星衍《文子序》（《續修四庫全書》第1477冊，第420頁）：
　　　　淮南王受詔著書，成於食時，多引《文子》，增損其詞，謬誤迭出，則知《文子》勝於《淮南》。
　　　　又，如姜李勤《〈文子〉思想研究》第四章《〈文子〉與相關文本思想辯證》第四節《〈文子〉與〈淮南子〉懸案之辯證》（第250～276頁）分三小節：
　　　　一、「至道」與「聖人」——政治超越性之差別
　　　　二、「先王之書」與「先王之《詩》、《書》」——《淮南子》引鑒《文子》之鑿證
　　　　三、「道得」與「道德」——再論抄襲

黃山谷言「詩詞高勝，要從學問中來。後來學詩者，雖時有妙句，譬如合眼摸象，隨所觸體得一處，非不即似，要且不是。若開眼全體見之，合古人處不待取證也」。又云：「詩不可鑿空強作，待境而生，便自工耳。」李幼武《名臣言行續錄》卷一〔註40〕。二條皆以禪學言詩，實詩家之三昧語也。〔註41〕

黃常明《碧溪詩話》云〔註42〕：「『萬方頻送喜，無乃聖躬勞。』雖云稱賀收復，抑又蘊深意。元首無為，乃分位故然。其所以離廟社蒙塵者，諂諛之臣為禍階也。」余謂此說不然。「萬方送喜」者，乃奏捷音，不得以諂諛論。陳蘭甫師嘗論此詩，云：「『無乃聖躬勞』，子美之意蓋謂無乃聖心驕耳。」詩人之意有不能徑達者，則以他辭亂之。此類是也。〔註43〕

明趙璜江西安福人。弘〔註44〕治庚戌進士，官工部尚書。《歸閒述夢》〔註45〕云：「正德中，皇城西華門內造有香房、酒店，間以千計，軍民人等交易成市。又有內教場、神武營，內內宮勇士於此操練，銃炮鍾鼓聲徹外庭。又有鎮國寺內造金剛十數，各抱婦友作戲等像，名為喜佛，導欲增歡，此係胡俗。按：此當效元順帝之遺法。聖明之朝，禁密之地，豈宜有此？權奸用事時為之也。嘉靖改元，上命首詔工部、內官監、錦衣衛、科道各差官，督工將各房店營寺拆毀，料物還官。又朝陽門外有玄明宮，德勝門外有十景山等處宮寺，亦在數內。詔下，中外臣民稱快。」此條正史所記不能詳備，錄之以見明世宗初政之美。莊靖時任工部侍郎，親督其役也。〔註46〕

《石鼓文》甲鼓「䢔」字，自來釋者皆以為我字之古文，特據《詩》證之耳。余謂庚鼓有「我」字，不當別出「䢔」字，正當是吾字古文。其中作吾可見。旁加辵者，籀文繁複耳。且安知《三家詩》不有此異文乎？〔註47〕

〔註40〕兩則又見宋・何溪汶《竹莊詩話》卷一。
〔註41〕眉批：「文學。詩。」
〔註42〕見宋・黃徹《䂬溪詩話》卷一。
〔註43〕眉批：「又。」
〔註44〕「弘」，底本作「宏」。
〔註45〕趙璜《歸閒述夢》一卷，據北京大學圖書館藏清末李氏木樨軒鈔本，收入《四庫全書存目叢書》史部第 127 冊。前有嘉靖壬辰自序，稱：「今家居又六年矣。明農之暇心稍開，靜思及官中往事，頗能歷歷道之。雖無奇謀異政可書，然自櫽括平生履歷大端，顧亦有關繫焉者。」
〔註46〕眉批：「掌故。」
〔註47〕眉批：「金石。」

　　吳梅村詩《遣悶》第三首〔註48〕自「道旁爭欲知名姓」八句用韻，皆第
二字平聲律句也。格卑而氣弱，不能為名手諱。〔註49〕

　　梅村詩當以《清涼山贊佛》四首為壓卷，淒沁心脾，哀感頑豔。〔註50〕
古人哀蟬落葉之遺音也，非白香山《長恨歌》所及。〔註51〕

　　朱竹垞《題王給事又旦過嶺詩集》〔註52〕云：「邇來詩格乖正始，學宋體
制嗤唐風。江西宗派各流別，吾先無取黃涪翁。」余謂學宋體制未可遽以為
乖正始也。竹垞七古平冗少味，正坐不參用涪翁之排宕兀傲耳。王阮亭論詩
識高於朱，恰在此等。〔註53〕

　　韓昌黎《元和聖德詩》：「遂自顛倒，若杵投臼。」形容近於兒戲。又不詳
於用兵之方略，而詳於用刑之慘酷，〔註54〕不知其何意也。此等雖出大家，
不可為法。

　　周嬰《卮林》〔註55〕述洪云〔註56〕《容齋隨筆》曰〔註57〕：「襄陽有隨處

〔註48〕清・吳偉業《梅村家藏稿》卷十《後集二》：
　　　　其三
　　　　人生豈不繇時命，萬事憂愁感雙鬢。兄弟三人我衰病，齒牙落盡誰能信。疇昔
　　　　文章傾萬乘，道旁爭欲知名姓。中年讀易甘肥遯，歸來擬展雲山興。赤城黃海
　　　　東南勝，故園烽火憂三徑。京江戰骨無人問，愁吟獨向南樓憑，風塵咫尺何時
　　　　定。故人往日燔妻子，我因親在何敢死。憔悴而今困於此，欲往從之媿青史。
〔註49〕眉批：「文學。詩。」
〔註50〕清・宋長白《柳亭詩話》卷二十四《舊雞犬》：
　　　　《清涼山讚佛》詩窈渺恍惚，歌哭無端，以定哀之微詞，寫《離騷》之變調，
　　　　綜三朝故事而融貫於筆端，非深悉當年宮禁之情者，未易窺其底蘊也。詠史
　　　　諸作倣此。
〔註51〕眉批：「又。」
〔註52〕見《曝書亭集》卷十三。
〔註53〕眉批：「又。」
　　　　按：王士禎《戲仿元遺山論詩絕句三十二首》其十二（周興陸編《漁洋精華
　　　　錄匯評》第170頁）：
　　　　涪翁掉臂自清新，未許傳衣躡後塵。
　　　　卻笑兒孫媚初祖，強將配饗杜陵人。〔山谷詩得未曾有，宋人強以似杜，反來
　　　　後世彈射，要皆非文節知己。〕
　　　　其十五（第174頁）：
　　　　林際春申語太顛，園林半樹景幽偏。
　　　　豫章孤詣誰能解？不是曉人休浪傳。
〔註54〕可參卷二十一「韓昌黎，文士耳」條。
〔註55〕明・周嬰《卮林》卷四《羅靖》。
〔註56〕「云」疑為「邁」之誤。
〔註57〕見宋・洪邁《容齋隨筆》卷一。

士羅君墓誌曰：『君諱靖，字禮，襄陽廣昌人。高祖長卿，齊饒州刺史。曾祖弘智，梁殿中將軍。祖養，父靖，學優不仕，有名當代。』碑字畫勁楷，類褚河南，然父子皆名靖，為不可曉。拓拔魏安同父名屈，同長子亦名屈，祖孫同名，胡人無足言者，羅君不應爾。」述曰：「《漢書》：廣陵孝王子廣平節侯德，子又名德。《林邑記》曰：『林邑王楊邁，能得人情，其太子名咄，慕先君之德，復改名楊邁。』酈善長亦笑之〔註58〕。然則父子同名，亦不獨一羅禮也。」余案：慕其祖父之德，則仍名祖父之名，今西洋諸國並行之。中國則因父之字而加以少小幼穉等字以為字，其相去一間耳。余家明萬曆間由長沙新糠市先世居永新固塘居長沙，僅三世。遷萍鄉，始遷祖諱必達，必達公之子諱達魁，蓋民間往往有名無字，生子則以己之名系聯之。羅禮之事正不足異也〔註59〕。〔註60〕

　　古人卜筮之例，多設假象，《周易》已然。如「見龍在田」、「舊井無禽」之類，不必有其事也。至如言文王、言箕子、言帝乙，則往往實有其事而後稱之。《易林》，漢人書也，其爻辭亦多效《易》。然其稱古人之事，則多不知其所出。或為倘設之辭，或他有所本，均未可知。今略錄於後，以俟考。《坤》之《噬嗑》曰：「稷為堯使，見西王母。《明夷》之《萃》曰：「稷為堯使，西見王母。」拜請百福，賜我嘉子。」《蒙》之《晉》曰：「有莘季女，為夏妃后。《大壯》之《隨》同。惟「夏」作「王」字。貴夫壽子，母於四海。」《小畜》之《晉》曰：「牛驥同堂，郭氏以亡。國破空虛，君奔走逃。」按：此文凡屢見〔註61〕，疑《春秋》「郭公」之軼聞也。《小畜》之《益》曰：「禹作神鼎，伯益銜指。斧斤高閣，幢

〔註58〕《水經注》卷三十六《存水》：「《林邑記》曰：……《江東舊事》云：『……元嘉中，檀和之征林邑，其王楊邁，舉國夜奔竄山藪。據其城邑，收寶巨億。軍還之後，楊邁歸國，家國荒殄，時人靡存，躊躕崩摒，憤絕復蘇，即以元嘉二十三年死。初，楊邁母懷身，夢人鋪楊邁金席，與其兒落席上，金色光起，昭晰豔曜。華俗謂上金為紫磨金，夷俗謂上金為楊邁金。父胡達死，襲王位，能得人情，自以靈夢，為國祥慶。其太子初名咄，楊邁死咄年十九，代立，慕先君之德，復改石楊邁。』昭穆二世，父子共名，知林邑之將亡矣。」按：文氏此處所引《林邑記》，實為《江東舊事》。
〔註59〕清・陸以湉《冷廬雜識》卷二《祖孫父子同名》：
　　魏安同之父子皆名屈，是祖孫同名也。漢疆侯留章復，其子又名復；廣平節侯德，其嗣侯亦名德；宋林邑王父子名楊邁；羅處士父子名靖；元楊文振子名文修；明劉忠武父子名江；是父子同名也。漢劉縯父名興，長子基字敬興，是以祖之名為字也。吳越錢文穆王名元瓘，子忠獻王佐字符祐，是以父之名為字也。
〔註60〕眉批：「氏族」、「風俗」。
〔註61〕又見《易林》卷七《無妄》之《恒》、《大畜》之《恒》，卷十二《升》之《小畜》。

立獨坐。」《履》之《履》曰:「十鳥俱飛,羿射九雌。雄得獨全,雖驚不危。」按:此即羿射九日之事。「十鳥」當作「十鳥」。《履》之《小畜》曰:「郭叔矩頤,為棘所拘。童顏重頼,禍不成災,復歸其鄉。」《同人》之《隨》曰:「季姬踟躕,望還城隅。終日至暮,不見齊侯。」〔註62〕《大有》之《泰》曰:「禹將為君,北入崑崙。稍進陽光,登入溫陽,功德昭明。」〔註63〕《謙》之《謙》曰:「王喬無病,狗頭不痛。亡跛失履,乏我送從。」此文亦數見〔註64〕。《蠱》之《坎》曰:「襃後生虯,經老育微。側跌哀公,酒減黃離。」〔註65〕《噬嗑》之《困》曰:「二女寶珠,誤鄭大夫。君父無禮,自為作笑。」《大畜》之《大畜》曰:「朝鮮之地,姬伯所保。宜人宜家,業處子孫。」《咸》之《革》同。《升》之《夬》曰:「彭離濟東,遷之上庸。狼戾無節,失其寵功。」《革》之《頤》曰:「尼父孔丘,善釣鯉魚。羅網一舉,得獲萬頭。」《旅》之《損》曰:「皋陶聽理,岐伯悅喜。西登華道,東歸无咎。」〔註66〕

　　近人陳本禮有《易林考正》八十卷,稿本藏李木齋前輩家〔註67〕。詳於

〔註62〕眉批:「《謙》之《巽》曰:『季姜踟躕,待孟城隅。終日至暮,不見齊侯。』《渙》之《遯》曰:『望孟城隅。』」

〔註63〕眉批:「《巽》之《既濟》作『裝入崑崙』。」

〔註64〕又見卷十三《艮》之《革》。

〔註65〕眉批:「《大壯》之《大有》曰:『襃後生蛇,經老皆微。追跌衰光,酒減黃離。』」

〔註66〕眉批:「術數。」

〔註67〕清·平步青《霞外攟屑》卷六《玉樹廬芮錄·瓠室藏書》:
邗江藏書家,乾隆初推玲瓏山館,凡八萬。卷其後惟瓠室陳氏。陳名本禮,字嘉會,號素邨,布衣。淹貫群籍,世居鈔關門外角里莊,即唐道化里古清平莊也。收藏至十五萬卷。著有《屈辭精義》、《漢樂府三歌注》、〔後改名《漢詩統箋》。〕《協律鈎元》、《急就章探奇》,名曰《瓠室四種》。未刻者,《焦氏易林考正》、《揚雄太元靈曜》。年八十卒。
清·李兆洛《養一齋集》卷三《陳素村先生易林考正序》:
《漢書·儒林傳》:「焦延壽嘗從孟喜問《易》」,而為孟氏學者不肯認劉向,謂延壽獨得隱士之說,託之孟氏,不與相同。然孟氏得《易》家候陰陽災變書,言師田生,且死時枕喜膝,獨傳喜。梁邱賀曰:「田生絕於施讎手中,時喜歸東海,安得此事?」予謂孟喜既得陰陽災變書,託之田生,則延壽之得於孟喜似可信。秦之禁學,以《易》為卜筮之書,獨不禁,故傳受者不絕。則當時卜筮之法,必有口授指傳者。迨既立博士,以隆其名,而專求之於義理,孟氏、焦氏偶得卜筮家遞相承傳之法,遂附田、孟以自重焉耳。顧予以為卜筮尚占,《易》之本也。孟、焦之獲傳,天之不亡《易》也。漢治《易》諸博士,明章句、說義理者,其書皆亡,獨焦氏、京氏存。今之治《易》者,或推本田氏、費氏,而其書無存,特從荀諝、鄭康成之遺文約略推傳耳。焦、京之法,術家承用,學者乃往往不肯道,何耶?京氏沖合世應飛伏之說傳自

比例。於所用事實，亦未釃然，自是一家之學。

王阮亭《居易錄》卷三十云：「戊寅康熙三十七年五月，山東巡撫王國昌進長人鄭克己，長六尺八寸，兵部以聞。召見景山，賜食，留侍禁中。克己，新城人，業農，故山西寧武道僉事獨復浙江嘉湖道僉事問玄〔註68〕元之族也。是秋〔註69〕，陝西亦進長人某，其長與鄭等。予於乾清宮見之。」同治間，安徽有長人詹五，長近七尺，為西人約，遊歷各國，多獲金貲。余於香港曾見之，聞今已娶洋婦，流寓西班牙國。〔註70〕其與鄭克己之遇，亦有幸不幸也。〔註71〕

《易・屯》卦《彖辭》：「宜建侯而不寧。」按：《比》卦「不寧方來，上下應也」，「不寧」二字義當同。此蓋封建之事，聖人因時以行之。當天造草昧之時，下之情應乎上，不為之立君，則民無所依，然而爭端自此而開，風俗自此而漓，不寧之事且並來矣。《大戴記・投壺篇》：「弟子辭曰：『嗟爾不寧侯，為爾不朝於王所。』」《考工記》：「祭侯之禮，其辭曰：『唯若寧侯，無或若女不寧侯，不屬於王所。』」「不寧侯」三字，正與《易・彖辭》同。蓋卦辭言「利建侯」，孔子特以「不寧」補其義。此「剛柔始交」，而難即生於其中，聖人慮世之深心也。鄭「讀而曰能」，孔沖遠《疏》謂「宜建立諸侯，而不得安居無

焦氏，而焦氏之說所傳惟《易林》，則以京氏之法推焦氏之緒，必有其確然而不可易者。此素村先生《易林考正》之所為作也。夫人謀鬼謀，問焉以言，設詞揆方，惟變所適，陰陽消長之理，具於三百八十四爻之中，演而為四千九十六，以窮三百八十四爻之動，則其象益備，其變益賾，其理亦益顯著。此參互錯綜，極天下至神之大端也。先生所注釋者僅十之三四，蓋起其端而舉其隅云耳。有志之士，推而明之，則所謂剛柔雜居，吉凶可識，以彌綸天地，極諸幽明死生鬼神情狀，曲成萬物，歸諸易簡，當有異於虛言義理而不別其實，鑿言象數而不衷諸變者，亦治是經者未闢之康莊也。

〔註68〕「玄」，底本作「元」，據清・王士禎《居易錄》改。

〔註69〕「是秋」至「見之」，《居易錄》為小字注文。
「乾清宮」，《居易錄》作，「乾清門」。

〔註70〕清・黃鈞宰《金壺七墨》金壺逸墨卷二《長人》：
前數年，江湖賣戲者攜四小人至淮，短僅二尺餘，指其老者為祖母，最少者為孫，中一代為夫婦，語吱吱不可辨。浣濯縫紉如常人。自攜乾糧粒，細如黍。飼以米飯，不適也。近有長人詹五者，籍徽州，魁梧雄偉，倍異尋常。有巴社商人攜之西洋轍跡所經，累增聲價。每日巳起戌止，欲見者各取半元。異矣！
清・俞樾《茶香室叢鈔》卷五《唐大漢》：
宋岳珂《桯史》云：「淳熙時，姑蘇有民家姓唐，一兄二妹，其長皆丈有二尺，里人謂之唐大漢，不復能嫁娶。日啖斗餘，無所得食。有璫見之，大驚，遂入奏，詔隸之殿前司。」余按：近日有長人詹五，蓋亦此類。

〔註71〕眉批：「掌故。」

事」，恐並非經義。〔註72〕

余撰《伊尹事錄》，嘗疑《汲冢璅語》所載伊尹放太甲自立、太甲潛出自桐殺伊尹見杜預《春秋後序》，又《太平御覽》卷八十三。之事，乃魏晉間人嫉曹氏之代漢，司馬氏之代魏，設為此言。其言太甲殺伊尹，則隱斥漢獻帝、魏高貴鄉公之事也。嵇叔夜非堯舜，薄湯武，亦正此意。及讀《抱朴子〔註73〕·良規篇》云：「王莽之徒，生於奸變，外引舊事以飾非，內包豺狼之禍心，由於伊、霍基斯亂也。」此則近誡王敦，非遠規元聖，其意則直謂操、懿為亂階耳。〔註74〕

國朝三試皆元，文科則錢棨、陳繼昌，人皆知之。武科則乾隆甲戌顧麟，三試皆元。見大學士和珅《聖壽無疆詞》第七十一首。〔註75〕

漢軍徐湛恩以貢生教諭應武科，中式武進士，官至內閣學士、直隸副總河。見嘉興王元啟撰傳暨徐蔭軒師《通介堂先世事略》〔註76〕。

祁鶴皋《西域釋地》〔註77〕記古城千佛洞事云：「乾隆三十五年，有人病目翳，入山樵採，目暴腫，痛不可忍。遙聞山間人語云：『山下泉水洗目宜愈。』若是者三。其人匍匐而下，耳畔水聲淙淙，祝而洗之，痛良已。再三洗，目忽明。乃悟向語者非人也，因望空謝。尋舊徑，欲歸，瞥見土石裂處，粉垣半露，隱約有洞。急歸，告其儕，攜鍤具往，土盡洞出，然甚深黑。燭之，形如半月，有大佛臥其中，金面跣足，顏色如新。洞中銅佛像尺餘至三五寸者甚多，不知何代所供養也。洞中銅佛九尊，曾入貢云。」按：西域本佛國，後乃改習回教。洞中得古佛像，自不足異。又人煙稀罕之處，鬼神最靈。余嘗問之曾仕西域，皆云喇嘛之呪風雪及驗人生死疾病，皆確有徵驗也。〔註78〕

《嘯亭雜錄》載回人有黑教，專呪人死〔註79〕。余按：佛藏中《顯密圓

〔註72〕眉批：「經義。易。」
〔註73〕即《抱朴子外篇》。
〔註74〕眉批：「論史。」
〔註75〕眉批：「掌故。」
〔註76〕眉批：「掌故。」
　　　按：清·徐國琛等撰《通介堂徐氏先世傳略》，清末刻本，國家圖書館藏。
〔註77〕祁韻士《西域釋地》，見劉長海整理《祁韻士集》，三晉出版社2014年版。
〔註78〕眉批：「怪異。」
〔註79〕清·昭槤《嘯亭雜錄》卷十《黑經》：
　　　喇嘛有呪詛之術。凡蒙古有所爭鬥，必令其徒誦之，時有驗者，名曰黑經。然其掌壇番僧，往往自斃，蓋邪術也。按：漢武帝嘗命丁夫人祀祠，以詛大宛、匈奴。《北史》：天竺有婆羅僧，善呪詛人，魏太武嘗用之。蓋即此術之濫觴也。夫以堂堂之國，不能以威德勝人，而欲仗區區之異術，以壓其敵其志，亦鄙矣。

通》〔註80〕中亦有之。其呪人死，則祭器、祭品皆用黑色及惡穢物。是回教亦襲釋氏之唾餘耳。《唐・傅奕傳》〔註81〕所載西僧正是此等。

宋《寶祐四年登科錄》：一甲二十一人，二甲四十人，三甲七十九人，四甲二百四十八人，五甲二百一十三人，共六百一人。而貫玉牒所者，一甲則趙必選時溱，二甲則孟儼必棍按：《錄》云「本貫宗正寺」，亦宗室也。三甲則與鍋、汝珽、與東、孟瀾、時㴶、孟仚、與楠、君竩、時貫、必錚、與諰、崇鉻、孟鐇、必償、必偊、《錄》云：「本貫宗正寺。」時𢤦、與遴、孟澪、與樗、嗣樟、若祺，四甲則必瀲、崇墀、貫宗、正寺、孟鑄、必成、必孟、鑽良、《錄》不言貫所，惟題名旁注「宗子省元」，則宗室榜首也。崇□、與栶、暮夫、時㷭、寢夫、良茝、與銛、汝濕、必噧、若焯、崇回、此科有兩趙崇回。一貫玉牒所，字國老；一貫慶元府，字希道。時洮、時墾、良埈、必鑛、孟熅、必沓、若鈺、友煥、崇夫、嗣達、若禣、必炷、時賽、必寰、必聰、與溥、時瑜、必揆、孟定、必淦、孟續、若魯、嗣渭、若砼、孟渾、民銓、嗣恩、崇澔、必璪、必膜、必畔。五甲無人。疑當時宗室不列五甲也。計是科宗室登第者共七十五人，當天下八分之一，雖足見椒聊之蕃衍，然亦頗妨寒畯之路，示人以不廣也。〔註82〕

東魏《程哲碑》〔註83〕敘其先世云：「君祖不識，碩學養性，志翫林嶺。隱顯之機，比德於伊傅；待時之歎，必俟於漣漪。何異垂翼柰園，彌鱗倉下。故漢武徵賢三詔而後起，辭不自免，遂登車騎大將軍、安西衛尉、并州刺史、霸城侯。」按《漢書・李廣傳》：程不識孝景時以數直諫為大中大夫，安有武

按：《嘯亭雜錄》不言係回人之術。
〔註80〕遼・釋道殿《顯密圓通成佛心要集》卷下：
若作降伏法者，〔為降伏一切惡毒鬼神及惡龍獸損害一切有情者，及調伏一切惡人，於國不忠生反道心者，及滅三寶毀真言者，或與呪人作諸障難者。如是一切惡人，持呪行者運大慈悲得作此法。若為自己所求及有怨讎作此法者，準諸經說必定反招災禍，及反得盡世癡驗。學者知之。〕行者面向南，作蹲踞坐，左腳押右腳，像面向北。於準提像前安置鏡壇。〔更想一青色三角壇，於三角壇中遍想先𡂖字或㘕𤘽字。尊像供具并行者自身俱想在三角壇中。或於像前只塗拭一三角壇亦得。〕觀準提作青色，或黑色，著青黑衣。自身衣服亦皆青色。獻青色華、臭華、不香華及曼陀羅華等。飲食用石榴汁染作黑色，或作青色，塗香用柏木，閼伽用牛尿，以黑色華及芥子柏木塗香等，各取少分置閼伽水，燒安息香然芥子油燈，以忿怒心相應。從二十四日午時或夜半起首，至月盡日滿。每日澡浴斷食念誦法準前行。
〔註81〕見《舊唐書》卷七十九。《新唐書》無傳。
〔註82〕眉批：「掌故。」
〔註83〕見清・胡聘之《山右石刻叢編》卷一。

帝詔徵之事？氏族之書傅會虛造，作文之士從而用之，魏晉以來往往如是。
後世好奇，每欲以金石訂史，當慎取之耳。〔註84〕

　　管異之《因寄軒文集·擬言風俗書》〔註85〕云：「今之風俗，其敝不可枚
舉。而蔽以一言，則曰好諛而嗜利。」其言沈警。而推原嗜利之風之所起，則
異之未能探其本也。蓋自郎員以下之京職、道府以下之外職，皆許捐納，是
明以利導天下，則天下之嗜利非風俗也，政事也。既惟利之嗜，則所以保全
而希冀者無所不為，其諛媚於人又不足言矣。異之謂「唯好諛，故下之於上，
階級一分，則奔走趨承，有諛媚而無忠愛」。析好諛與嗜利而二之，猶是道光
間之風俗。不知其甚者，乃非利亦無以貢諛也已。

　　《唐摭言》卷十三云〔註86〕：「山北沈侍郎主文年，特召溫飛卿於簾前試
之，為飛卿愛救人故也。適屬翌日飛卿不樂，其日晚請開門先出，仍獻啟千
餘字。或曰潛救八人矣。」據：此則唐時謂代人作文字為救人也。又陳蘭甫師
云：「今之鄉、會試易作弊者，以在場屋中住宿也。若今與學院試，同晨入暮
出，其弊自稀。但不知兩日之試始於何時。」余按：此言翌日，則唐人已有兩
日試矣。趙雲崧《後漢書劄記》云〔註87〕：「陽球奏罷鴻都文學畫像疏曰：『鴻
都文學樂松、江覽等三十二人，皆出於微賤，附託權豪。或獻賦一篇，或鳥篆
盈簡，而位升郎中，形圖丹青。亦有筆不點牘，辭不辨心，假手請字，妖偽百
品，是以有識掩口。臣聞圖像之設，以昭勸誡，未有豎子小人，詐作文頌，而
妄竊天官，垂像圖素者也。』可見曳白之徒，倩買文字，僥倖仕進，漢時已
然，毋怪後世士風之愈趨愈下也。」〔註88〕

　　郎瑛《七脩續稿》云〔註89〕：「天地至大，風土各異，不可以未見者即為
異。王維雪中芭蕉，人以為失寒暑。近知廣東一種美人蕉，雪中開花。」余謂
仁寶所言之理是也。至引美人蕉以證摩詰之畫，則不必也。美人蕉種類與芭
蕉迴異，亦二月著花，嫣紅可愛。且廣東安得常有雪乎？〔註90〕

〔註84〕眉批：「文學。文。」
〔註85〕見清·管同《因寄軒文集》初集卷四。
〔註86〕見五代·王定保《唐摭言》卷十三《敏捷》。
〔註87〕見清·趙翼《廿二史劄記》卷五《後漢書·倩代文字》。
〔註88〕眉批：「掌故。」
〔註89〕見明·郎瑛《七修續稿》義理類《產物各異》。
〔註90〕眉批：「風物。」

　　《通典》卷六十一載「武后延載元年，出繡袍，賜文武三品以上官。其袍文各有訓，又銘其襟背，各為八字迴文，其詞曰：『忠正貞直，崇慶榮職』；『文昌翊政，勳彰慶陟』；『懿沖順彰，義忠慎光』；『廉正躬奉，謙感忠勇』。」按：此正仿南海女子《鑿鑒銘》〔註91〕也。「翊政」當作「政翊」，「感」當作「盛」，於韻始諧。〔註92〕

　　天方二十九字母，其第二十八之**屯**噶目巴。與二十三之**乙**噶目。為一字二音，故合之，亦稱二十八字。蔣湘南《遊藝錄》以為如《一切經音義》所載《大般涅槃經》之菴惡二字，為惡阿兩字之餘音。余謂西洋各國所行之字母，或多或少，而大致不出二十六字。余頗疑**m**即重**W**之音，**x**即重**s**之音，實餘音之類也。俟見精於西國文字者詢之。〔註93〕

　　宋釋贊寧《高僧傳》卷三云：「雪山之北是胡。山之南名婆羅門國，與胡絕，書語不同，從羯霜那國字源本二十餘言，轉而相生，其流漫廣，其書豎讀同震旦歟？至吐貨羅，言音漸異，字本二十五言，其書橫讀。度蔥嶺南，迦畢試國言字同吐貨羅。已上雜類為胡也。若印度言字，梵天所製，本四十七言，演而遂廣，號青藏焉。有十二章，教授童蒙，大成《五明論》，大抵與胡不同。五印度境彌亘〔註94〕既遙，安無少異乎？」〔註95〕

　　鄭方坤《五代詩話》卷六「韓冬郎」條下引《後村詩話》云〔註96〕：「韓致光、吳子華皆唐末詞臣，位望通顯，雖國慼主辱，而賦詠唱和不輟。存於集者，不過流連光景之語。如感時傷事之作，絕未之見。當時公卿大臣往往皆如此。」余謂吳子華且勿論，韓致光集則感時傷事之作十有五六，不知劉後村何以竟未之見而為是瞽說也。今擇其言之尤痛者。如《辛酉歲冬十一月隨駕幸岐下作》云：「曳裾談笑殿西頭，忽聽徵鐃從冕旒。鳳蓋行時移紫氣，鸞旗駐處認皇州。曉題御服頒群吏，夜發宮嬪召列侯。雨露涵濡三百載，不知

<hr>

〔註91〕見清・董誥《全唐文》卷九百八十八。

〔註92〕眉批：「掌故。」

〔註93〕眉批：「方言。」

〔註94〕「亘」，原作「互」，據稿本、《宋高僧傳》改。

〔註95〕眉批：「又。」
　　　　另，此條下稿本有「韋述《兩京新記》卷三：『十字街東北隅右金吾衛西南隅胡祆祠，武德四年所立。西域胡天神，佛經所謂摩醯首羅也。』余按：此中國有天主教堂之始」一條，有刪除標識。

〔註96〕見清・鄭方坤《五代詩話》卷六、《全閩詩話》卷一。原見宋・劉克莊《後村集》卷一百七十八《詩話續集》。

誰擬殺身酬。」杜少陵之「諸君何以答升平」，不同此憤激乎？《奉和峽州孫舍人肇荊南重圍中寄諸朝士二篇》云：「敏手和妨誤汰金，敢懷私忿敦羊斟。直應宣室還三接，未必豐城便陸沉。熾炭一鑪真玉性，濃霜千澗老松心。私恩尚有捐軀誓，況是君恩萬倍深。」杜少陵之「心肝奉至尊」，不同此沉摯乎？又如《病中初聞復官》云：「聞道復官翻涕泗，屬車何在水茫茫。」《避地》云：「偷生亦似符天意，未死深疑負國恩。白面兒郎猶巧宦，不知誰與正乾坤。」《息兵》云：「暫時胯下何須恥，自有蒼蒼鑒赤誠。」此則《三百篇》之遺、靈均之哀思也。《感事三十四韻》云：「恭顯誠甘罪，韋平亦恃權」；又云：「袁董非徒爾，師昭豈偶然。中原成劫火，東海遂桑田。瀝血慚嵇紹，遲行笑褚淵。」此則《春秋》之義、南董之直筆也。如此而以流連光景少之，可乎？

《四庫全書提要》曰〔註97〕：「幄內預祕謀，外爭國是，屢觸逆臣之鋒，死生患難，百折不渝，晚節亦管寧之流亞，實為唐末完人。其詩，忠憤之氣時時溢於語外。性情既摯，風骨自遒」云云，斯真顯微闡幽之論矣。鄭氏徒錄後村之言，而不加辯正，不誠厚誣古人哉！〔註98〕

《苕溪漁隱叢話》卷三十五引《上庠錄》云：「貢士舉院，其地本廣勇故營也。有文官花一株，花初開白，次綠，次緋，次紫，故名文官花。花枯經年。及更為舉院，花再生。今欄檻當庭，尤為茂盛。」按：此不言其結實何狀，俟考〔註99〕。〔註100〕

謝茂秦《四溟詩話》〔註101〕論「錢、劉七言近體多用虛字，格調漸下」，未為不然。至謂錢仲文詩「鴛衾久別難為夢，鳳管遙聞更起愁」可約為「鴛枕虛驚夢，鸞簫遠遞愁」，則詞意均失。且「遠遞愁」三字是詞語，入之五律則弱矣。又以劉詩「暮雨不知滰口處，春風只到穆陵西」約為「雨昏滰口處，春

〔註97〕見《四庫全書總目》卷一百五十一《集部四》。
〔註98〕眉批：「文學。詩。」
〔註99〕元・佚名《群書通要》庚集卷三《百花門》：
　　　　文官花。卭州有弄色木芙蓉，一日白，次日淺紅，三日黃，四日深紅，比落紫色。人號文官花。
〔註100〕眉批：「草木」、「已改得」。
〔註101〕明・謝榛《四溟詩話》卷四：
　　　　雪夜過恕菴主人，諸子列坐，因評錢、劉七言近體，兩聯多用虛字，聲口雖好，而格調漸下，此文隨世變故爾。……又以「鴛衾久別難為夢，鳳管邊聞更起愁」約為「鴛枕虛驚夢，鸞簫遠遞愁」。又以劉詩「暮雨不知滰口處，春風只到穆陵西」亦約為「雨昏滰口處，春到穆陵西」。

到穆陵西」，其神韻亦遠遜原詩也。〔註102〕

　　《世說新語·賞譽》門曰：「卞令目叔向朗朗如百間屋。」《注》曰：「《春秋左氏傳》晉大夫羊叔肸也。」按：《世說》皆當時語。若評論古人，不當收入。疑「叔向」二字有誤，注則明人妄增也。〔註103〕

　　《世說·雅量》門《注》引《文士傳》：「張翰謂顧榮曰：『天下紛紛未已，夫有四海之名者，求退良難。吾本山林間人，無望於時久矣。子善以明防前，以智慮後。』」季鷹真可謂明智矣。當亂世，唯名為大忌。既有四海之名，而不知退，則雖善於防慮，亦無益也。季鷹、彥先，皆吳之大族。彥先知退，故僅而獲免〔註104〕。季鷹則鴻飛冥冥，豈世所能測其淺深哉！陸氏兄弟不知此

〔註102〕眉批：「文學。詩。」
〔註103〕眉批：「正譌」、「諸子」。
　　　　另，明·周嬰《卮林》卷一《辨劉》：
　　　　叔向
　　　　《世說新語》曰：「卞令目叔向朗朗如百間屋。」劉孝標《注》曰：「《春秋左氏傳》曰：『叔向，羊舌肸也。晉大夫。』」
　　　　辨曰：《世說·賞譽》、《品藻》，止於魏晉兩朝間，因蜍、李志而及廉、藺，因讀《高士傳》而出井丹、長卿。若尚論古人，羌無義例。所謂叔向者，予以為望之有叔名向，為之題目，以相標榜，如王大將軍稱其兄類耳。且叔向平丘之會，以威武劫齊，以無道脅魯，以譎詐懼季孫，而又構殺萇弘，陰謀周室，則又何朗朗之有？
　　　　另，余嘉錫《世說新語箋疏》：
　　　　程炎震云：「周嬰《卮林》一曰：『《世說·賞譽》、《品藻》止於魏、晉兩朝。因曹蜍、李志而及廉、藺，因《高士傳》而出井丹。若尚論古人，羌無義例。予以為望之有叔名向，為之題目，以相標榜，若王大將軍稱其兄類耳。』炎震案：周氏所疑是也。惟壺叔名向，未見其證。」
　　　　文廷式《純常子枝語》卷五云：「《世說》皆當時語。若評論古人，不當收入。疑『叔向』二字有誤，注則明人妄增也。」嘉錫案：凡題目人者，必親見其人，挹其風流，聽其言論，觀其氣宇，察其度量，然後為之品題。其言多用比興之體，以極其形容。如本篇世目李元禮謖謖如勁松下風，公孫度目邴原為雲中白鶴，以及裴令公之目夏侯太初等，庾子嵩之目和嶠皆是也。卞令目叔向朗朗如百間屋，蓋言其氣度恢宏，此非與之親熟者不能道。若為春秋時之晉大夫，卞望之與之相去且千年，安得見其人而為之題目乎？然則叔向之非羊舌肸，亦已明矣。稱叔向而不言其姓，周氏以為卞令之叔，不為無理也。
〔註104〕《晉書》卷六十八《顧榮傳》：「顧榮，字彥先，吳國吳人也，為南土著姓。……榮機神朗悟，弱冠仕吳，為黃門侍郎、太子輔義都尉。吳平，與陸機兄弟同入洛，時人號為『三俊』。……榮數踐危亡之際，恒以恭遜自勉。……永嘉初，徵拜侍中，行至彭城，見禍難方作，遂輕舟而還，語在《紀瞻傳》。」

義，而乾沒不已，其淪胥以喪，非不幸也〔註105〕。〔註106〕

《維摩詰所說經·不思議品》云：「唯應度者乃見須彌入芥子中。」鳩摩羅什《注》云：「須彌，地之精也，此地大也。下說水火風地，其四大也。」按：下文云「以四大海水入一毛孔」，又云「十方世界所有諸風，菩薩悉能吸著口中」，又云「以一切火內於腹中」，皆舉水火風之全。以此推尋，知佛家以須彌為大地之總名，非指一山而言也。其言「日月繞須彌」，則如中國曆家舊說天動地靜，日月運行。耳什〔註107〕之所注，最得其義。後人或以蔥嶺當須彌，誤甚。〔註108〕

文登畢亨《九水山房文存·湯居亳考》〔註109〕一篇，其正文乃《亳州志》之說，其注乃畢氏所說也。篇首不題《亳州志》三字。幾令閱者以為自考而自駁之矣。顧《志》主皇甫謐之說，以穀熟當亳都。畢氏則用臣瓚、杜預之說，

〔註105〕《晉書》卷五十四《陸機傳》：
　　時成都王穎推功不居，勞謙下士。機既感全濟之恩，又見朝廷屢有變難，謂穎必能康隆晉室，遂委身焉。穎以機參大將軍軍事，表為平原內史。太安初，穎與河間王顒起兵討長沙王乂，假機後將軍、河北大都督，督北中郎將王粹、冠軍牽秀等諸軍二十餘萬人。機以三世為將，道家所忌，又羈旅入宦，屯居群士之右，而王粹、牽秀等皆有怨心，固辭都督。穎不許。機鄉人孫惠亦勸機讓都督於粹，機曰：「將謂吾為首鼠避賊，適所以速禍也。」遂行。穎謂機曰：「若功成事定，當爵為郡公，位以臺司，將軍勉之矣！」機曰：「昔齊桓任夷吾以建九合之功，燕惠疑樂毅以失垂成之業，今日之事，在公不在機也。」穎左長史盧志心害機寵，言於穎曰：「陸機自比管、樂，擬君闇主，自古命將遣師，未有臣陵其君而可以濟事者也。」穎默然。機始臨戎，而牙旗折，意甚惡之。列軍自朝歌至於河橋，鼓聲聞數百里，漢、魏以來，出師之盛，未嘗有也。長沙王乂奉天子與機戰於鹿苑，機軍大敗，赴七里澗而死者如積焉，水為之不流，將軍賈棱皆死之。
　　初，宦人孟玖弟超並為穎所嬖寵。超領萬人為小都督，未戰，縱兵大掠。機錄其主者。超將鐵騎百餘人，直入機麾下奪之，顧謂機曰：「貉奴能作督不！」機司馬孫拯勸機殺之，機不能用。超宣言於眾曰：「陸機將反。」又還書與玖言機持兩端，軍不速決。及戰，超不受機節度，輕兵獨進而沒。玖疑機殺之，遂譖機於穎，言其有異志。將軍王闡、郝昌、公師藩等皆玖所用，與牽秀等共證之。穎大怒，使秀密收機。其夕，機夢黑幔繞車，手決不開，天明而秀兵至。機釋戎服，著白帢，與秀相見，神色自若，謂秀曰：「自吳朝傾覆，吾兄弟宗族蒙國重恩，入侍帷幄，出剖符竹。成都命吾以重任，辭不獲已。今日受誅，豈非命也！」因與穎箋，詞甚淒惻。既而歎曰：「華亭鶴唳，豈可復聞乎！」遂遇害於軍中，時年四十三。　　　　後附《陸雲傳》。

〔註106〕眉批：「人品」、「諸子」。
〔註107〕據上文，「耳什」當是「羅什」之誤。
〔註108〕眉批：「佛學」。
〔註109〕見清·畢亨《九水山房文存》卷上。

以濟陰之薄縣為亳都。其所取證，亦不過《皇覽》所記湯冢，臣瓚《漢書注》所引伊尹冢二事，與《志》所引《水經注》、《括地志》各有所本，恐不足以易之。惟《志》言孔沖遠作《孟子正義》，是涉筆之誤，乃藉此肆為詆諆，則負氣爭勝之結習耳。〔註110〕

王漁洋《香祖筆記》〔註111〕：「沈碼芳云：『曾見諸生中有油姓、煙姓。』」今光緒丁丑進士有酒姓，廣東番禺秀才有神姓、羿姓，廣西上林有磨姓，南寧有雞姓，廣東潮州有蟻姓，嘉應饒輔星進士軫嘗問其所出，答云：「始祖生時，見蟻一群，遂以為姓。」輔星云：「不如祖《左氏》之『蛾析』〔註112〕為較古也。」湖南長沙有俞姓，此字古但作俞，音丑救切。《唐高僧傳》可證。余別記之。郴州有首姓，吾鄉安仁有超姓，光緒己丑進士超詣。甘肅寧夏有道姓，順天有軋姓，山西定襄有簿姓，奉天廣寧有唱姓，河南寶豐有曼姓，咸豐癸丑進士曼惠吉。淅川有臘姓，道光丁酉拔貢臘進甲。山西汾州有降姓，平陰有生姓，廣東新寧有夫姓，所居地為上下村。三水有禠姓，直隸元氏有麼姓，昌黎有才姓，四川郫縣有稅姓，貴州綏陽有魁姓，皆姓氏之罕見者。余曾箸《氏族略考》一書，此不悉出也。〔註113〕

光緒甲午六月搢紳，貴州天柱營都司雯彬，貴州人；四川保安營右哨千總達鵬程，四川人。《太學題名記》：嘉慶丁丑進士斐成章，陝西鄠縣人。《清祕述聞續》：嘉慶戊辰恩科陝西鄉試解元昔光祖，寧州人，己巳進士。〔註114〕

〔註110〕眉批：「輿地。」

〔註111〕見清・王士禎《香祖筆記》卷十二。

〔註112〕《左傳・僖公十五年》：「蛾析謂慶鄭曰。」杜《注》：「蛾析，晉大夫也。蛾，魚綺切，本或作蟻，一音五何切。」

〔註113〕眉批：「氏族」、「《全唐詩》又曰沖姓人，俟檢」。

按：《全唐詩》卷二百十二高適《遇沖和先生》：

沖和生何代，或謂遊東溟。三命謁金殿，一言拜銀青。自云多方術，往往通神靈。萬乘親問道，六宮無敢聽。昔去限霄漢，今來親儀形。頭戴鶡鳥冠，手搖白鶴翎。終日飲醇酒，不醉復不醒。常憶雞鳴山，每誦西升經。拊背念離別，依然出戶庭。莫見今如此，曾為一客星。

孫欽善《高適集校注》稱：「沖和，姜撫之號。」傳見《新唐書》卷二百四《方技列傳》：

姜撫，宋州人。自言通仙人不死術，隱居不出。開元末，太常卿韋縚祭名山，因訪隱民，還白撫已數百歲。召至東都，捨集賢院。因言：「服常春藤，使白髮還鬢，則長生可致。藤生太湖最良，終南往往有之，不及也。」帝遣使者至太湖，多取以賜中朝老臣。因詔天下，使自求之。宰相裴耀卿奉觴上千萬歲壽，帝悅，御花萼樓宴群臣，出藤百奩，遍賜之。擢撫銀青光祿大夫，號沖和先生。

據此，沖和非沖姓，文氏誤。

〔註114〕眉批：「又。」

　　北齊造像各種中，有象主竹捌、象主竹花、象主竹祕、象主竹興達、象主竹副、象主竹萬歲、象主竹蓋、象主竹玉羅、象主竹承伯。「竹」字疑即「竺」字。按：竹承伯有妻阿名，則竹實其姓。象主似當是「似」字，與「姒」通。天寶、象主甄生、象主繩小娘菩薩主延保榮、象主驢駃、此疑是小名，不書姓也。象主表常、象主違訶、象主違日車、按：「違」疑即「衛」字。象主苙按：或即「竺」字。菩提、象主黃苟、象主皇府按：當即「皇甫」之異文。楨居睠侍仏時、「時仏」疑即「侍其」之異文。象主須昌、象主禮標。繩、表、孤、禮等，皆希姓也。

　　十餘年前為友人書扇，頃復見之，乃當時所作《浣溪沙》詞二首也。感其藏弄之久，姑錄存之。詞云：「十里楊花接謝橋，王孫驄馬玉人簫。莫愁湖上幾停橈。　苑裏棲鳥懷舊樹，隄邊歸燕覓新巢。江南夢好雨蕭蕭。」「銀漢西流月色陰，碧梧葉落玉階深。一鐙愁對夜沉沉。　別館繇弦調翠鳳，小窗閒訊託青禽。鬢絲禪榻為誰吟。」是詞癸酉秋間初過江南作，時克復未久，故有「舊樹」、「新巢」之感也。〔註115〕

　　太常仙蝶〔註116〕，乾隆以來，故實頗多。癸巳三月，余於江建霞標。編脩齋中見之，四足鉤吻能飲，與記載悉符。建霞繪圖索題，余題《高陽臺》詞一首〔註117〕，云：「柳外輕盈，花間綽約，滕王圖繪難真。飛集閒庭，些些情意關人，江郎自有生花筆，寫蓬仙，一段豐神。記否當年，相見靈山，可是君身。　羅浮我亦曾清，夢有飛花萬片，雨積如茵。不似京華污衣，十丈緇塵。殷勤欲問西王使，遍人間，何處宜春。祇憐他，薄酒微醺，膩粉初勻。」

　　《靈樞經·大惑論》：「岐伯曰：『邪中於項，因逢其身之虛，其入深，則隨眼系以入於腦。』」按此即西人言腦氣筋之始。〔註118〕

〔註115〕眉批：「文學。詞。」

〔註116〕清·斌良《抱沖齋詩集》卷二十八《鴙班掌萃集三·太常仙蝶恭和乾隆御製》：蝶栩鑿冰時，流傳掌故奇。偶來清切地，尚憶列仙姿。爾雅名雖失，太常香獨司。仙龕寄方澤，暇擬補新詩。〔乾隆戊申冬，有黃蝶飛於太常寺中。樂工某以帚撲之，頃刻化黃蝶百數，飛繞庭宇。時大宗伯德公明管太常寺事，後一日召對時，奏之。高廟命取蝶進呈。宗伯虔心致禱，倏有蝶降於寺，因以黃袱藉盤，進呈御覽。時值隆冬，忽覩肖翹仙質，上大悅，賜名太常仙蝶，並御製五律一首，以誌神異，刊諸太常寺壁。命將仙蝶送至方澤中靜室，作香龕供奉。每逢上祀壇日，仙蝶輒翩翩而至，眾皆見之。〕

〔註117〕此《高陽臺》詞見文廷式《雲起軒詞鈔》，題「為江建霞題太常仙蝶圖」。另「可是君身」下有注：「建霞先數年於虎邱曾見之。」

〔註118〕眉批：「西學。」

　　道光庚戌科館選五十八人，吾江西無一人與選。是時文宗甫登極，不拘分省之常格也。是科福建、廣西、雲南皆無館選，而廣東用至七人，亦向所罕見。〔註119〕

　　光緒甲午散館僅留三十七人，湖北庶吉士七人，改官者六；福建四人，無一留者；雲南二人，朱家寶考列二等第一，亦改官部屬。上意特重翰林，故甄敘從嚴也。廣東林國賡以一等改官，亦十科以來所僅見。〔註120〕

　　閱王西莊《蛾術篇》八十三卷，心得甚稀，而謬誤處不可勝乙，又出所撰《十七史商榷》之下矣。〔註121〕至謂顧亭林為鄙俗〔註122〕，謂戴東原為

〔註119〕眉批：「掌故。」

〔註120〕眉批：「又。」

〔註121〕李慈銘《越縵堂讀書記》（上海書店出版社2015年版，第732頁）：

西莊氣矜好罵，自為學問之累，青崖補正甚多，然峻詞詰難，同於反唇，是非校注之體。

光緒丁丑（一八七七）八月初三日

王氏氣矜，好詆訐，心又不細。青壓隨事駁之，言亦甚峻。然王氏雖潛心考據，而所學實未完密；青壓泛覽探索之功，亦云勤矣，而揖大之氣，兩君俱不能免，失之眉睫者，亦復多有。

九月十五日

又，陶澍《蛾術編序》（《陶澍全集》第6冊第97～98頁）：

嘉定多篤學之士。乾隆中，錢竹汀少詹與王西莊光祿兩先生齊名。

竹汀先生學博，務篤實，其書凡二百七十餘卷行於世。余撫皖時，其孫師康為教官，復出《聲類》四卷，余以授趙徵士紹祖校刊之。

西莊先生務淹貫，所著《尚書後案》、《十七史商榷》已有刻本，又有《蛾術編》九十五卷，馮子齡孝廉持以示余。余公暇偶披覽，經十數日始竟。網羅繁富，六藝百氏，旁推交通，多所發明。其言經義，主鄭康成，文字主許叔重。宗尚既正，凡鄉塾虛造、汗漫不根之談，攻瑕傾堅，不遺餘力。

夫無師之學，昔人所譏。是以漢人傳授，皆有專門，尊奉本師，罔敢棄家法。異同之論，致煩天子親臨白虎觀，稱制剖決。後儒作《疏》，亦墨守《傳注》，惟恐逾越。苟有歧趨，胥加駁難。自世流少見多怪，中實空桮，徒恃私智，妄生荊棘。或偶逢半解，如獲珠船。而此達彼窒，失諸目睫。轉欲凌蔑故訓，高自標置終墮昏蒙，人復掎其後。嗚呼！是丹非素，伊昔而然，然則屏斥過嚴，固不足為先生病也。

先生沒後，家日落。同邑學者，閔是書之散落，將釀金付刻，因為序其端。曰：「蛾術編者，先生自謂積三十年之功，始克就正《戴記》時術之喻，其功乃復成大坯者也。綴學之士，尚觀此而知所積，以求其通哉！」

又，張舜徽《清人筆記條辨》（第90頁）：

乾隆盛時，諸儒方瘁精力以理董經訓字書，爭以專門名家相期勖，其能兼治全史者，已無幾人。若嘉定錢氏之博通經史，則由精力過人有以致此，殆非他人所易學步者。其次如王西莊亦不失為博涉之士，然而功力薄矣。

〔註122〕清·王鳴盛《蛾術編》卷二十四《說字十·卷六下考證》：「學如亭林，鄙俗已甚。」

不知家法〔註123〕，皆失之輕詆。其論小學，則謂棲字始於隋〔註124〕，是《婁壽碑》亦未之檢。謂稱人才為人物始於宋〔註125〕，是忘魏劉邵有《人物志》也。其他類此者甚多，不必悉為之辯。迮鶴壽附糾其失，有是有非。西莊鈔襲戴、顧諸家，迮氏尚能發其覆。惟不通韻學，乃至謂「叢脞」二字反語為惰〔註126〕，亦可笑也。〔註127〕

　　顧棟高《春秋大事表・四裔表敘》云：「春秋時，戎狄之為中國患甚矣，而狄為最。諸狄之中，赤狄為最。赤狄諸種，族潞氏為最。晉之滅潞也，其君臣用全力以勝之。荀林父敗赤狄於曲梁，遂滅潞，而晉侯身自治兵於稷，以略狄土。稷在河東之聞喜，而曲梁在廣平之雞澤，綿地七百餘里，旋復得留籲之屬，晉之疆土益遠。狄所攘奪衛之故地，如朝歌、邯鄲、百泉，其後悉為晉邑。班氏所謂『河內殷墟，更屬於晉』者，蓋自滅狄之役始也。」按：此論當時情事最當。余謂晉以滅狄強，楚以滅庸霸，秦以得蜀王。諸葛武侯之定西南夷而後圖中國，猶此意也。不先收近己之弱國，及其有事，則委之他人，以為覆我之資。謀國之不臧，孰有大於此者哉？〔註128〕

〔註123〕《蛾術編》卷四《說錄四・光被》：「戴於漢儒所謂家法，竟不識為何物。豈惟戴震，今天下無人不說經，無一人知家法也。」
〔註124〕《蛾術編》卷三十《說字十六・卷十二上考證》：
　　　　《廣韻》又別出棲字。《論語》「何為是棲棲者與」，汲古閣板作棲。予親見范氏所藏其先世名隋，當唐懿宗咸通二年所得告身一通，中有人名穆棲梧，俗字縣興，唐以前已然。
〔註125〕《蛾術編》卷八十二《說通二・物》：「惟以人才為人物，此言起宋以後。」
〔註126〕《蛾術編》卷三十三《說字十九・論反切所自始》：「鶴壽案：反切之法，自古有之。《虞書》曰『元首叢脞哉』，『股肱惰哉』，叢脞為惰，非反切而何？」
〔註127〕眉批：「正譌」、「論學」。
〔註128〕眉批：「治略。」

卷六〔註1〕

　　宋釋贊寧《高僧傳三集》卷一云：「傳教令輪者，東夏以金剛智為始祖，不空為二祖，慧朗為三祖，已下宗承所損益可知也。自後歧分派別。咸曰：傳瑜伽大教，多則多矣，而少驗者何？亦猶羽嘉生應龍，應龍生鳳凰，鳳凰已降，生庶鳥矣。欲無變革，其可得乎！」按：不空即徐季海浩撰《碑》〔註2〕者，《傳》稱其學瑜伽五部三密法，及大鯨逡巡、狂象踢跌諸事，其恩禮優渥，〔註3〕與

〔註1〕按：稿本題「純常子枝語」。稿本乙封題「純常子枝語　第六冊」。

〔註2〕清・畢沅《關中金石記》卷四：
　　　大辨正廣智三藏不空和尚碑
　　　建中二年十一月立嚴郢撰文，徐浩正書，在西安府學。
　　　清・王昶《金石萃編》卷一百二：
　　　不空和尚碑
　　　碑高八尺三寸五分，廣四尺一寸八分，二十四行，行四十八字，正書，在西安府。
　　　唐大興善寺故大德大辯正廣智三藏和尚碑銘並序
　　　銀青光祿大夫御史大夫上柱國馮翊縣開國公嚴郢撰
　　　銀青光祿大夫彭王傅上柱國會稽縣開國公徐浩書
　　　（碑文長，不錄）

〔註3〕宋・釋贊寧《宋高僧傳》卷一慧朗《唐京兆大興善寺不空傳》：
　　　欲求學新瑜伽五部三密法，涉於三載，師未教詔。……二十九年十二月，附崑崙舶離南海。至訶陵國界，遇大黑風，眾商惶怖，各作本國法。禳之無驗。皆膜拜求哀，乞加救護。慧𧮾等亦慟哭。空曰：「吾今有法，汝等勿憂。」遂右手執五股菩提心杵，左手持《般若佛母經》，夾做法誦大隨求一遍，即時風偃海澄。又遇大鯨出水，噴浪若山，甚於前患。眾商甘心委命。空同前做法，令慧𧮾誦《娑竭龍王經》。逡巡，眾難俱息。既達師子國，王遣使迎之。將入城，步騎羽衛駢羅衢路，王見空禮足，請住宮中。七日供養，日以黃金斛滿盛香水，王為空躬自洗浴。次太子后妃輔佐，如王之禮焉。……一日，王作

《碑》相符。然察其行事大略，與本朝章嘉國師〔註4〕相等，蓋章嘉亦兼密宗矣。〔註5〕

　　卷二云〔註6〕：「三藏之義者，內為戒定慧，外為經律論，以陀羅尼總攝之也。陀羅尼者是菩提速疾之輪，解脫吉祥之海。三世諸佛，生於此門。慧照所傳，一鐙而已。」本朝大臣飾終典禮，以陀羅經被為重。或未解陀羅之義，錄此示之。〔註7〕

　　卷三《蓮華精進傳》〔註8〕云：「安西境內有前踐山，山下有伽藍，其水滴溜，成音可愛。彼人每歲一時採綴其聲，以成曲調，故《耶婆色雞》，開元中用為羯鼓曲名，樂工最難其杖撩之術。」按：此條可與《羯鼓錄》〔註9〕互

調象戲，人皆登高望之，無敢近者。空口誦手印，作於慈定，當衢而立，狂象數頭頓皆踢跌，舉國奇之。

嚴郢《唐大興善寺故大德大辯正廣智三藏和尚碑銘並序》，《金石萃編》所錄有空字，恐碑漫漶之故。又見宋‧姚鉉《重校正唐文粹》卷六十二、《全唐文》卷三百七十二，中云：

又西遊天竺、師子等國，詣龍智阿闍梨揚攉十八會法。法化相承，自毗盧遮那如來賦於和尚，凡六葉矣。每齋戒雷中，道迎善氣，登禮皆答，福應較然，溫樹不言，莫可記已。西域陿巷，狂象奔突，以慈眼視之，不旋踵而象伏不起。南海半渡，天吳鼓駭，以定力對之，未移晷而海靜無浪。

〔註4〕清‧慶桂《國朝宮史續編》卷六十一《聖製喇嘛說》：

佛法始自天竺，東流而至西番，其番僧又相傳稱為喇嘛。喇嘛之字，漢書不載，元明史中或訛書為剌馬。予細思其義，蓋西番語謂上曰喇，謂無曰嘛。喇嘛者，謂無上，即漢語稱僧為上人之意耳。喇嘛又稱黃教，蓋自西番高僧帕克巴始，盛於元，沿及於明。封帝師、國師者皆有之。我朝惟康熙年間祇封一章嘉國師，相襲至今。

〔註5〕眉批：「佛學。」
〔註6〕見《宋高僧傳》卷二《譯經篇第一之二》達摩掬多《唐洛京聖善寺善無畏傳》。
〔註7〕眉批：「又。」
〔註8〕即《宋高僧傳》卷三《唐丘慈國蓮華寺蓮華精進傳》。
〔註9〕唐‧南卓《羯鼓錄》：

廣德中，前雙流縣丞李琬者亦能之。調集至長安，僦居務本里。嘗夜聞羯鼓聲，曲頗妙。於月下步尋至一小宅，門極卑隘。叩門請謁，謂鼓工曰：「君所擊者，豈非耶婆色雞乎？雖至精能，而無尾，何也？」工大異之曰：「君固知音者。此事無人知。某太常工人也，祖父傳此藝，尤能此曲。近張通獠入長安，某家事流散，父沒河西，此曲遂絕。今但按舊譜數本尋之，竟無結尾聲，故夜夜求之。」琬曰：「曲下意盡乎？」工曰：「盡。」琬曰：「意盡即曲盡，又何索尾焉？」工曰：「奈聲不盡何？」琬曰：「可言矣。夫曲有不盡者，須以他曲解之，方可盡其聲也。夫耶婆色雞，當用桐柘急遍解之，果相諧協，聲意皆盡。」工泣而謝之，即言於寺卿，奏為主簿，後累官至太常少卿宗正卿。

另，《羯鼓錄‧諸宮曲‧太蔟商》亦載《耶婆色雞》。

證。然則羯鼓之《耶婆色雞》，猶琴曲之《高山流水》也。

《北庭龍興寺戒法傳》云：「法譯事方終，卻回豁丹。豁丹一云於遁，此皆嶺北人之呼召耳。若五印度語云瞿薩怛那，華言乳國，亦云地乳也。」按：今西洋地圖稱天山南路地曰克丹，說者多以為即《元祕史》之乞塔，乃契丹之轉音也，余謂正當是此文之豁丹耳。

卷八《唐蘄州東山弘忍〔註10〕傳》云：「弘忍姓周氏，家寓淮左潯陽，一云黃梅人也。王父暨考皆干名不利，賣於邱園。其母始娠移月，而光照庭室，終夕若畫。其生也，灼爍如初，異香襲人。」又云：「厥父偏愛，因令誦書。」按：弘忍，禪家所稱五祖也。《傳鐙錄》諸書載其前生為破頭山栽松道者，遇周氏季女，求寄宿，女歸即孕。父母大惡，逐之。已而生一子云云。與此頗異。當以此書為正。又此云「潯陽人」，而《江西通志》失載，當補入。

《慧能傳》〔註11〕云：「武太后孝和皇帝咸降璽書，詔赴京闕，蓋神秀禪師之奏舉也。」按：當時二宗契合如此。後世僧徒乃紛紛競爭，失其師意矣。

《文中子·立命篇》：「子曰：『和大怨者，必有餘怨。』」此用《老子》語也。阮逸《注》云：「若舜不怨而慕是也。」不獨與文中本意不合，且謂舜之慕父母為有餘怨乎？其他文理乖舛者，比比皆是。逸之庸妄如此。或以《文中子》為逸所偽撰，必不然也。〔註12〕

近人選詩多摘句，詩話尤多。案《齊書〔註13〕·文學·邱靈鞠傳》云：「宋孝武殷貴妃亡，靈鞠獻輓歌詩三首，云：『雲橫廣階闇，霜深高殿寒。』帝摘句嗟賞。」摘句二字本此。又史臣論曰：「張眆摘句褒貶。」余於唐人李東川詩，最喜「濟水自清河自濁，周公大聖接輿狂」〔註14〕二語；於杜牧之詩，最喜「文石陛前辭聖主，碧雲天外作冥鴻」〔註15〕二語。此則別有神會，非徒摘句嗟賞而已。〔註16〕

國朝世家大族，頗有非本姓者。國初借監照入闈，中式後改歸本姓者甚黟，不悉載。載其見於文集、筆記、族譜、行卷者。如海寧之陳元龍世倌等。本

〔註10〕「弘忍」，底本作「宏忍」，據《宋高僧傳》改。下同。
〔註11〕即《宋高僧傳》卷八《唐韶州今南華寺慧能傳》。
〔註12〕眉批：「諸子。」
〔註13〕見《南齊書》卷五十二。
〔註14〕李頎《雜興》，見《全唐詩》卷一百三十三。
〔註15〕杜牧《寄宣州鄭諫議》，見《樊川詩集注》卷四、《全唐詩》卷五百二十三。
〔註16〕眉批：「文學。詩。」

高姓，武進之劉綸。本張姓，嘉興之錢儀吉等。本何姓，錢塘之許乃普等。本沈姓，合肥之李鴻章等。本許姓；名人則李申耆本姓王，蔣心畬本姓洪〔註17〕。如此者甚眾，後世講氏族之學者，益紛歧矣。〔註18〕

張姚、陸費、徐楊之類合為複姓，別是一例。近又有許鄧雙姓，見太學題名碑。〔註19〕

唐釋澄觀《華嚴疏鈔》卷四〔註20〕云：「羅睺，此云攝惱，以能將手隱攝日月，令天惱故。」卷五云：「薛荔多者，此云魘魅鬼。」「鳩槃茶，此譯為陰囊，舊云冬苽鬼，亦以狀翻。」〔註21〕又云：「三十三天者，《佛地論》等皆云妙高山四面各有八大天王，帝釋居中，故有三十三也。」此皆詞賦家常用之字，故錄其義釋。又卷二十八云〔註22〕：「『子張學干祿』云云，注曰：『干，求也。祿，位也。雖未得祿，得祿之道也。』」此四句皆鄭義。又云：「故得祿在後，由學而能，故居學中。」此三句疑亦鄭義，何平叔所未採者，非澄觀說也。又卷一百五十六經云：「東方有處，名仙人山。」《疏》云〔註23〕：「仙人山者，相傳是東海蓬萊山。」是釋典亦言蓬萊也。又云：「震旦國，即此大唐，亦云真丹，或云支那，皆梵音。楚夏此云多思惟，以情慮多端故。」《鈔》云〔註24〕：「此云多思惟者，婆沙亦云支那，此云漢也，《西域記》云大漢具云摩訶支那故。真諦三藏云衣物，意云是衣冠文物之國，皆是義翻，疏翻為正。」按：既云「多思惟」，又云「衣物」，是支那二字，竺文本無定訓，蓋對音字也。友人徐仲虎建寅以支那為秦之對音，辜較得之。〔註25〕

《江西全省輿圖》以南為上，當時劉坤一監修，此其意也。其不學無術如此。又所繪山水皆據俗名，與從來輿地書皆不合。水道源委，尤不清晰。惟四至八到，履勘較詳耳。〔註26〕

〔註17〕「洪」，稿本原作「陸」，眉批：「陸字俟考。」又於「陸」字旁書「洪」字，當是查考之後所改。
〔註18〕眉批：「氏族。」
〔註19〕眉批：「又。」
〔註20〕此則見《華嚴經疏》卷五。
〔註21〕此則見《華嚴經疏》卷十九。
〔註22〕此下兩則見唐·釋澄觀《華嚴大疏鈔》卷二十七。
〔註23〕見《華嚴經疏》卷四十七《諸菩薩住處品第三十二初》。
〔註24〕見《華嚴大疏鈔》卷七十七。
〔註25〕眉批：「佛學」、「方言」。
〔註26〕眉批：「輿地。」

　　《江西通志‧山川略‧南康府》云：「南河在建昌縣南，即馮水與修水合。」
又云：「馮水在安義縣南，合修水。」一水前後復見。若此者甚多。〔註27〕

　　《水道提綱》卷十四德安縣之博陽水，《一統志》作傅陽川，蓋即俗名。
金帶河出縣西南豹子巖之水也，今已湮流，故余脩《會典圖說》，不復補入。
〔註28〕

　　《會典‧廣信府圖說》曰：「上饒江之源曰上干溪、下干溪，自浙江衢州
府合而西流入府界，經玉山縣南，又西南，合玉溪。」是不以玉溪為上干溪
也。《水道提綱》云〔註29〕：「玉溪出玉山縣東稍北之懷玉山，亦曰上干溪。」
《乾隆一統志》亦云「上干溪源出懷玉山」〔註30〕。按之《輿圖會典》，說是。
當取內府兩圖校之。〔註31〕

　　《提綱》之金谿水，《一統志》謂之清江水，《會典圖說》謂之苦竹水。
《一統志》及《通志》之金谿水，則《水道提綱》所稱「汝水，至許灣鎮西受
東南來一水」〔註32〕者是也。地名回惑，難以折衷，姑據輿圖錄之。

　　義寧州苦竹山南樓縣，據《會典》及《一統志》，皆江西地也。胡文忠公
《一統輿圖》劃入湖北界，亦誤。

　　王半山律詩如《尹村道中》云：「卻疑青嶂非人世，更覺黃雲是塞塵」；
《雨花臺》云：「新霜浦溆縣縣淨，薄晚林巒往往青」；《送程公闢得謝歸姑蘇》
云：「白傳林塘傳畫去，吳王花鳥入詩來」；皆工絕，如人意中所欲言。《寄黃
吉甫》一篇尤渾成。即以七言律論其功力，正不在蘇、黃下，惟風趣差減耳。
〔註33〕

　　遂江，《水道提綱》云〔註34〕：「源出龍南〔註35〕縣西，與湖南界之萬羊
山東南流九十里有一水自北來會，又東流有一水南自書山來會。」《一統志》
云：「遂江上流為左右二溪，其左溪有二源：一出湖南桂陽州之掘渡，一出上

〔註27〕眉批：「輿地。」
〔註28〕眉批：「又。」
〔註29〕見清‧齊召南《水道提綱》卷十四《入江巨川四》。
〔註30〕又見清‧穆彰阿《嘉慶大清一統志》卷三百十四《廣信府》。
〔註31〕眉批：「又。」
〔註32〕見清‧齊召南《水道提綱》卷十四《入江巨川四》。
〔註33〕眉批：「文學。詩。此條列後。」
〔註34〕見清‧齊召南《水道提綱》卷十四《入江巨川四》。
〔註35〕「南」，《水道提綱》卷十四作「源」。另同卷云：「桃江即信豐江，源出龍南
　　　　縣西南。」則此處當作「龍源」。

猶縣之大林。」即《提綱》「自書山來」之水。《江西通志》說同。惟《會典圖說》
云「出蓮花廳西南萬羊山北麓」。據《江西圖說》，廳所轄境實不至萬羊山。廳
設於乾隆九年。在《提綱》後。《會典》不知何據也。〔註36〕

　　江鄭堂《炳燭室雜文・〈爾雅・釋魚〉補義》一條，以「魚字下四點為火
字，謂坎中有一陽爻，魚游水中，正具火性」，又云「鱮即白魚，天以殷之天
下與周，而天下治安之兆也。此鱮字所以從旻」。其說皆迂謬附會，與陸氏《爾
雅新義》適相似矣。又其所作《隸經文》，以「由」字為從倒甲〔註37〕，亦怪
謬可笑。〔註38〕

　　張皋文《七十家賦鈔》持論甚正，然有失文章之理者。如《高唐賦》云：
「傳祝已具，言辭已畢，亦不過言祀山靈之禮而已。」皋文云：「下及調謳羽獵，
明用屈子，則禮樂武功皆得其理。」已附會無謂矣。《神女賦》云：「褰余幬而
請御兮，願盡心之惓惓。」皋文云：「褰幬請御，睠顧繫心之誠也。若以為賦神
女，成何語耶？」按：題為賦神女，若以為屈大夫褰幬請御，更成何語耶？且
班婕妤《自悼賦》云：「君不禦兮誰為榮」，古人原不以此等為忌諱也。凡讀古
人文字，心通比興足矣，不必字字主張道學也。固矣，夫皋文之論賦也！〔註39〕

　　朱子云：「陳君舉兩年在家中解詩，近有人來說君舉解詩，凡《詩》中所
說男女事不是說男女，皆是說君臣。未可如此一律。今人解經，先執偏見，類
如此。」《詩傳遺說》卷一〔註40〕。張皋文之論賦選詞，其失殆與陳君舉相近。
〔註41〕

〔註36〕眉批：「輿地。」

〔註37〕《隸經文》卷四《釋由》：「此甲字之倒文。」

〔註38〕眉批：「小學」、「訓詁」。

〔註39〕鄒福清《言象、理志：張惠言「統乎志」的賦論及批評實踐》（《江蘇理工學
院學報》，2018年第1期）：
摘要：張惠言《七十家賦鈔》繼承漢代以詩為賦源的觀點，提出其賦學的核
心命題：賦「統乎志」，包括「言象」和「理志」兩個層面，其思維方法就是
後來他在《易》學中總結的「比事合象」「以象言志」。張惠言試圖消泯賦「統
乎志」與魏晉以來「體物」的賦體觀之間的衝突，並建構以楚辭為轉捩的文
體源流系譜和以屈原為大宗的賦家系譜，最終達到推重賦體的目的。在批評
實踐中，或直陳喻義、追索本事，揭示作者之「志」，或文本互證、勾勒意脈，
揭示作者之「志」的呈現方式。既有經學的色彩，也有辭章學的旨趣。《七十
家賦鈔》將常州派重經世、桐城派重辭章的學術旨趣融為一體，一定程度上
體現了經術與文章兼茂的追求。

〔註40〕見宋・朱鑒《詩傳遺說》卷一《綱領》。

〔註41〕眉批：「文學。賦。」

孫淵如《孫祠書目》略得阮孝緒簿錄之意，姚姬傳《惜抱軒書錄》略得曾南豐序書之意。二書源出劉、班，作於《四庫全書提要》之後，皆與紀文達顯示異同者也。講目錄之學者宜知之。〔註42〕

閱《崇文勤崇實年譜》、《景秋坪尚書景廉行狀》，二人皆自散館授編修後，不三年即擢內閣學士，故俗謂「滿洲翰林有編不過夏」之言。近則仕途壅滯，亦有六七年不遷者矣。〔註43〕

蔣超伯字叔延，江都人。道光乙巳會元。《榕堂續錄》〔註44〕云：「本朝樞省曰軍機，二字原本《南史》。《南史‧顏竣傳》〔註45〕：『竣出入臥內，斷決軍機。』」曾文正《讀書錄》云〔註46〕：「上司見《後漢書‧楊震傳》，司官見《陳寔傳》。」〔註47〕

本朝大學士不閱本章，自托津、汪廷珍始，見龔鞏祚《定菴文集補編》〔註48〕。又內閣學士稽察本章，例派二人，一年一易，不分滿漢。近年以來

〔註42〕眉批：「目錄。」
〔註43〕眉批：「掌故。」
〔註44〕清‧蔣超伯《榕堂續錄》四卷，有清同治六年（1867）羊城聚珍堂刻本。
〔註45〕見《南史》卷三十四。
　　　　按：此語早見《宋書》卷七十五《顏竣傳》。
〔註46〕清‧曾國藩《求闕齋讀書錄》卷二《經下‧詁訓雜記》。
〔註47〕眉批：「掌故。」
〔註48〕清‧龔自珍《定盦全集》文集補編卷二《上大學士書》：
　　　一、中堂宜到閣看本也。大學士之充內廷者，例不看本。伏考雍正十年以後，內廷之項有五：一御前大臣，二軍機大臣，三南書房，四上書房，五內務府總管是也。五項何以稱內廷閣？為外廷故也。內閣何以反為外廷？雍正後從，內閣分出軍機處故也。大臣帶五項者，除出南書房、上書房、總師傅不日入直，不常川園居。日入直，常川園居者，三項而已。此帶三項之大學士不到閣看本之緣由也。幸大學士不盡帶三項，內閣日有大學士一員到，漢侍讀上堂，將部本通本，各籤呈定迎送如儀，中書有關白則上堂，無關白則否，此國初以來百八十年不改，而且雍正壬子以後，九十年來莫之有改者也。惟中堂到閣，侍讀以下賢否，熟悉匈中；輔臣掌故，亦熟悉匈中。內閣為百僚之長，中書實辦事之官，此衙門一日未裁，此規矩一日不廢。道光元年，大學士六人：滿洲伯中堂、託中堂、協辦長中堂，漢則曹中堂、戴中堂、協辦孫中堂。是年到閣看本者三人，託、戴、伯是也。戴予告，孫大拜，協辦為蔣中堂。伯休致，長大拜，協辦為英中堂。則道光二年之事。曹、蔣皆軍機大臣；長，伊犁將軍；孫，兩江總督；英，內務府總管。其日日看本者，只託中堂而已。託中堂在嘉慶朝任御前大臣、軍機大臣，常川園居，聖眷隆重。至是乃日日看本，原屬徧勞。一日召見，乘便口奏內閣只臣一員，日日看本，部旗事繁，必須分身等語。於是乞旨派漢學士三人，輪流看本。噫！學士職

多派滿閣學，然亦無所事事也。〔註49〕

《翁氏家事略記》云：「乾隆二十一年丙子御試開列試差諸臣，方綱列三等。又二十四年己卯三月御試開列試差諸臣，題『富而可求也』，館人求之弗

過硃，看本非所掌也，此乃第一大關鍵。然而一時權宜之法，豈以為例？他日無論某中堂開缺，局勢即全變；局勢全變，舊章不難立復。設竟從此改例，須大學士奏明，將漢學士添此職掌，篡入《會典》，並將大學士永遠作為虛銜之處，篡入《會典》，萬無不奉明文，淡然相忘之理。所以託中堂此奏權宜，自無妨礙，而後來永遠如此，並託中堂所不及料者也。孫革職，蔣大拜，協辦為汪中堂。汪，上書房總師傅也。按嘉慶九年，上諭曰：南書房、上書房行走大臣，俱著輪流入署辦事。其上書房總師傅，不過旬日一入直，尤不得藉口內廷，常川園居。聖訓煌煌，〔在會典第七十四卷。〕汪中堂不知也，侍讀不知也。汪到任日，滿侍讀探請意指，汪赧然曰：「我外廷乎？」乃止。是日絕無援甲子年上諭以明折之者。不但此也，前此嘉慶七年六月上諭曰：「內閣重地，大學士均應常川看本；其在軍機處行走者，每年春夏在圓明園居多，散直後，勢難赴閣。至在城之日直機務稍簡，朕令其赴衙門辦事，即應閣部兼到。若不在內廷之大學士，票擬綸音是其專責，豈可閒曠？保寧到京後，雖有領侍衛內大臣，朕不令其在園居住。嗣後軍機處之大學士，直朕進城後，諭令到衙門時，著先赴內閣，再赴部院。其不在內廷之大學士，著常川到閣，以重綸扉，以符體制。」此諭更明白矣，亦無援引以折之者。大官不談掌故，小臣不立風節，典法陵夷，紀綱隤壞，非一日之積，可勝痛哉！假使汪肯看本，則託、汪隔日一到，與託原奏所稱只一員到閣之語情事異，與所稱日日到閣之語情事又異。夫復何辭？惜哉！此第二大關鍵也。汪病逝，協辦為今盧中堂。英降熱河都統，協辦為今富中堂。兩中堂不但不在三項內廷，並不在五項之列，尤宜到閣，以重本職，而侍讀懲前事，不復探請。兩中堂原未諳閣故，不知大學士之本職因何而設，咎自不在兩公，遂兩相忘。此第三大關鍵。合署人員，舉朝科道，亦皆淡然相忘。比之汪中堂到任之年，情事又一變。而漢學士之看本，局遂不變。時人戲語陳學士嵩慶、張學士鱗曰：「兩君可稱協辦協辦大學士。」兩君笑應之。三十年後，後輩絕不解今日嘲戲語矣。盧中堂全銜為太子少保、協辦大學士、吏部尚書、國史館總裁兼管順天府事務，富中堂全銜為太子少保、協辦大學士、理藩院尚書、正白旗滿洲都統、閱兵大臣。今吏部順天府知有盧中堂，內閣不知有盧中堂也。理藩院、正白旗知有富中堂，內閣不知有富中堂也。黜陟之事，託中堂獨主之，內閣不知中堂凡有六缺也。而本朝大學士一官，遂與保傅虛銜，有銜無官者等。自尚書至巡檢典史，皆不以兼攝事廢本缺事，獨大學士有兼事無本事矣。自尚書至未入流，皆坐本衙門堂上辦事，內閣為衙門首，堂上闃然無堂官矣。而太宗文皇帝以來，設立大學士之權之職之意，至託中堂而一變，汪中堂而再變，盧、富兩中堂而三變。託剏之，汪中之，盧、富成之。依中書愚見，今宜急請託中堂、盧中堂、富中堂輪流到閣看本，〔今曹係軍機大臣，長係御前大臣，蔣係兩江總督。〕如不看本，宜急奏明改定《會典》，不得相忘。此當世第一要事。

〔註49〕眉批：「又。」

得，賦得披沙揀金，方綱列一等第五名。二十七年壬午五月御試開列試差諸臣，方綱列一等一名。」是當時考試試差，亦明發等第名次也。又《略記》，覃溪自壬午後至四十二年丁酉始，考差已不發等第名次矣。〔註50〕

《韓非子・忠孝篇》云：「世之所為按：為猶謂也。烈士者，雖眾獨行，取異於人，為恬淡之學而理恍惚之言。臣以為恬淡，無用之教也；恍惚，無法之言也。」又曰：「恍惚之言，恬淡之學，天下之惑術也。」按：恬淡恍惚四字皆見《老子》〔註51〕。韓非以《老子》為歸宿，故不質言之，而別稱之為「恬淡之學」、「恍惚之言」也。然即此足見戰國時，老氏之枝派已有漸近於後世之佛者矣。〔註52〕

山陽劉希向《三冬識餘》〔註53〕云：「員缺之名，《日知錄》〔註54〕以為始於《晉書・王蘊傳》，云『蘊遷尚書吏部郎，每一官缺，求者十輩。』其實魏已有之。《世語》〔註55〕：『司馬懿闢州泰，泰頻喪考妣祖，九年居喪，宣王留缺待之。』官之有缺自此始。」〔註56〕

吾鄉乾隆二年丁巳會元，何其睿時藝中有云：「天下多一民，君上即多一累。」御筆改「累」字作「責」字。其行卷依刻本文，而刻硃「責」字於旁，以龍蟠之，或譏其陋。余謂蟠龍則不必，而御筆所改則當注明也。《太平御覽》卷五百九十引劉璠《梁典》曰：「天監六年，帝敕員外郎祖暅治漏。成，命太子舍人陸倕為文。其序曰：『乃詔臣為銘。』按：倕集曰：『銘一字，至尊所改也。』」《文選》陸倕《石闕銘》，《注》引倕集曰：「磐石鬱崛重軒穹，隆色法上圓製模，十四字是至尊所改也。」是其例也。又按：《文選・新刻漏銘》：「聽雞人之響句。」《注》引倕集云：「『雞人』二字，是沈約所改作也。」是友人所改亦悉注明。丁敬禮言「後世誰知定吾文者」〔註57〕，若陸佐公所為，則

〔註50〕清・陳康祺《郎潛紀聞》卷三：
乾隆已前，凡御試開列試差諸臣，皆發出等第名次。惟乾隆四十二年丁酉三月考試差單不發出。越二年已亥，又改如前例。此後始密定名次，不復揭曉矣。此亦國朝掌故之一。今日駕輶車而出者，什九茫如矣。

〔註51〕《老子》：「是謂惚恍」；「道之為物，惟恍惟惚。惚兮恍兮，其中有象。恍兮惚兮，其中有物」；「恬淡為上。」

〔註52〕眉批：「諸子。」

〔註53〕清・劉希向《三冬識餘》二卷，有咸豐八年（1858）刻本。

〔註54〕見《日知錄》卷八《員缺》。

〔註55〕見《三國志》卷二十八《魏書二十八・鄧艾傳》裴松之《注》。

〔註56〕眉批：「掌故。」

〔註57〕三國・曹植《曹子建集》卷九《與楊德祖書》。

定文者可令後世知之。此則各行其是可也。〔註58〕

《菰中隨筆》：「隋文帝後獨孤氏崩，著作郎王劭上言：『大行皇后福善禎符，備諸祕記，皆云是妙善菩薩。』史家載之以為譏。〔註59〕後萬曆中，尊孝定太后為九蓮菩薩。〔註60〕」按：今宮中稱皇太后曰佛爺，蓋用此例。〔註61〕

《胡子知言》附錄記朱子語曰：「胡子有言，學欲博不欲雜，欲約不欲陋。信哉！」〔註62〕余謂雜者，漢學之流弊，然實患其博而不約也；陋者，宋學之流弊，然實患其不博而約也。博學反約，此所以通今時漢學、宋學之郵也。〔註63〕

國初人譏宋學家不讀書。近時講漢學者標榜《公羊》，推舉西漢，便可以為天下大師矣。計其所讀，尚不如宋學家之黟也。此國初諸儒所不及慮者也。〔註64〕

曾文正《讀書錄》，讀韓文「後皆與〔註65〕前公相襲」云〔註66〕：「公心之所安而昭彰無疑者也。《詩》：『公然來思。』《左傳》：『賄賂公行。』意皆如此。」余謂公者言私事而眾行之，幾於公也。《詩》無「公然來思」句，惟韓

〔註58〕眉批：「文學。文。」
〔註59〕《資治通鑒》卷一百七十九《隋紀三》：
八月，甲子，皇后獨孤氏崩。太子對上及宮人哀慟絕氣，若不勝喪者；其處私室，飲食言笑如平常。又，每朝令進二溢米，而私令外取肥肉脯鮓，置竹桶中，以蠟閉口，衣袱裹而納之。著作郎王劭上言：「佛說：『人應生天上及生無量壽國之時，天佛放大光明，以香花妓樂來迎。』伏惟大行皇后福善禎符，備諸祕記，皆云是妙善菩薩。臣謹案八月二十二日，仁壽宮內再雨金銀花；二十三日，大寶殿後夜有神光；二十四日卯時，永安宮北有自然種種音樂，震滿虛空；至夜五更，奄然如寐，遂即昇遐，與經文所說，事皆符驗。」上覽之悲喜。
〔註60〕清·萬斯同《明史》卷一百五十一《后妃列傳下·穆宗皇后李氏》：
太后既佞佛，廣營寺塔，費帑鉅萬，帝亦助施無筭。及崩，帝尊為九蓮菩薩。另，崇禎亦有類似之舉。清·談遷《棗林雜俎》和集《追封母后菩薩》：
崇禎十三年，追封孝元貞皇后曰智上菩薩，孝純皇太后劉氏曰顯仁九蓮菩薩。
〔註61〕眉批：「掌故。」
〔註62〕宋·胡宏《胡子知言》卷第二《仲尼》：
學欲博不欲雜，守欲約不欲陋。雜似博，陋似約，學者不可不察也。
宋·朱熹《晦庵先生朱文公文集》卷九十《曹立之墓表》：
胡子有言，學欲博不欲雜，欲約不欲陋。信哉！
〔註63〕眉批：「論學。」
〔註64〕眉批：「又。」
〔註65〕此句見韓愈《南陽樊紹述墓誌銘》，宋·魏仲舉注《五百家注昌黎文集》卷三十四。「與」，《南陽樊紹述墓誌銘》、《求闕齋讀書錄》俱作「指」。
〔註66〕見《求闕齋讀書錄》卷八集三《韓昌黎集》。

詩《永貞行》有「公然白日受賄賂」語，文正偶誤記耳。〔註67〕

偶思俗字之所始，如《龍龕手鑒》所載乑為多，罯為暗之類，固由市井妄作。又如宋孫奕《示兒篇》所記有「書『盡』字作『尽』字」〔註68〕者，或不得其故。余謂此由「盡」字艸書作「尽」，故譌變至此耳。友人林明仲進士國贊。於書院試卷曾書「錢」字作「木」，今人藥方書等分多作此字一。大為陳蘭甫師所詞。余曰：「此乃泉字，艸書譌變也。」師為之解頤。〔註69〕

朱亦棟《十三經劄記》〔註70〕以阿衡二字切音為尹，深可怪歎。〔註71〕

《史記·律書》：「牛者，冒也。」「牛」字古音蓋與「牟」同，牟、冒雙聲字。錢氏《考異》云〔註72〕：「牛，牙音之收聲。冒，脣音之收聲。聲不類而轉相訓，同位故也。」其說非是。成芙卿《史漢駢枝》以牛冒為古疊韻字〔註73〕，亦非。〔註74〕

阮嗣宗絕代畸人，其《達莊論》、《詠懷詩》不異伯夷西山之歌也。而王隱《晉書》云：「魏末，阮籍有才，而嗜酒荒放，作二千石，不治官事，日與伶等共飲酒歌呼。時人或以籍生在魏晉之交，欲佯狂避時，不知籍本性自然也。」《御覽》四百九十八。今《晉書》〔註75〕則云：「魏晉之際，天下多故，名士少有全者。籍由是不預世事，遂酣飲為常。」此說蓋得其實。今《晉書》多本於臧榮緒。榮緒之識，誠有高於王隱者矣。〔註76〕

〔註67〕眉批：「正譌。」

〔註68〕宋·孫奕《履齋示兒編》卷九《文說·聲畫押韻貴乎審》：
初，誠齋先生楊公考校湖南漕試，同僚有取易義為魁。先生見卷子上書『盡』字作『尽』，必欲擯斥。

〔註69〕眉批：「論書。」

〔註70〕清·朱亦棟《十三經劄記》二十二卷，有清光緒四年（1878）武林竹簡齋刻本。

〔註71〕眉批：「小學」、「音韻」。

〔註72〕清·錢大昕《廿二史考異》史記卷三《律書》。

〔註73〕清·成瓘《史漢駢枝》：
《律書》：「牛者，冒也。」《考異》云：「牛，牙音之收聲。冒，脣音之收聲。聲不類而轉相訓，同位故也。」今案：古人用韻，惟變聲疊均二者而已。錢氏此說，近似皮傳。牛古音疑，今音宜求切。冒古音在尤幽部。竊疑牛有兩音。《淮南》、《說苑》、《易林》皆與之哈同用。王襃《九懷》復韻州、修、遊、流、休、悠、浮、求、幬、儔、怊。故《史記·龜策傳》韻謀、期、來，而《律書》復韻冒，即其例與？

〔註74〕眉批：「又。」

〔註75〕見《晉書》卷四十九。

〔註76〕眉批：「人品。」

　　《太平御覽》卷六百七趙子聲《書詣鄭康成學》曰：「夫學之於人，猶土地之於山川也，珍寶於是乎出；猶樹木之有枝葉，根本〔註77〕於是乎庇也。」按：趙子聲不知何人。《後漢書・鄭康成本傳》〔註78〕稱「弟子河內趙商等自遠方至者數千」，又《鄭志》中趙商問者甚多，子聲或即商之字歟？近人袁鈞、王謨輯《鄭氏佚書》，皆未錄此條，故鈔以備考。嚴可均《全後漢文》卷八十四已收此文，以為趙商作。

　　《禮記・中庸》：「故至誠無息，不息則久，久則徵，徵則悠遠。」鄭《注》曰：「徵猶效驗也。此言至誠之德既著於四方。徵或為徹。」王伯申《經義述聞》云〔註79〕：「作徹者為長。徹，達也。見《周語》韋《注》。久則由一日以達終身，由一時以達萬世，故曰『久則徹，徹則悠遠』。若但云『效驗』，則效於目前而不效於將來者有之矣，何以必其悠久無疆乎？」廷式案：如伯申所云「由一日達終身，由一時達萬世」，則《記》但言「久則悠遠」可矣，豈有至誠無息而猶慮其不達者乎？鄭言「效驗」，是以證訓徵，蓋中庸之道，非有所證驗則不能行之於後。《記》又云：「上焉者雖善無徵，無徵不信，不信民弗從」，是徵則悠遠之義也。〔註80〕

　　李藥農侍郎、汪仲伊進士注《撼龍經》，皆不能言九星所出，惟據《翼奉傳》考貪狼、廉貞二名而已。余案隋蕭吉《五行大義》卷四〔註81〕云：「北斗七星，各有四名。《黃帝斗圖》云：『一名貪狼，子生人所屬；二名巨門，丑亥生人所屬；三名祿存，寅戌生人所屬；四名文曲，卯酉生人所屬；五名廉貞，辰申生人所屬；六名武曲，己未生人所屬；七名破軍，午生人所屬。』」據此，則貪狼為樞，巨門為璿，祿存為璣，文曲為權，廉貞為衡，武曲為開陽，破軍為標光，輔弼則所謂隱曜者也。然《龍經》何以取名於斗，又以廉貞為火、貪狼為木之類，皆似與《斗圖》不合，尤不可解。《隋志》五行家有《黃帝斗曆》一卷，又有郭璞《易斗圖》一卷、《易八卦命錄斗內圖》一卷。〔註82〕

〔註77〕「根本」，《太平御覽》作「本根」。
〔註78〕見《後漢書》卷三十五。
〔註79〕見清・王引之《經義述聞》第十六《久則徵徵則悠遠》。
〔註80〕眉批：「經義。禮記。中庸。」
〔註81〕見隋・蕭吉《五行大義》卷四《第十六論七政》。
〔註82〕眉批：「術數。五行。」

　　宋無名氏《寶刻類編》：河中逍遙樓有黃幡《綽霓裳羽衣曲譜》。〔註83〕
惜竟不傳。〔註84〕

　　《漢書·西域傳》：「唐兜困急，怨欽，東守玉門關。」徐星伯《補注》
曰：「守猶敏也。」〔註85〕余謂守玉門關猶守闕下之守，言守候求通也。以敏
關釋之，恐非。〔註86〕

　　《漢書·古今人表》有榮聲期，小顏謂即榮啟期。錢辛楣先生《考異》謂
「聲當為罄。罄、啟聲相近」〔註87〕。桂未谷《晚學集》又謂「聲當為肇。
《說文》：『啟，開也』；『肁，始開也。』義同形近致譌」〔註88〕。余謂二說
皆求之過深。辛楣精於聲韻，未谷精於《說文》，所謂熟處難忘也。實則「聲」
字艸書與「啟」字相近，故致淆譌，無庸強為附會〔註89〕。〔註90〕

　　鄒特夫《學計一得》〔註91〕云：「西學比例，規以五金，與水比較輕重
體積，乃重學之一種。而《〈史記·五帝本紀〉正義》引《尚書帝命驗》說

〔註83〕宋·佚名《寶刻類編》卷七《名臣十三之八〔唐不著年月〕》：
　　　　黃幡綽。《霓裳羽衣曲譜》。〔逍遙樓　河中。〕
〔註84〕眉批：「文學。詞」、「《夢溪筆談》似亦有此說，俟再檢」。
　　　　按：《夢溪筆談》卷五《樂律一》實有此說，曰：
　　　　《霓裳羽衣曲》。劉禹錫詩云：「三鄉陌上望仙山，歸作《霓裳羽衣曲》。」又
　　　　王建詩云：「聽風聽水作《霓裳》。」白樂天詩注云：「開元中，西涼府節度使
　　　　楊敬述造。」鄭嵎《津陽門詩》注云：「葉法善嘗引上入月宮，聞仙樂。及上
　　　　歸，但記其半，遂於笛中寫之。會西涼府都督楊敬述進《婆羅門曲》，與其聲
　　　　調相符，遂以月中所聞為散序，用敬術所進為其腔，而名《霓裳羽衣曲》。」
　　　　諸說各不同。今蒲中逍遙樓楣上有唐人橫書，類梵字，相傳是《霓裳譜》，字
　　　　訓不通，莫知是非。或謂今燕部有《獻仙音曲》，乃其遺聲。然《霓裳》本謂
　　　　之道調法曲，今《獻仙音》乃小石調耳。未知孰是。
〔註85〕即徐松《西域傳補注》，見清·王先謙《漢書補注·西域傳第六十六下》。
〔註86〕眉批：「正譌」、「論史」。
〔註87〕見清·錢大昕《廿二史考異》漢書卷一《古今人表》。
〔註88〕清·桂馥《晚學集》卷六《與丁小雅教授書》：
　　　　馥愚以為聲當為肇。《說文》：『啟，開也』；『肁，始開也。』啟、肁義同。傳
　　　　寫啟為啟，肁為肇，肇與聲字形近致譌。
〔註89〕清·王念孫《讀書雜志》漢書第三《榮聲期》：
　　　　榮聲期，師古曰：「即榮啟期也。聲或作啟。」《攷異》曰：「聲當為罄之譌。
　　　　啟、罄聲相近。」念孫案：此因隸書「啟」字作「啓」，形與「聲」近而譌耳。
　　　　據師古注，則他本固有作「啟」者矣，不必迂其說而以為「罄」之譌也。
〔註90〕眉批：「正譌」、「論史」。
〔註91〕清·鄒伯奇《學計一得》二卷，有清同治十二年（1873）廣東富文齋刻鄒徵
　　　　君遺書本。

五府之名義，有曰『玄矩者，黑帝汁光紀之府，名曰玄矩。矩，法也。水精玄昧，能權輕重，故謂之玄矩』。然則以水權輕重之術，亦古算經所當有矣。」余謂此猶是緯書之說，其實「準」字從水，載在六書。以水量物，必在三代以前矣。〔註92〕

鄒特夫《宣夜說》云：「欲知日行盈縮，必以中星加時之早晚候之。欲知偏度之東西，必以恒星入月之遲速候之。二者皆用力於夜。然則宣夜，其測星之學乎！」余按虞喜《安天論》云：「宣，明也。夜，幽之數。其術兼之，故名宣夜。」《御覽》卷十一。〔註93〕特夫解夜字勝虞氏，然以宣勞釋宣字，不如訓為宣明，言專明於夜，則測星之學也。〔註94〕

蕭吉《五行大義》卷一〔註95〕引《黃帝九宮經》曰：「戴九履一，左三右七，二四為肩，六八為足，五居中宮，統御得失。」此即宋儒所繪之《洛書》。《春秋緯》稱黃帝受圖有五始。《左傳疏》卷一。《續漢·天文志》云：「黃帝始受《河圖》，鬭苞授規日月星辰之象。」《困學紀聞》疑「鬭苞」為人名。翁元圻據《文選注》，以為闓苞受之，〔註96〕誤。《開元占經》一百二十引《尚書中候》曰〔註97〕：「黃帝東巡至洛，龜書咸赤文綠字，以授軒轅。」又曰〔註98〕：「河出龍圖，赤文綠字，以授軒轅。」又引《河圖》曰〔註99〕：「黃龍負鱗甲成字，以授黃帝。帝令侍臣寫之，以示天下。」《太平御覽》七十九引《尚書中候》云：「帝軒提象〔註100〕，配永循機，天地休通，五行期化，河龍出圖，洛龜舒威〔註101〕，赤文像字，以授軒轅。」又《御覽》卷十引《帝王世

〔註92〕眉批：「西學。」
〔註93〕此說見《太平御覽》卷二《天部二》。文氏所記有誤。
〔註94〕眉批：「星象。」
〔註95〕見隋·蕭吉《五行大義》卷一《五論九宮數》。
〔註96〕宋·王應麟撰、清·翁元圻注《困學紀聞》卷九《天道》：
《後漢·天文志》：「黃帝始受《河圖》，鬭苞授規日月星辰之象。故星官之書，自黃帝始。」鬭苞，似是人名氏，當攷。
元圻案：孫子荊《為石苞與孫皓書》，《注》引《河圖闓苞受》曰：「弟感苗裔出應期。」
按：孫子荊《為石仲容與孫皓書》，見《文選》卷四十三。
〔註97〕見唐·瞿曇悉達《唐開元占經》卷一百二十《玉龜　龜負圖龜負書》。
〔註98〕見《唐開元占經》卷一百二十《龍》。
〔註99〕見《唐開元占經》卷一百二十《龍》。
〔註100〕「象」，《太平御覽》作「像」。
〔註101〕「舒威」，《太平御覽》作「書成」。

紀》云：「黃帝遊洛水上，見大魚，殺五牲以醮，天乃甚雨。七日七夜，魚流始得圖書，今《黃〔註102〕圖》是也。」又《御覽》卷十五〔註103〕、卷八百七十二〔註104〕、《開元占經》一百一〔註105〕所引略同，不悉出〔註106〕。《詩·文王》篇題，《正義》引鄭康成《六藝論》云：「太平嘉瑞，圖書之出，必龜龍銜負焉，黃帝、堯、舜、周公是也。」又引《元命包》云：「鳳凰銜圖，置帝前，黃帝再拜受。」《左傳疏》卷一引《春秋緯》略同。鄭康成注《易緯是類謀》云：「黃帝始受《河圖》而定錄。」是黃帝時塙有圖書之應，特緯書言鳳圖有五始，《左傳疏》卷一。而不言河圖有九宮，未可遽合為一耳。《隋書·經籍志》五行類：《九宮經》三卷，鄭玄《注》；梁有《黃帝四部九宮》五卷，亡；又有《黃帝九宮經》一卷。吉之所引，當出此書。〔註107〕

《春秋命曆序》曰：「河圖，帝王之階，載江河山川州界之分野。薛士龍《浪語集·河圖洛書辨》〔註108〕引之，又《古微書》卷十三。後堯壇於河，作《握河紀》，逮虞舜、夏、商咸亦受焉。」〔註109〕《古微書》〔註110〕、薛士龍據此以為河圖，乃後世司空輿地圖之類〔註111〕，殆亦非也。孫瑴以為「上世之重河圖，猶三代之重神鼎，漢以下之重傳國璽也」〔註112〕，此言得之。

〔註102〕「黃」，《太平御覽》作「河」。

〔註103〕《帝王世紀》曰：「黃帝時，天大霧三日，帝遊洛水之上，見大魚，殺五牲以醮之，天乃甚雨。七日七夜，魚流始得圖書，今河圖也。」

〔註104〕《帝王世紀》曰：「黃帝五十年秋七月庚申，天大霧三日。帝之洛水上，見大魚負圖書。」

〔註105〕《唐開元占經》卷一百一《霧》：「《帝王世紀》曰：『黃帝五十年秋七月庚申，天大霧三日三夜。霧除，帝遊洛水之上，見大魚負圖書，命河圖，帝視萌篇是也。』」

〔註106〕另外，《太平御覽》卷六十二《地部二十七》：「《水經注》曰：『昔黃帝之時，天大霧三日。帝遊洛水之上，見大魚，殺五牲以醮之，天乃甚雨。七日七夜，魚流始得圖書。』」原出《水經注》卷十五。

〔註107〕眉批：「術數。五行。」

〔註108〕見宋·薛季宣《浪語集》卷二十七。

〔註109〕按：此語早見《水經注》卷一引。

〔註110〕按：此處為薛季宣之觀點，《古微書》之觀點即後面「孫瑴以為」。疑「《古微書》」當刪。檢稿本，「《古微書》」乃係夾批補入。

〔註111〕薛季宣《河圖洛書辨》：
《春秋命曆序》：「河圖，帝王之階，圖載江河山川州界之分野。」讖緯之說，雖無足深信，其有近正不可棄也。信斯言也，則河圖洛書迺《山經》之類，在夏為《禹貢》，周為職方氏所掌今諸路閏年圖經，漢司空輿地圖、地里志之比也。

〔註112〕見明·孫瑴《古微書》卷十三《春秋命曆序》。

　　《晏子春秋》多凡猥之辭，不盡周秦人語也。余獨愛其「景公請嫁女晏子」一條，云〔註113〕：「景公有愛女，請嫁於晏子。公迺往燕晏子之家，飲酒酣，公見其妻曰：『此子之內子耶？』晏子對曰：『然。是也。』公曰：『嘻！亦老且惡矣。寡人有女少且姣，請以滿夫子之宮。』晏子違席而對曰：『乃此則老且惡，嬰與之居故矣，故及其少而姣也。且人固以壯託乎老，姣託乎惡，彼嘗託，而嬰受之矣。君雖有賜，可以使嬰倍其託乎？』再拜而辭。」宋弘辭光武婚，其詞嚴而正〔註114〕；晏子之言，婉而篤。皆有益於夫婦之倫者也。〔註115〕

　　《法言·吾子篇》云：「或欲學《蒼頡》、《史篇》。曰：『史乎！史乎！愈於妄闕也。』」按：「妄」當作「亡」。《論語》：「吾猶及史之闕文，今亡矣夫」，是揚子所本。李軌《注》云：「言勝於不學而妄名，不知而闕廢」，恐非。〔註116〕

　　宋袁粲《駁顧歡夷夏論》云：「孔老治世為本，釋氏出世為宗。發軫既殊，其歸亦異。符合之唱，自由臆說。」見《齊書·顧歡傳》〔註117〕。余嘗謂世間法，至孔子而集大成，不容有一字歧出。釋氏之言，皆出世法也，無一字可以比附者。愍孫此言，乃先得我心也。宋以後競爭心法，儒釋紛然，尤可不必矣。〔註118〕

　　《莊子·大宗師篇》曰：「外內不相及。」即《論語》「道不同不相為謀」之旨。〔註119〕

　　人君挾常尊之勢，束縛天下之人材，猶可說也。剗除天下之廉恥，不可為也。《管子》以禮義廉恥為四維，故《管子》雖法家，而不甚任術，非申、商所能及也。〔註120〕

〔註113〕見《晏子春秋》內篇雜下第六《景公以晏子妻老且惡欲納愛女晏子再拜以辭第二十四》。
〔註114〕「弘」，底本作「宏」。
　　　　《後漢書》卷二十六《宋弘傳》：
　　　　時帝姊湖陽公主新寡，帝與共論朝臣，微觀其意。主曰：「宋公威容德器，群臣莫及。」帝曰：「方且圖之。」後弘被引見，帝令主坐屏風後，因謂弘曰：「諺言貴易交，富易妻，人情乎？」弘曰：「臣聞貧賤之知不可忘，糟糠之妻不下堂。」帝顧謂主曰：「事不諧矣。」
〔註115〕眉批：「諸子。」
〔註116〕眉批：「諸子。」
〔註117〕見《南齊書》卷五十四。
〔註118〕眉批：「諸子。」
〔註119〕眉批：「又。」
〔註120〕眉批：「治略。」

　　人君以勢劫人強項者，猶可忍死自立。至大臣濟之以術，陽示含容而陰制其命，其卒也，有志之士不獨不遇於世，而且將冒不韙之名。其在《易》曰「潛龍勿用」〔註121〕，又曰「碩果不食」〔註122〕。讀經者知古人之意歟？〔註123〕

　　《文心雕龍·序志篇》云：「仲治《流別》，宏〔註124〕範《翰林》。」按《晉書》：「李充，字宏〔註125〕度，江夏人。」《隋書·經籍志》有李充《翰林論》三卷。又《釋文序錄》：「李軌，字宏〔註126〕範，江夏人。東晉祠部郎中都亭侯。」此蓋誤以李軌為李充也。〔註127〕

　　許竹篔閣學《帕米爾圖敘例》〔註128〕云：「帕米爾，古稱帕米勒尼耶。帕米者，波斯語，平屋頂之稱。勒尼耶者，世界之稱，猶言大地一屋頂也。」余問之回人，亦言帕米者山頂寬平處也。蓋此地為蔥嶺之脊矣。古書言黃帝建合宮於崑侖，豈謂是歟？〔註129〕

　　《談天》第十七卷〔註130〕云：「近時梅爾、儒勒、唐孫三人云：凡動者，不論何故，而主其動永不滅。若有物阻之，其動力不過變形散去，而非滅。即存而在體之諸點，加速而轉，如此即化熱，或化光，或並有之。而加於天空亮氣之諸點，分散於天空之各處，成所顯之亮光與熱。此理有若干事不易解，亦不易信。瓦得孫與唐孫二人用此解太陽之光與熱云。」余謂梅爾等三人所言之理，實近於彼教靈魂之說，確不可易。侯失勒滯於聞見，故以為「不易解，亦不易信」耳。余又嘗謂人性蓋本於日，與日同體，故《堯典》言「光被」，釋典多言性光，故瓦得孫等以此說論日理，宜其若合符契矣。〔註131〕

〔註121〕見《周易·乾》初九。
〔註122〕見《周易·剝》上九。
〔註123〕眉批：「又。」
〔註124〕「宏」，《文心雕龍》作「弘」。
〔註125〕「宏」，《晉書》卷九十二《李充傳》作「弘」。
〔註126〕「宏」，《經典釋文》卷一作「弘」。
〔註127〕眉批：「正譌。」
〔註128〕見清·許景澄《許文肅公遺稿》卷十一。
〔註129〕眉批：「輿地。」
〔註130〕英國·侯失勒撰，英國·偉烈亞力口譯，清·李善蘭筆述，清·徐建寅續筆《談天》十八卷首一卷表一卷，有清同治刻本、清光緒七年（1881）江南機器製造總局刻本。
〔註131〕眉批：「西學。」

　　《天文圖說》〔註132〕論日全蝕云：「當食既時，見有光氣甚薄大且廣，環日四周，西人名曰日冕。日冕外更有光氣一層包裹，亦環日之四周，名曰色球。其高出約一萬五千里。此色球發無數絳色之光而上騰，形甚奇異，有騰至數萬里者。推求此絳色之光燄，謂即猛火所燒煆至白之輕氣耳。且此光燄突然而發見，其變動甚速，則知日而必大動盪，難以臆度。有天文士曾測大火燄一縷，騰竟至八萬一千里，歷十分時而滅。」余謂推求光氣之說，知佛說入火光三昧定非虛妄耳。

　　化學家言天下無定質，熱度足則皆流矣；天下無流質，冷度足則悉定矣。此即釋家無常之說，亦輪迴之至理也。又言天下之物無一物能加之使有，亦無一物能滅之使無，此即釋家不斷不常之理也。

　　《禮記・大學》：「致知在格物。」鄭君《注》云：「格，來也。物，猶事也。其知於善深，則來善物；其知於惡深，則來惡物。言事緣人所好來也。」《正義》曰：「己有所知，則能在於來物。」詞意未達。余案《春秋繁露・同類相動篇》〔註133〕云：「試調琴瑟而錯之，鼓其宮則他宮應之，鼓其商而他商應之，五音比而自鳴，非有神，其數然也。美事召美類，惡事召惡類，類之相應而起也。如馬鳴則馬應之，牛鳴則牛應之。」此鄭氏格物之義也。〔註134〕

　　《宋元學案》卷五十二：「王栐知贛州，論其耆老曰：『元祐黨籍，贛人一十有四，何多君子也！』」按：栐在贛州，課桑麻，清鹽禁。提刑者惡之，復毀栐。予祠，贛人雪涕留之不得，賦詩而別。《一統志》贛州名宦失載此人。余以《元祐黨籍碑》考之，惟何大正，大庾人，見《江西通志・南安府・人物傳》。〔註135〕

　　《隋書・律曆志下》：「開皇二十年，袁充奏日長影短。」又云：「袁充方幸於帝，左右冑玄，共排焯曆。」《天文志上》云：「煬帝遣官人四十人就太史局，別詔袁充教以星氣。」又云：「張冑玄言日長之瑞。至開皇十九年，此與《律曆志》異。袁充為太史令，欲成冑玄舊事，復表云云。是時晉王廣初為太子，充奏此事，深合時宜。」又云：「開皇十四年，鄜州司馬袁充上晷影漏刻云云。」《袁充傳》亦載之。又《藝術・庾季才傳》云：「袁充言日景長，上以問季才。

〔註132〕英國・柯雅各、美・瑪嘉立著，清・薛承恩譯《天文圖說》四卷，有清光緒
　　　　　九年（1883）刻本。
〔註133〕見清・蘇輿《春秋繁露義證》卷十三《同類相動第五十七》。
〔註134〕眉批：「經義。禮記。」
〔註135〕眉批：「掌故。」

季才因言充謬。」余案：李淳風《乙巳占》極詆袁充〔註 136〕，既見之篇首，又專作《辨謬篇》〔註 137〕以著之，至斥其亡國之罪。此《志》亦淳風之筆也。《史通‧雜說中篇》云：「《隋書‧王劭》、《袁充》兩傳，唯錄其詭辭妄說，申以詆訶。既以無益而書，豈若遺而不載。」余謂淳風蓋有私憾於德符，不然，何詞繁不殺至如是邪？〔註 138〕

呂東萊《與陳同甫書》云〔註 139〕：「後生可畏，就中收拾得一二人，殊非小補。要須帥之以正，開之以漸，先惇厚篤實，而後辯慧敏銳，則歲晏刈穫，必有倍收。」成公此言，非龍川所能及。凡主持風氣者當知此意也。〔註 140〕

《洪範》：「六曰弱。」東萊《書說》〔註 141〕云：「弱何以與六極之數？蓋弱者，天下之大害，學者之大患。人所以不能自強為善，或入於惡而不能自拔，皆懦而無力者耳。故特以弱立於六極之終。」愚謂東萊言非也。學者患弱，雖無所用，猶不至與惡並稱。《洪範》一篇皆言治天下之大法。若君德弱，則內受制於宮闈，外見欺於大臣，而四夷交侵，亂端並作，此漢元帝、宋度宗所以有亡國之釁也。故乾德曰強而範極曰弱，聖人之垂戒深矣。〔註 142〕

《晉書‧干寶傳》：「父瑩，丹陽丞。」《輿地紀勝》〔註 143〕嘉興府古蹟有干瑩墓，注云：「干寶之父也。墓在海鹽。」〔註 144〕

〔註 136〕唐‧李淳風《乙巳占》卷三《史司第二十一》：
近在隋代，則尤甚焉。吳人袁充，典監斯任，口柔曲佞，阿媚時君，誑惑文皇，詔諛二世。每回災變，妄陳禍福，以凶為吉，回是作非。先意承顏，附會神理。勸桀行虐，助紂作姪。凡是南人，明相煽惑。於時大業昏暴，崇向吳人，中州高才，言不入耳。每有四方秀異獻書上策，一皆不覽，並付袁充。充乃繕寫所獻，回換前後，竊人之才以為己力，奏於昏主，自叨名位，因行譖害，迫逐前人，以忠言獲罪者，其將量方覆奏絕圖書，彌增忌諱。一藝以上，追就京師。因聚富人，幾將數萬。置之別府，名為道術。賣威鬻勢，交納貨財。免徭停租，賄於私室。兼之以抑黜勝己，排擯同儕，浸潤屢行，誅斥非一。術士達人，高賢碩學，朱紫雌黃，由其品藻。權衡失正，何其毒歟！於是清烈之後，超然遠遊，結舌鉗口，坐觀得失。而充苟安祿位，以危天下。在上不悟，卒至覆亡。將是上天降禍，生此讒賊。不然，何由翦隋宗之甚也！此乃前朝殘獷者矣。
〔註 137〕唐‧李淳風《乙巳占》卷三《辯惑第二十一篇》，注「元闕」。
〔註 138〕眉批：「曆學。」
〔註 139〕見宋‧呂祖謙《東萊集》別集卷十《與陳同甫》。
〔註 140〕眉批：「論學。」
〔註 141〕宋‧呂祖謙《書說》卷十七《洪範第六》。
〔註 142〕眉批：「又。」
〔註 143〕見宋‧王象之《輿地紀勝》卷三。
〔註 144〕眉批：「掌故。」

《輿地紀勝》〔註145〕安吉州有孺山，注引《三吳土地記》云：「徐孺子哭姚元起於此。何子翼嘲之，曰：『南州孺子，弔生哭死。前慰林宗，後傷元起。』山有孺子祠。」王仁圃《豫章十代文獻略》引《廣輿記》云：「浙江湖州府城東有孺山，山下有徐孺子廟，孺子哭友人刺史姚元起於此。」所載不及《土地記》之詳，此可補孺子之故實也。〔註146〕

《呂衡州文集》卷四《代文武百僚謝許遊宴表》〔註147〕云：「恭承睿旨，務竭歡心，飽思屬厭，醉念溫克。戒竹林之虛誕，去金谷之浮華。君雖不察於泉魚，臣敢有愧於屋漏？」立言得體，雖宋人無以加也。宋曾慥《高齋漫錄》云：「宣和間，人材雜進，學士待制班常有數十人。乙巳春，開金明池，有旨令從官清明日恣意遊宴。是夜不局郭門，貴人競攜妓女，朱輪寶馬，駢闐西城之外。諸公仍群聚賭博，達旦方歸。議者以為上恩優渥如此，而身為從官，乃為賭錢漢。」此則過於竹林、金谷，有愧衡州之表多矣。〔註148〕

道光重修《一統志》，所敘沿革，較《乾隆一統志》為詳，其圖則盡刪山嶺，而增入巡檢司。與《會典圖說》之序水不序山如出一手，不測其故也。〔註149〕

劉金門侍郎，鳳誥。余外曾大父也。余生不逮事先祖母，故知其佚事甚稀。惟聞公少極貧，自力於學。及中式後，入都會試，僅得錢十四千，且徒步，且賃驢，遂達京師。一日而名滿都下。其婚於李氏也，先是李恭毅湖。任廣東巡撫，有鄉人某者以知縣發廣東，公贈以詩，詩在《存悔齋集》〔註150〕，當撿錄。

〔註145〕見《輿地紀勝》卷四。

〔註146〕眉批：「又。」

〔註147〕見唐·呂溫《呂衡州文集》卷四。又見《全唐文》卷六百二十六，題為《代百僚謝許遊宴表》。

〔註148〕眉批：「掌故。」

〔註149〕眉批：「輿地。」

〔註150〕清·劉鳳誥《存悔齋集》卷十七《乾隆辛丑秋，侯葦原師出宰三水，及門祖餞於水月禪林。即席賦詩二章，書扇志。別聞師到官後，開府李公見而歎賞，謂大具器識，不專吟寫之工，遂留扇篋衍，且屬議婚。此事垂二十年，中間師遷守撫州，尋以疾告茲。嘉慶戊午秋，造謁金陵，詢及前作，樂道其事。因重書一箋，仍繫一詩，師與李公皆生平不朽之感也》：
婚宦當年少未成，誰知月老屬先生。兩詩僥倖高題品，一扇團圓巧證盟。翻笑塵緣妻子累，可忘峯影丈人傾。天花重侍維摩詰，話舊紛增感觸情。
原錄別詩：
萬里南沖越嶠炎，風塵出俗道心添。縣前峽轉堪懷古，官裏泉香獨飲廉。仕宦中年感潘鬢，文章餘事傲蘇髯。匆匆又作都亭餞，繞坐僧廬一捲簾。

書於扇。恭毅見之，遂託其作書，以女許焉。乃取其扇以授女曰：「吾為汝得佳婿矣。」恭毅旋卒，諸兄有不知此事者。又或以劉氏貧微，欲聘他氏。女聞之，執扇求死，乃竟歸劉。外曾王母故庶出，又無母，時年始十四五。故公終身伉儷最篤，卒時年七十，未嘗有妾媵也。晚年居南昌，嫉惡尤甚。巡撫某頗貪劣，公曰：「此錢穿耳，絕不與通。」惟與戴可亭相國〔註151〕交契，每過從必竟日云。〔註152〕

先大夫任高廉道時，同治壬申年事。有廖三晚俗作滿。者，廣西北流人，潛至高州，約其同黨添弟會一作天地會。中人，擇期五月某日起事，先破府城。有鄉人某聞其謀，泄之紳士梁某，來告先大夫。急檄營勇，於去城三十里之鄉中得之。廖形體瘦弱，而極能熬審。其父又年老，諸生，欽賜副榜者也。於是謠言四起，以謂先大夫妄擒無辜。府縣又恥其事不出己，益助之騰謗，總督瑞文莊公麟亦未能遽決。時文莊兼署巡撫。事已逾月，紳民洶懼，且偵知賊黨有刦獄之意。七月某日，先大夫親臨大堂，提廖三晚出獄，以站籠斃之。告府縣曰：「此事如有冤，我獨任其咎。君等無與也。」時士民旁觀者殆數千人，無不同聲稱幸。不數日，而北流縣知縣曾某事隔二十餘年，追憶記之，故多忘其名。稟至，則臚列廖三晚結會行刦及越獄戕民諸案。稟中又言其父增年，濫邀恩賜，其年乃長於其祖云。請速行正法，以安邊境云云。文莊得其稟，乃謂藩臬曰：「吾初以文道為鹵莽，乃今信其能斷大事也。」及去任時，士民跪道送行者絡繹數里不止。先大夫詩云：「一朵香花一壺酒，不教容易出城來。」記實事也。時高州荒旱，先大夫力辦平糶，民得無飢饉之患，故感頌尤深。〔註153〕

楊升庵學博而好造故實，明人已多譏之，不獨《正楊》一編也。〔註154〕

仁人為政尚寬平，盜息禾豐聽頌聲。墨綬何專漢循吏，青袍惟戀魯諸生。春風滿座依如昨，甘雨隨車重此行。父老將迎師弟別，蕉紅荔綠數前程。

〔註151〕清·梁章鉅《樞垣記略》卷十五：
戴均元，字可亭，江西大庾人。乾隆乙未進士，官至大學士。
《存悔齋集》卷十六《送戴可亭七丈視學蜀中二首》：
玉堂仙漏曉琤瑽，惜別秋飛金雁雙。奉使遠勞馳蜀道，憐才驚喜到蠻邦。天維東井占珠斗，人去西川擁碧幢。判取清心通萬里，峨眉山月照寒江。
眼底山川付筆匲，前懷杜老後蘇轗。閒從錦水論文好，笑憶青城訪道兼。郫酒醉時筒屢換，嘉魚齋日箸休拈。此行若過岑公洞，滴露重煩易注添。
〔註152〕眉批：「掌故。」
〔註153〕眉批：「掌故。」
〔註154〕《四庫全書總目》卷一百十九《子部二十九·雜家類三》：
《丹鉛餘錄》十七卷、《續錄》十二卷、《摘錄》十三卷、《總錄》二十七卷

鄧雲霄《冷邸小言》〔註155〕云：「近世多有信稗官小說而辨駁經史者，刻而播之以示博，此何異癡人說夢？當坐妖言之律，楊用修其作俑者也。」鄧氏論詩而所見及此，誠篤論也。〔註156〕

宋崔敦禮《芻言》云〔註157〕：「盛世若不足，民儉而重本也。衰世若有餘，俗諭而縱慾也。」陸清獻《風俗策》云〔註158〕：「富者炫燿，貧者效尤。物力既絀，則繼之以貪詐，故靡麗日益，廉恥日消。」〔註159〕

《留青日劄》云：「宋淳熙中，剃削童髮，必留大錢許於頂左右偏頂，或留之頂前，束以綵繒，宛若博焦之狀，曰『鵓角』。」〔註160〕

<hr />

又好偽撰古書以證成己說，睥睨一世，謂無足以發其覆，而不知陳耀文《正楊》之作，已隨其後。雖有意求瑕，詆諆太過，毋亦木腐蟲生，有所以召之之道歟？

又，《正楊》四卷：

明陳耀文撰。耀文有《經典稽疑》，已著錄。是書凡一百五十條，皆糾楊慎之訛。成於隆慶己巳。前有李蓘序及耀文自序。慎於正德、嘉靖之間，以博學稱，而所作《丹鉛錄》諸書，不免瑕瑜並見，真偽互陳。又晚謫永昌，無書可檢，惟憑記憶，未免多疏。耀文考正其非，不使轉滋疑誤，於學者不為無功。

〔註155〕明・鄧雲霄《冷邸小言》一卷，《四庫全書存目叢書》集部第417冊收錄清道光二十七年鄧氏家刻本。

〔註156〕眉批：「論學。」

〔註157〕見宋・崔敦禮《芻言》卷上。

〔註158〕見清・陸隴其《三魚堂集》外集卷三。

〔註159〕眉批：「法略。」

〔註160〕眉批：「掌故」、「入剃頭條」。

此一節，與清・俞樾《茶香室叢鈔》茶香室四鈔卷七《鵓角》同。然明・田藝蘅《留青日劄》三十九卷，有明萬曆重刻本，未見此語。

按：《宋史》卷六十五《五行志三》：

理宗朝，……剃削童髮，必留大錢許於頂左，名「偏頂」。或留之頂前，束以綵繒，宛若博焦之狀，或曰「鵓角」。

明・顧起元《說略》卷二十一：

又宋淳熙中，剃削童髮，必留大錢許於頂左右偏頂，或留之頂前，束以綵繒，宛若博焦之狀，曰「鵓角」。

較之《宋史》所載，「右」似為「名」之誤。